复旦卓越

应用型经管核心课系列

市场调查与分析

主　编｜周正柱

副主编｜张　义

在当前瞬息万变、激烈竞争的市场环境中,企业要想成功开拓市场并保持竞争优势,就必须高度重视市场调查与市场分析。市场调查和分析是企业营销活动的起点,对企业决策有检验和修正作用,可以为企业开发新产品、市场宣传策略等提供信息支持,也有利于企业及时了解顾客潜在需求。"没有调查,就没有发言权。"

市场调查侧重于市场现状、历史的研究,是一种客观的描述性研究,目的是了解市场客观实际情况,并捕捉市场信息;市场分析是对市场调查获得的信息与资料进行分析,并预测市场发展趋势,侧重于市场未来的研究,目的是对未来市场作出推断和评估。市场调查是市场分析的基础,只有全面的市场调查,才有可能为市场分析提供全面的资料,从而使市场分析结果更为接近现实。

本书在借鉴国内外大量有关市场调查与分析著作基础上,系统、全面地介绍了市场调查与分析的基本理论及调查方案设计、调查方法选择、数据分析等技术,具有理论分析透彻、实践操作实用的特点。本书的内容按照市场调查与分析程序,共包括十章。其中第一章是管理与决策基本原理,主要讲解管理与决策的关系、决策过程与方法以及市场调查与市场预测的地位和作用等。第二章是市场调查与预测基本理论,主要讲解市场调查与预测的内涵、特征、类型、关系、发展、程序及策划方案等。第三章是市场调查方法,主要包括一手数据和二手数据的收集方法,其中重点阐述询问调查法、实验调查法、观察调查法等一手数据收集方法。第四章是问卷调查法,主要讲解问卷设计的含义、要求、程序与基本结构,问句的种类与排列,态度量表的类型与设计等。第五章是抽样技术与方法,主要讲解普查与抽样调查的概念与特点、抽样技术的分类与特点、随机抽样技术及应用、非随机抽样技术及应用、抽样误差及抽样数目的确定、点值估计与区间估计的计算等。第六章是调查实施与数据整理,主要讲解调查实施进行管理与控制的内容和步骤、数据整理的内容和步骤、应用SPSS软件输入和存储数据方法等内容。第七章是市场预测方法,主要讲解市场预测的概念与类型、定性预测主要方法、定量预测主要方法、因果关系分析预测的主要方法等内容。第八章是撰写市场调研报告,主要讲解市场调研报告的内容构成、撰写时注意问题、陈述和演示等内容。第九章是对市场进行环境分析、消费者分析以及市场定位分析。第十章则是对市场组织、市场营销执行、市场营销控制进行论述。

本书作者既在企业中从事过市场调研与分析相关工作,又在高校长期从事市场调研与分析教学活动,且主持多项省部级以上相关课题研究工作,积累了大量理论与实践经验,为撰写好本书提供有力保障。本书适合于经济与管理类专业本科生、研究生和自学考试学生使用,同时也适合从事市场调查、数据分析、营销实践的专业人士参考学习。

由于时间有限,加上笔者水平有限,书中肯定有不足之处,望读者能谅解,并不吝赐教。

周正柱

2022 年 9 月

第一章　管理与决策的基本原理 …… 001

- 第一节　管理与决策 …… 001
- 第二节　决策过程与方法 …… 004
- 第三节　信息及其功能 …… 008
- 第四节　市场调查与预测的地位和作用 …… 011
- 本章小结 …… 015
- 思考题 …… 016

第二章　市场调查与预测的基本理论 …… 017

- 第一节　市场调查与预测的内涵、特征及类型 …… 017
- 第二节　市场调查与预测发展及联系 …… 021
- 第三节　市场调查与预测的程序 …… 022
- 第四节　市场调查与预测的方案策划 …… 024
- 本章小结 …… 027
- 思考题 …… 028

第三章　市场调查的方法 …… 029

- 第一节　二手数据的收集方法 …… 029
- 第二节　询问调查法 …… 032
- 第三节　实验调查法 …… 035
- 第四节　观察调查法 …… 047
- 本章小结 …… 052
- 思考题 …… 052

第四章　问卷调查法 ··· 053

- 第一节　问卷与问卷设计 ··· 053
- 第二节　问句与问句设计 ··· 058
- 第三节　态度量表 ··· 065
- 本章小结 ··· 068
- 思考题 ··· 069

第五章　抽样技术与方法 ··· 070

- 第一节　普查与抽样调查 ··· 070
- 第二节　抽样技术的分类与特点 ··· 075
- 第三节　随机抽样技术及应用 ··· 079
- 第四节　非随机抽样技术及应用 ··· 082
- 第五节　抽样误差及抽样数目的确定 ··· 083
- 第六节　点值估计与区间估计的计算 ··· 087
- 本章小结 ··· 089
- 思考题 ··· 091

第六章　调查实施与数据整理 ··· 092

- 第一节　调查实施的控制方法 ··· 092
- 第二节　数据整理 ··· 094
- 第三节　应用 SPSS 软件输入、调用和存储数据 ··· 099
- 本章小结 ··· 103
- 思考题 ··· 104

第七章　市场预测方法 ··· 105

- 第一节　市场预测概述 ··· 105
- 第二节　定性预测法 ··· 106
- 第三节　时间序列预测法 ··· 119
- 第四节　回归分析法 ··· 129
- 本章小结 ··· 137
- 思考题 ··· 139

第八章　撰写市场调研报告 ··· 140
第一节　市场调查报告的内容构成 ··· 140
第二节　编写报告主要的问题 ··· 145
第三节　报告中常用的统计图 ··· 148
第四节　报告的陈述和演示 ··· 151
本章小结 ··· 152
思考题 ··· 153

第九章　市场分析 ··· 154
第一节　市场环境分析 ··· 154
第二节　消费者购买行为分析 ··· 159
第三节　竞争者分析 ··· 163
第四节　市场定位分析 ··· 166
本章小结 ··· 169
思考题 ··· 169

第十章　市场管理 ··· 170
第一节　市场组织 ··· 170
第二节　市场营销执行 ··· 184
第三节　市场营销控制 ··· 188
本章小结 ··· 197
思考题 ··· 197

第一章

管理与决策的基本原理

 学习目标

- 了解管理与决策的关系;
- 了解决策与科学决策的内涵;
- 了解信息的内涵以及信息与决策的相互关系;
- 掌握市场调查与市场预测的概念和内涵;
- 掌握营销决策、营销信息和市场调查与预测的关系;
- 了解企业的营销管理系统与信息系统;
- 掌握市场调查与预测在企业营销管理中的地位和作用。

与其他管理活动相同,营销管理的职能也是计划、组织、领导和控制。营销决策虽然不属于其中的任何一个,却贯穿营销管理活动的始终。科学的营销决策离不开市场信息。市场调查与预测的目的,就是为营销决策提供及时、准确、全面和可靠的市场信息,以降低决策的不确定性和风险。

本章首先对管理、决策与信息加以概述;其次,讨论营销管理、营销决策、市场信息、市场调查与预测之间的关系;再次,说明市场调查与预测在营销管理中的地位和作用;最后,介绍和市场调查与预测有关的组织机构以及相关的就业机会。

第一节 管理与决策

管理是指协调与整合他人的工作活动,与他人合作,有成效、高效率地完成工作任务的程序。它是一套程序或一个行为过程,涉及计划、组织、领导、控制和创新等活动;通过这些活动,人们不但要完成工作任务(有成效),而且要高效率地完成工作任务。

有成效和高效率是两个不同的概念。效率讲的是投入与产出之间的关系,如果一家企业用给定的投入生产出了更多的产品,或者用较少的投入生产出同样多的产品,那么这家企业就有较高的效率。管理者管理的是稀缺的资源(人、财、物),他们需要考虑如何更节省地使用这些资源。效率考虑的是如何把事情做好,即不要浪费资源。但是,工作仅有效率是不够的。管理者还要考虑做应该做的事情,即进行那些能够帮助组织实现其目标的活动,这就是成效问题。有成效强调结果,高效率强调手段,二者相辅相成。

从本质上讲,只要一个人通过协调与整合他人的工作活动来完成组织的工作任务,他就是管理者。他可能管理着一家大的跨国公司,也可能管理着一家公司的一个小部门,还可能只是另外一个人的上级。有时,管理者可能负责一个由不同组织成员组成的临时小组,还可能只负责与其他组织的协调行动。

一、管理者的组织分层

根据在组织中所处的位置,管理者被分为高层管理者、中层管理者和基层管理者(见图1-1)。高层管理者处于组织的最高层,对整个组织的活动负有全面的责任,主要职责是制定组织的总目标、总战略,掌握组织的大政方针并评价整个组织的绩效。中层管理者处于高层管理者和基层管理者之间的一个或若干个中间层,他们的主要职责是贯彻执行高层管理者制定的重大决策,监督和协调基层管理者的工作。与高层管理者相比,中层管理者更注意日常的管理事务。基层管理者也称一线管理者(first line managers),他们管辖的是一线工作人员。例如,一家公司某区域的销售经理的主要职责是给一线工作人员分派具体的工作任务,直接指挥和监督现场活动,以保证各项任务按时完成。

图 1-1 组织分层与管理者

管理者还可以按他们所从事管理工作的范围和专业性分为综合管理者和专业管理者。综合管理者负责管理整个组织的全部活动,如公司总经理或一家公司某一事业部的经理,需要统管生产、营销、人事、财务等活动。专业管理者则仅负责组织中某一类活动或职能的执行。在企业管理中,根据专业领域的不同,专业管理者可以具体划分为生产部门管理者、营销部门管理者、人事部门管理者、财务部门管理者以及研究开发部门管理者等,可以将这些部门的管理者泛称为生产经理、营销经理、人事经理、财务经理和研究开发经理等。

二、管理的职能

管理的职能是指管理者所从事的主要活动和发挥的基本作用。虽然不同的组织在目标、管理要求和管理方法上各有不同,但管理者所发挥的基本作用是相对一致的,即他们都进行计划、组织、领导和控制的活动。这四项基本活动与活动的过程,就是管理职能。

管理的四项职能是紧密联系、互相作用的,任何一项职能出现问题都会影响其他职能的发挥。四项职能交织在一起,你中有我,我中有你,不能截然分开。其中,计划是管理的首要职能。管理活动一般都从计划开始,首先确定做什么(目标)和怎样做(行动方案),之后按照计划的要求组织人力和各种资源,然后再指挥计划的执行与落实,并通过控制活动保证工作的结果符合计划的要求。

（一）计划职能

管理的计划职能就是事前决定一个组织在未来某一特定时间内应达到的目标及达到目标的有效方式，也叫规划或策划。通常，计划的第一步是制定未来要实现的目标，第二步是制定与此有关的更具体的分阶段目标，第三步是确定、评估和选择实现目标的可行方案（也称为战略或策略），第四步是执行计划。

（二）组织职能

管理的组织职能是指管理者通过组织结构设计而决定做什么、怎样做、谁去做和谁对谁负责等问题的程序。注意，这里的组织是一个动态过程，而不是一个静态集合。它是为了达到某个特定目标，经过分工合作以及按不同的层次明确各个成员的权力与责任所构成的一个群体。不过，两者密切相关，互为因果。一方面，静态集合是动态过程的物化；另一方面，组织职能也要通过一定的物化形式来实现。

（三）领导职能

管理的领导职能是指管理者所发挥的对下属的指挥、协调与激励作用。领导绝不能被简单地看作职权，它还是一种技能：通过各种信息沟通方式，影响他人或群体在某种特定条件下实现目标的行为能力，即影响力。

领导者的影响力主要来自两个方面：一个是职位权力，一个是个人权力。职位权力由领导者在组织中所处的位置决定，它由上级和组织赋予，人们因组织约束不得不服从。个人权力由领导者自身的某种特殊条件造就，如高尚的品德、丰富的经验、卓越的能力、良好的作风等。这种权力对人的影响是非强制性的，也是长远的。

（四）控制职能

管理的控制职能是指利用信息反馈，及时将执行结果与计划目标进行比较，发现并分析差异，采取相应措施促使计划按既定目标完成的过程。它是对计划执行过程的控制。一个组织在制订计划时，一般都会做认真的调查、分析和研究，考虑组织内外的各种因素，尽可能地保证计划的可行性。但是，由于组织内外部环境充满变数、极为复杂，因此制定的计划在执行过程中常常发生偏差。为了使计划的执行不走样或少走样，组织需要对计划执行过程进行控制，及时发现问题并有效地解决问题。

三、决策在管理中的地位

决策虽然不属于管理四大职能之中的任何一个，但贯穿其中。决策与管理之间的关系如此密切，以至于人们常常把它们当作同义词来使用。甚至可以这样说，管理就是有关管理问题的决策过程。表1-1以企业战略管理和营销管理为例，说明了管理与决策的关系。

表 1-1　管理与决策的关系

管理职能	企业战略管理		企业营销管理	
	程序	相关的决策问题	程序	相关的决策问题
计划	战略分析和战略选择	企业的使命和战略目标是什么？企业应该选择什么战略实现企业的战略目标？	市场调研与营销策划	根据企业的使命和战略目标，企业的营销目标是什么？企业应该选择什么营销战略实现企业的战略目标？
组织	战略执行	谁，组织哪些人，在哪些约束条件下，完成什么任务？	营销战略的组织实施	谁，组织哪些人，在哪些约束条件下，完成什么任务？
领导	战略执行	针对哪些人，选择什么样的领导方式完成既定的任务？	营销战略的组织实施	针对哪些人，选择什么样的领导方式完成既定的任务？
控制	战略控制	如何评估？如何奖励和惩罚？出现偏差后如何纠正？	营销控制	如何评估？如何奖励和惩罚？出现偏差后如何纠正？

由表 1-1 可见，企业战略管理和营销管理的每一步都有一些决策问题相伴随。可以这样说，决策渗透到管理的各项职能中，各个职能部门的管理人员都会遇到大量的决策问题。不过，两者还是有区别的：决策注重的是判断与选择的过程；管理除了判断与选择，更注重执行，即行使计划、组织、领导和控制的职能。正因为执行过程中的每一步都会碰到判断与选择问题，人们才常常把决策看作管理。

当然，企业的绝大部分决策是对日常事务的处理，不确定性比较小，因此可以事前计划好，依计划行事就可以。对于这类决策，决策者可以根据自己的经验和判断作出，而这常常使我们觉得决策者的决策很随意，并没有在行动之前对行动目标和手段进行探索、分析与评价，也看不出决策过程的步骤。

有一类决策与过往的经验几乎没有关系。决策者面临的问题以前从未遇到过或情况极为特殊，因此，不能依据正常的决策方法进行处理。这类决策问题虽不像第一类决策那样常见，但意义重大，它往往决定着一个组织的大政方针。对于这类决策问题，决策者就不能简单地根据经验和判断进行决策，需要采用科学决策的程序帮助决策。

第二节　决策过程与方法

一般而言，决策就是为解决问题而作出决定的过程。这种说法虽然通俗易懂，但没有完整地反映决策的确切含义。在运筹学中，决策被定义为：针对某个问题，为了实现一个目标或一组目标，从可实现该目标的多个可替代的行动方案中选择最佳方案的行为。这一定义将决策的外延定得过于狭隘，只将其看作决策过程中的行动方案选择行为。现代决策理论认为，决策泛指人们在行动之前，对行动目标和手段进行探索、分析与评价，最终对行动方案作出选择的过程。

一、决策过程

根据现代决策理论,决策是对行动目标和手段进行探索、分析与评价,并对行动方案作出选择的过程。因此,它包括三个阶段、七个步骤,如图1-2所示。

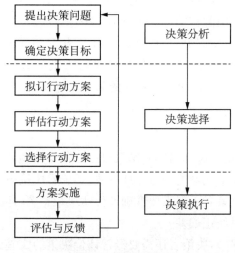

图1-2 决策过程

(一)决策分析阶段

决策分析阶段由提出决策问题和确定决策目标两个步骤组成。

(1)提出决策问题就是决策者根据他们对于决策情境的认识,发现、识别和明确提出需要解决的问题。发现、识别和明确提出需要解决的问题是决策过程的起点。没有需要解决的问题,决策就无从谈起;决策问题不明确,说明决策者对于决策问题缺乏认识,要做的首先就是明确决策问题。

(2)确定决策目标就是决策者根据决策情境的条件设定解决问题欲达到的状态。决策者一旦明确了决策问题,接下来就要了解解决决策问题的内外部条件。另外,一个决策问题所期望达到的决策目标往往不止一个。这时,要根据决策问题的内外部条件考虑决策目标的优先次序。

(二)决策选择阶段

决策选择阶段由拟订行动方案、评估行动方案和选择行动方案等步骤组成。

在确定了决策目标以后,决策者就需要拟订多个可能达到目标的行动方案,这被称为备选方案。在条件允许的情况下,拟订的备选方案越多,可供比较、鉴别的范围就越大,最终选出的方案就可能越好。为了选出好的行动方案,决策者既要有合理的选择标准,又要有科学的选择方法。决策方案的选择标准也被称为决策的价值准则,是决策者实现决策目标所应遵循的基本原则和需要考虑的最重要的约束条件。它们是选择决策方案的依据或要求。为了确定恰当的价值准则,决策者需要:

- 把决策目标分解为若干方面的价值指标,如在企业的营销管理中,把决策目标分为利润额、销售额、品牌认知度和市场占有率等。
- 规定价值指标的主次和缓急,以及在相互之间发生矛盾时的取舍原则。如在企业营销管理的上述目标中,一般而言,利润额是最主要的,当提高销售额、品牌认知度和市场占有率与提高利润额相矛盾时,一般先考虑利润额的提高。
- 指明完成指标的主要约束条件,如在实现企业营销管理的上述目标时,不以回扣方式进行销售,营销人员所采用的营销方式要有助于企业塑造形象而不是相反。

所谓科学的选择方法,就是指决策者要在对各方案的实施后果进行评估的基础上合理判断,从全局出发,全面地评价、比较各个可行方案的合理程度和优势劣势,权衡利弊得失,作出最后的决断。在这里,决策者的知识、经验、素质、性格、能力等起着决定性作用。

(三)决策执行阶段

决策执行阶段包括方案实施和对实施结果进行评估与反馈两个步骤。

决策方案选定以后,决策问题能否有效地解决,还要看决策方案是否被认真地实施。在决策方案的实施过程中,决策者不仅需要准确地传达决策意图,还需要监控实施活动是否按照行动方案执行,以便及时纠正偏差。

另外,在决策实施过程中,决策者还需要经常评价决策的实施效果,如衡量实际绩效,将实际绩效与期望的决策目标进行比较。如果发现原来的问题依然存在,决策者则需要判断是决策出了错还是执行不力导致。如果是执行不力,决策者就需要采取纠偏行动,如重新分配员工的工作,进行补救。如果是决策出了错,如原定决策目标定得太高,决策者就需要考虑是否对原定决策方案进行修改和补充,甚至重新进行决策,之后再付诸实施。如果重新进行决策,整个决策程序就需要再运行一遍。这由图 1.2 中从"评估与反馈"到"提出决策问题"的连线表示。

二、决策风险

决策意味着选择,选择意味着不确定,不确定性又与风险密切相关,所以,决策伴随着风险。决策的不确定性与决策风险的关系如式 1-1 所示。

$$R = \sum_{i=1}^{n} U_i L_i \qquad (式1\text{-}1)$$

(式 1-1)中,R 表示风险;U 表示决策导致第 i 种损失的可能性(决策的不确定性);L 表示第 i 种损失的严重性(损失大小);n 表示决策可能导致损失的种类。

由(式 1-1)可知,人们对于决策风险的感知是由损失的可能性与损失的严重性共同决定的。因此,(式 1-1)隐含着决策风险的四种组合,如表 1-2 所示。

虽然不同的人对风险的态度和承受能力不同,但是对所有人来讲,决策的不确定性与决策风险之间关系的性质却是相同的。两者成正比:决策的不确定性越大,人们感受到的决策风险就越高。

表 1-2　决策风险的四种组合

损失的严重性	损失的可能性	
	大	小
高	组合 S1：一些冒险运动	组合 S2：与乘汽车和乘火车相比，乘飞机旅行
低	组合 S3：消费者日常生活中尝试新产品的购买活动	组合 S4：消费者日常生活中经常性的购买活动

三、决策方法

决策方法有很多种类型。根据决策影响的时间，可以把决策分为长期决策和短期决策；根据决策的重要性，可以把决策分为战略决策和战术决策；根据决策的参与主体，可以把决策分为集体决策和个人决策；根据决策目标能否量化，可以把决策分为定量决策和定性决策；根据决策目标的数量，可以把决策分为单一目标决策和多目标决策；根据决策环境的可控程度，可以把决策分为确定型决策、风险型决策和不确定型决策。这里仅介绍最后一种分类所得出的三种决策方法及其适用情况。

（一）确定型决策问题与决策方法

确定型决策问题具备以下三个条件：①存在决策者希望达到的一个目标；②存在两个或两个以上的备选方案；③决策执行的结果由决策者所采取的行动决定。

（二）风险型决策问题与决策方法

风险型决策问题具备以下四个条件：①存在决策者希望达到的一个目标；②存在两个或两个以上的备选方案；③存在两个或两个以上决策者无法控制的自然状态，且每种自然状态发生的概率有较为准确的估计；④知道不同自然状态下各方案的损益值。

（三）不确定型决策问题与决策方法

不确定型决策问题与风险型决策问题的最大区别，是决策者无法确定未来各种自然状态发生的概率。不确定型决策有以下不同的决策准则：悲观决策准则、乐观决策准则、最小最大后悔值准则和等概率准则。

悲观决策准则适用于前景不乐观或决策者对未来不看好的情况。此时，为了坏的结果，决策者首先要确定每一可选方案的最小收益值或最大损失值，然后从中选出收益值最大或损失值最小的方案。

乐观决策准则适用于前景乐观或决策者对未来充满信心的情况。此时，为了获得最好的结果，决策者首先要确定每一种可选方案的最大收益值或最小损失值，然后从中选出收益值最大或损失值最小的方案。

使用最小最大后悔值准则进行决策目的在于避免较大的机会损失。此时，决策者首先需要将损益矩阵转变为后悔值（机会损失）矩阵；然后，确定每一方案的最大后悔值；最后，选择其中后悔值最小的方案。某一方案在某种状态下的后悔值，等于各个方案在该状态下的最大收益值减去该方案在该状态下的收益值。

等概率准则适用于信息不完全时的决策,当存在两种或两种以上的可行方案时,假定每一种方案遇到各种自然状态的可能性是相等的,然后求出各种方案的损益期望值,按照期望受益最大的原则选择最优方案。

四、科学决策的特点

以上决策方法只说明决策问题的特点以及决策者的选择倾向,它们本身并无所谓的科学与不科学之分。在日常生活决策中,我们常会自觉或不自觉地使用以上方法进行决策。比如,在不确知未来会出现哪种情况且不确知各种情况出现的概率时,有人倾向于用悲观决策准则进行决策,差中取好,只要不是最差就可以接受;有人则倾向于用乐观决策准则进行决策,好中取好,一定要想办法做到最好。

实际上,科学决策与日常决策并没有本质区别。它们都是为解决问题而作出决定的过程,都需要在多种可能的行为中作出选择,都存在不确定性和风险。而且,科学决策并不意味着正确,日常决策也不意味着错误。两者的区别主要在于:

- 科学决策有一套科学的程序,要遵循一系列基本原则;日常决策则有着较大的随意性,比较灵活。
- 科学决策通过信息的收集、加工、处理和分析,有意识地降低和控制风险;日常决策对于信息的收集、加工、处理和分析主要通过决策者个人的经验积累完成并通过直觉表现出来,主观色彩较重。
- 科学决策一旦失误,会很快通过反馈系统反馈回来,并及时得到纠正;日常决策则无此特性,一般只有在结果出现后才能被察觉,损失很难挽回。
- 科学决策依靠科学的决策程序,遵循科学的决策原则,正确的可能性一般大于日常决策;换言之,对于同一个决策问题,科学决策失误的可能性一般小于日常决策,因此,决策风险也低于日常决策。

总之,科学决策虽然也是为解决问题而作出决定的过程,但是它通过对行动目标和手段进行探索、分析与评价,能够降低决策的不确定性,进而降低决策风险。一般而言,关系企业前途命运的重大决策,决策失误的损失和可能性都比较大,因此,决策的风险比较高。为了减少决策失误带来的损失,关系企业前途命运的重大决策需要进行风险控制,实施科学决策。

第三节 信息及其功能

科学决策主要依靠信息来降低决策的不确定性,从而达到降低决策风险目的。

一、信息的内涵

有史以来,人们一直在自觉或不自觉地利用信息进行决策。不过,直到 20 世纪 20 年代，人们才开始科学和系统地研究它。美国的哈里·奈奎斯特（Harry Nyquist）在《影响电报速度的某些因素》一文中最早只有一篇探讨了通信系统传输信息的能力、可靠性和度量系统的信息容量等。而后，美国贝尔实验室的数学家克劳德·E. 香农（Claude E. Shannon）发表了两篇关于信源、信道、信宿和编码问题的论文——1948 年的《通信的数学原理》和 1949 年的《噪声下的通信》，引起人们的关注，奠定了信息论的基础。与此同时，控制论创始人诺伯特·维纳（Norbert Wiener）又提出了滤波理论、信号预测和信息量的数学公式，为信息论的发展作出了重要贡献。20 世纪 70 年代以后，由于计算机的广泛运用，信息的传输能力大为提高，信息这一概念无论在理论上还是在实际应用上都取得了重大进展。信息的重要性日益为人们所认识，成为一种重要的战略性资源。

由于人们从各自的特定需要出发去研究和使用信息，对于什么是信息的问题至今没有统一的认识。比如，控制论认为，信息是我们在适应外部世界并且使这种适应反作用于外部世界的过程中，同外部世界进行交换的内容的名称；信息论认为，信息是可以获取、交换、传递、处理、识别和利用的一般对象，它能为实现目标排除意外性，增加有效性；系统论认为，信息反映一个系统的组织程度。

对于决策与管理来说，信息的定义不宜过宽。否则，什么都是信息，什么都要收集，什么都要提供给决策者，在当今这个信息爆炸的时代，决策者非被信息湮没不可。从决策者的角度看，信息的功能在于降低决策的不确定性，进而降低决策风险，因此，信息被定义为能降低决策的不确定性的消息、知识、数据和资料的总和。

首先，信息是消息、知识、数据和资料，但又不是一般的消息、知识、数据和资料，而是能够降低决策不确定性或决策风险的消息、知识、数据和资料。

其次，信息必须与决策相关联，如果没有决策，信息就失去了存在的意义。

最后，决策问题不同，信息的取舍也不同。对于具有不同决策问题的决策者来说，同一条消息的意义可能是不同的。

二、信息如何降低决策风险

信息必须能够降低决策风险。信息降低决策风险的途径，是降低决策的不确定性或决策失误的可能性。

- 信息能够降低决策的不确定性，并由此降低决策风险；
- 随着信息量的增加，决策的不确定性和决策的风险会降低；
- 市场调研部门不仅要收集数据，更重要的是要收集信息，即围绕着决策问题收集数据，将收集来的数据与决策问题相联系，以期最大限度地降低决策的不确定性，从而降低决策风险。

三、信息的计量

在定量描述信息时，信息论所依据的原则是：信息的功能在于消除不确定性。因此，一条信息的信息量，就是这条信息能够消除事物不确定性的程度。

假设某事物有 n 种独立的可能结果,也即状态 X_1,X_2,…,X_n,每一种状态出现的概率分别为 $p(X_1)$,(X_2),…,$p(X_n)$,且有 $p(X_1)+p(X_2)+…+p(X_n)=1$。那么,该事物所具有的不确定性 $H(x)$ 就为:

$$H(x) = -\sum_{i=1}^{n} p(X_i)\log_2 p(X_i) \quad \text{(式 1-2)}$$

当对数底数取2时,$H(x)$ 的单位为比特。因为(式 1-2)与统计热力学中的熵公式相同,所以信息论也把 $H(x)$ 称为熵值。在统计热力学中,熵值用来描述热力学系统的无组织性,与不确定性的意义相通,因此可以用来描述信息量。

在通信场合,如果在通信之前接收者对某事物的不确定性熵值为 $H(x)$,在接收到一条信息之后,这个事物的不确定性熵值变为 $H(x/y)$,那么这条信息的信息量 I 为:

$$I = H(x) - H(x/y) \quad \text{(式 1-3)}$$

这就是前面所说的,一条信息的信息量等于这条信息能够消除事物不确定性的程度,即能够使熵值减少的量。任何一个事件(包括决策问题),只要知道它的各个可能独立状态的概率分布,就可以求出它的熵值,从而根据一条信息能够减少熵值的大小,求出它所包含的信息量。

根据(式 1-3),一条信息的信息量有以下几种可能:
- $I>0$,说明收到的消息使你对问题的认识增加了;
- $I=0$,说明收到的消息对你解决问题没有任何帮助;
- $I<0$,说明收到的消息不仅没有增加你对问题的认识,反而使你对问题的认识更加模糊了,如谣言对于相信它的人所起的作用。

式 1-3 也说明,只有使 $I>0$ 的消息或数据才能称得上是信息。

四、田忌赛马与不完全信息

中国古代有一个田忌赛马的故事,相传齐威王经常要大将田忌与他赛马,赛马规则是这样的:每次双方各出三匹马,一对一比赛三场,每一场的输方要赔一千斤铜给赢方。齐威王的三匹马和田忌的三匹马按实力都可分为上、中、下三等。由于齐威王的上、中、下三匹马都分别比田忌的上、中、下三匹马略胜一筹,因此,田忌每次都是连输三场。实际上,田忌的上马虽不如齐威王的上马,却比齐威王的中马和下马好,中马则比齐威王的下马要好一些。后来,田忌的谋士孙膑给他出了一个主意,让他不要用自己的上马去对抗齐威王的上马,而用自己的下马去对抗齐威王的上马,用自己的上马去对抗齐威王的中马,用自己的中马去对抗齐威王的下马。这样一来,虽然第一场田忌必输无疑,但后两场田忌都能赢,因此二胜一负,田忌反而能赢齐威王一千斤铜。

这个故事生动地告诉我们巧用策略进行决策的重要性:在实力、条件一定的情况下,对己方力量和有利条件的巧妙调度及运用会产生意想不到的效果。

这个故事还可以进行下去,因为齐威王也可以像田忌一样,对己方资源进行不同的调度,运用计谋,想办法赢得比赛。一旦双方都运用计谋,除了齐威王出上马比赛时必赢,其他情况下谁会赢就不好说了。在这种情况下,无论是谁,只要能获得对方出马顺序的完全信息,就一定能在三局两胜中赢得比赛。但是,这可能吗?

这与企业在市场竞争中的决策情境是相似的。在双方或多方都试图运用计谋赢得竞争时,要想得到对方决策的完全信息即使不是完全不可能的(如用间谍),也是非常困难的。因此,在市场竞争中,即使一家企业非常注意收集市场信息,它也很难得到完全的信息,进而完全消除决策的不确定性。

第四节　市场调查与预测的地位和作用

一、企业的营销管理系统

企业的营销管理系统如图 1-3 所示,由管理、营销和信息三个子系统构成(图 1-3)。从形式上看,管理体现为计划、组织、领导和控制等职能活动,决策则贯穿于这些职能活动之中。决策更偏重于选择,其职能更偏重于执行。

企业的营销管理就是企业针对自己的营销活动进行决策和发挥职能作用的过程。企业营销管理针对什么问题进行决策,针对谁和哪些行为发挥管理职能,取决于企业营销系统中的活动。

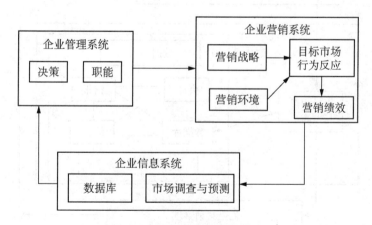

图 1-3　企业的营销管理系统

企业营销系统的四大环节包括营销战略、营销环境、目标市场行为反应、营销绩效。

企业营销管理的任务是:根据不可控因素的变化,通过目标市场的选择(营销战略)和对企业可控因素的动态组合(营销组合策略),为目标市场创造价值,促成与顾客的交易,实现企业的营销目标。

企业信息系统由数据库和市场调查与预测两大环节组成,其作用在于收集和储存有关数据、资料,随时或需要时将其加工成信息,输送给管理人员,帮助他们决策和执行。它是企业营销系统和企业管理系统的中间环节,既从企业营销系统获取数据和资料,又把加工好的数据和资料传送给企业管理系统,成为可以降低营销决策不确定性的营销信息,以便营销管理人员进行决策和执行决策。

企业信息系统需要特别注意营销环境因素的变化,将其及时提供给企业管理系统,然后由管理系统作出决策,并通过企业营销系统变为企业的营销行为。

二、企业信息系统和市场调查与预测的地位

企业信息系统是指企业管理(包括营销管理)过程中负责为企业决策者与管理者(包括营销决策者和营销管理者)收集和提供信息流的人、机和程序的组合。

企业信息系统有三个特点:第一,信息系统是由人、计算机和程序组成的;第二,信息系统的目的是为企业的决策者与管理者提供必要的信息;第三,信息系统达到目的的方式是以一种流的方式收集和提供信息。

企业信息系统实际上就是企业系统地、连续地收集和分析资料,为决策者提供信息的专门程序。

企业信息系统由数据输入、会计、情报、统计、数据库、信息输出和与此平行的市场调查与预测等一系列环节相互交织而成(图1-4)。

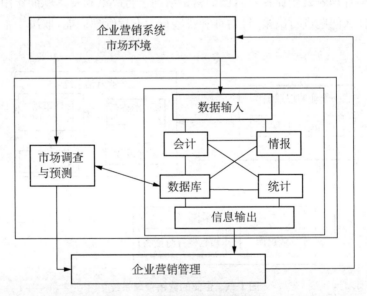

图1-4 企业信息系统的构成

数据库是企业信息系统的中心,它把其他环节提供的数据与资料储存起来以备检索;会计部门和情报系统除了彼此交换资料外,更重要的是向数据库和统计部门提供数据和资料。统计部门的数据和资料一部分来自会计部门和情报系统,另一部分来自数据库。统计部门将对数据和资料的处理结果作为信息传递给管理人员,并作为数据资料存入数据库。另外,管理人员可以直接从数据库中获取信息。市场调查与预测作为管理人员的第二个信息来源

与以上环节所组成的数据收集、加工和信息传送程序相并列。一方面,市场调查与预测从数据库中得到部分数据和资料;另一方面,其研究结果在提供给管理人员以后,作为数据资料存入数据库。

市场调查与预测在企业营销管理中具有重要的地位:首先,市场调查与预测属于企业营销管理系统的一个子系统,即企业信息系统;其次,它在企业信息系统中与其他环节所组成的程序相平行,在数据库这一环节与其相联结,是企业信息系统中管理者获取信息的一条重要途径;再次,市场调查与预测所需要的数据资料,一是来自企业营销系统(主要是企业的市场或目标市场),包括原始数据资料和二手数据资料,二是来自市场信息系统的数据库,主要是二手数据资料;最后,市场调查与预测所得的信息有两个去向,先以报告的形式输送给营销管理者,然后作为参考资料存放于数据库中。

三、市场调查与资源的内涵

(一) 市场与营销

市场(market)有三个不同的含义:第一,指买卖双方聚在一起进行商品交换的地点或场所;第二,指社会再生产过程中商品交换关系的总和;第三,指人们对于某种商品的需求。

营销(marketing)也称为市场营销,从企业的角度看,是指企业选择目标市场和综合运用各种因素实现企业营销目标的活动。其中,贯穿着企业针对营销行为进行的管理活动,因此,营销与营销管理(marketing management)常常是等价的。

市场是名词,用来指称事物;营销是动名词,用来指称活动。从企业的角度看,营销就是企业针对市场而从事的各种活动,营销管理就是针对这种活动进行的计划、组织、领导和控制。

(二) 调查、预测与研究

一般而言,研究是比调查或预测更宽泛的一个词,泛指因各种不同的目的而对有关问题或现象进行探求的整个过程。在研究的整个过程中,包括调查和分析两大环节。调查是收集数据的过程和方法,分析是对数据进行加工处理的过程和方法,调查和预测只是研究的一个部分或一个环节。

在营销理论的发展和实践过程中,有两种研究导向:一种以营销理论的发展为研究导向,注重探讨不同营销变量之间的关系,即我们通常所讲的学术研究;另一种以企业的营销实践为导向,注重为企业的营销决策提供信息,解决企业营销中的实际问题,即我们通常所讲的应用研究。

学术研究的结果具有普适性,至少研究者希望它们能够应用到类似的情境中。应用研究则需要针对具体的企业,以解决企业的实际问题为目的,研究结果只适用于作为研究对象的企业,不具有普适性。

(三) 市场调查与预测内涵的界定

本书对于市场调查与预测的内涵作下述界定:第一,市场调查与预测的对象不仅仅是市场,而是与营销管理(包括决策)相关的所有内容;第二,市场调查与预测中的方法和理论,不仅仅包括市场调查和市场预测,还包括市场分析;第三,市场调查与预测以应用研究为导向,为企业的营销决策和营销管理提供信息;第四,作为一门课程的市场调查与预测,主要是为市场调查、研究或咨询机构提供调查研究方法论方面的指导。

四、市场调查与预测的作用

总的来讲,市场调查与预测的作用就是为企业解决特定的营销决策问题而收集、加工和提供信息。具体而言,它的作用与营销决策的各种问题密切相关。

第一,市场调查与预测能够帮助企业确定和选择恰当的营销目标。企业营销活动的基本目标有两个:一是满足目标市场的需求;二是企业的销售额与利润额。其他目标在很大程度上取决于这两个目标的实现。不管是确定目标市场还是确定企业的销售与利润目标,都需要可靠的信息作为基础。

第二,市场调查与预测能够帮助企业确定营销中存在的问题以及问题产生的根源。市场调查与预测也被称为营销诊断,即通过市场调查与预测,发现企业营销中存在问题的表现形式,并透过现象看本质,找出问题产生的根源。

第三,市场调查与预测能够帮助企业制订和评估解决营销问题的决策方案。企业的营销业绩指标包括量化指标和定性指标两种。量化指标包括销售业绩(产品、市场的销售量与销售额)、盈利能力(产品、市场的利润及利润率)、营销费用及费用率、增长潜力(产品、市场的销售增长率)、竞争能力(市场占有率)等。定性指标包括消费者或用户的满意度、与合作伙伴的关系互动、销售队伍的努力程度与成效以及渠道成员之间的关系发展等。

第四,市场调查与预测能够帮助企业选择营销方案。企业进行市场调查与预测有一个先决条件,那就是:市场调查与预测所提供信息的期望值大于获得这些信息的成本。

决策实际上就是选择的过程,至少要有两套可供选择的可行方案。因此,在实际的选择之前,既需要制订达到目标的多个可行方案,又需要根据所要达到的目标和问题的性质,评价每一个可行方案。

五、就业机会

和市场调查与预测有关的组织机构分为使用者、使用者+研究者以及研究者。

(一)使用者

生产制造商、批发商、零售商、其他类型的企业以及行业协会和政府机构是市场调查与预测信息的使用者。

(二)使用者+研究者

广告公司和广告媒体单位既是市场调查与预测信息的使用者,也是市场调查与预测信息的采集和提供者。

(三) 研究者

研究者是受部门或企业委托,从事市场调查与预测的企业或组织单位,如企业内部的调研部门、大学的研究组织和一些科研机构以及政府部门的调研机构等。

本章小结

管理是协调与整合他人的工作活动,与他人合作,有成效和高效率地完成工作任务的程序。它涉及计划、组织、领导和控制等职能活动。

决策是指人们在行动之前,对行动目标和手段进行探索、分析和评价,最终对行动方案作出抉择的过程,包括提出决策问题、确定决策目标、拟订行动方案、评估行动方案、选择行动方案、方案实施和评估与反馈七个步骤。这七个步骤可分为决策分析、决策选择和决策执行三个大的阶段。

决策与管理密切相关,它贯穿于管理的计划、组织、领导和控制等职能活动之中。

根据决策环境的可控程度,决策可以分为确定型决策、风险型决策和不确定型决策。关系企业前途命运的重大决策,决策风险比较大。为了减少此类决策失误带来的损失,需要实施科学决策。

科学决策有如下特点:第一,有一套科学的程序;第二,利用信息有意识地控制风险;第三,一旦失误,通过反馈系统能够及时发现并得到纠正;第四,失误的可能性较小。

信息是能降低不确定性的消息、知识、数据和资料的总和。从决策者的角度看,信息的功能在于降低决策的不确定性,进而降低决策风险。一条信息的信息量,就是这条信息能够消除事物不确定性的程度;用统计热力学中的熵公式来描述,就是它能够导致的熵的减少量。不过,在市场竞争中,即使一个企业非常注意收集市场信息,它也很难得到相关决策问题的完全信息,因此很难完全消除决策的不确定性。

企业的营销管理系统由管理、营销和信息三个子系统构成。企业的营销管理就是企业针对自己的营销活动进行决策和发挥职能作用的过程。它是企业整个管理系统的一个组成部分,从属于企业的战略管理,与企业的生产管理、人事管理和财务管理等相平行。企业营销管理的任务就是企业根据不可控因素的变化,通过制订和执行企业的营销战略和营销组合策略,为目标市场创造价值,促成与顾客的交易,实现企业的营销目标。

市场调查与预测是为企业进行营销决策和营销管理提供信息的工作过程。它的对象不仅是市场,而且是与营销管理与决策相关的所有内容;它的方法和理论不仅包括市场调查和市场预测,还包括市场分析。它以应用研究为导向。

在企业信息系统中,市场调查与预测和数据输入、会计、情报、统计、数据库、信息输出等环节所组成的程序相平行,并在数据库这一环节与其相联结,是企业信息系统中管理者获取信息的一条重要途径。

总的来讲,市场调查与预测的作用就是为企业解决特定的营销决策问题而收集、加工和提供信息。具体而言,它的作用与营销决策的各种问题密切相关。它能够帮助企业确定和选择恰当的营销目标;确定营销中存在的问题以及问题产生的根源;制订和评估解决营销问题的决策方案;选择营销方案。

和市场调查与预测有关的组织机构分为使用者、使用者+研究者和研究者三种类型。作为一门课程的市场调查与预测,主要是为企业的市场调查和预测提供理论和方法论方面的指导。

思考题

1. 什么是决策?科学决策有哪些特点?
2. 决策有哪几种类型?各有什么特点?
3. 你如何认识决策风险?决策风险、选项与不确定性有怎样的关系?
4. 什么是信息?如何理解信息的内涵?
5. 有人说"信息是不确定性的负测度",如何理解这句话?
6. 举例说明信息是如何降低决策不确定性的。
7. 企业信息系统由哪几部分组成?
8. 你怎样认识市场调查与预测的内涵?
9. 谈谈你对市场调查与预测在企业营销管理中的地位和作用的认识。

第二章

市场调查与预测的基本理论

 学习目标

- 认识市场调查与预测的内涵和范围；
- 掌握市场调查和预测的类别；
- 掌握市场调查和预测的区别和共同点；
- 懂得市场调查与预测之间的相关关系；
- 了解市场调查与预测的发展过程。

第一节 市场调查与预测的内涵、特征及类型

一、市场调查与预测的内涵

（一）市场调查的含义

市场调查是市场调查与研究的简称。市场调查是指个人或组织为某个特定的市场营销问题的决策需要而引发的判断、收集、记录、整理、分析、研究市场的各种基本状况及影响因素，并得出结论的系统的、有目的的活动与过程。市场调查有狭义和广义两种解释，狭义的市场调查是把市场理解为商品销售对象，相当于对消费者及其行为的研究；广义的市场调查是把市场理解为商品交换关系的总和。

国外学者也有不同的解释，例如，德国学者利索夫斯基（Lisowsky）认为广义市场调查是指企业在经营和推销的各种环境影响的条件下运用系统的科学原理和方法所获得并认识的情报。美国学者拉克（Luck）和威尔士（Wales）认为，市场调查是指采用科学方法解决市场经营中的各种问题。中国台湾学者樊志育认为狭义市场调查主要是针对顾客所做的调查，广义的市场调查不仅是以市场为对象而且是以市场运营的每一个阶段（包括市场运营所有功能作用）为调查研究的对象。

（二）市场预测的含义

市场预测是依据市场的历史和现状，凭经验并应用一定的预测技术对市场发展的未来

趋势进行预计、测算和判断得出符合逻辑结论的活动和过程。市场预测是个人或组织的一种有目的的活动，也是一个由一系列工作环节、步骤、活动和成果组成的过程，既需要有科学的理论和方法指导，也需要进行科学的组织和管理；其基本原理是事物发展的内在规律性。

二、市场调查与预测的特征

（1）市场调查与预测是个人或组织的一种有目的的活动。
（2）市场调查与预测是一个与市场经济相联系的营销管理职能。
（3）市场调查与预测是一个系统的过程。
（4）市场调查与预测包含对信息的判断、收集、记录、整理、分析、研究和传播等活动。
（5）市场调查与预测从本质上讲是一项市场信息收集与处理工作。

三、市场调查与预测的主要范围

（一）市场需求调查与预测

了解和把握某一类或某一种商品或服务的市场需求总体情况和未来发展趋势。在对市场进行细分的基础上，了解和把握各细分市场的需求状况和未来发展趋势。在选择了目标市场以后，了解和把握目标市场的需求状况和未来发展趋势。

（二）市场竞争情况调查与预测

（1）关于行业结构的调查、分析与预测，可以运用五力模型，包括新的竞争者、供应者、购买者、代替者和业内竞争者五个方面。
（2）业内竞争结构分析可以从行业集中度、规模经济、产品产业化程度等方面分析。
（3）业内竞争者优劣势分析。

（三）企业内外部环境的调查与预测

内部环境是营销管理者不能随便改变的企业内部因素，如企业的使命、目标、组织结构、营销资源和能力等。外部环境是营销者不能随意改变的企业外部因素，如经济、人口、社会、科技、政治、自然和文化以及包括消费者和竞争者在内的经营因素等。

其他还包括企业营销因素影响情况的调查、消费者或用户购买行为的调查等。

四、市场调查与预测的主要类型

（一）按照市场调查与预测目的分类

根据市场调查与预测的目的要求将其分为四种类型：探测性调查与预测、描述性调查与预测、因果关系调查与预测和预测性调查。

1. 探测性调查与预测

探测性调查与预测就是花费尽量少的时间和成本，对市场环境或其他相关因素进行初始调查与分析，以便确定营销中存在问题的表现和可能的原因。它具有灵活、省时和省费用的特点，适用于以下几种情况：

（1）探寻潜在的问题或机会。

（2）寻找有关的新观念或新假设。

（3）确定企业所面临问题的表现与可能的影响因素。

另外，在确定可行性方案时也可能使用探测性调查对某些方案进行小规模测试。

2. 描述性调查与预测

描述性调查的目的在于准确地描述企业营销问题中的各个变量及其相互关系。市场变量调查与分析、产品使用情况调查与分析、态度调查与分析、销售调查与分析、媒体研究、价格研究等都属于描述性调查。在描述性调查中，一般假设在所考察的各变量之间存在着或暗含着一种函数或因果关系。随着我们对这种函数关系确信程度的降低，描述性调查的价值也就降低了。比如，如果一个地区的社会地理概况与零售商店的成功没有关系，提供给一个零售商有关这方面的描述性信息就没有太大的意义。

3. 因果关系调查与预测

因果关系调查与预测的目的是要深入了解两个或多个营销变量之间的因果关系。确定因果关系的证据：伴随变化是因果关系的基本特征；相继发生也是确定因果关系的一个证据；没有其他可能的因素干扰。因果关系调查是营销理论研究最常用的方法。它被用于检验或确定不同营销因素之间的内在联系，构建理论模型和理论体系。在营销实践中，它也常常被用于确定企业营销因素与营销目标的关系，回答为什么企业的营销目标没有实现的问题。进行这类调查，实际上就是一个由大到小、不断聚焦或缩小范围的过程。因果关系调查的过程如下：

第一，进行初始调查，以便找出所有可能的原因。

第二，应用伴随变化和相继发生作为标准，对每一个可能的原因进行考察，减少可能原因的数目。先应用二手资料，根据已知事实和逻辑推理删除一些因素。

第三，收集和分析数据，在剩余的因素中删除那些影响不显著的因素。

第四，在剩下的因素中，通过实验将因果关系的范围进一步缩小。实验虽然不是确定因果关系的唯一方法，但它是有效控制干扰因素的唯一方法。

经过这样的分析过程，就能够比较有把握地确定哪些因素影响了哪一个因素或哪一些因素发生了怎样的变化。

4. 预测性调查

预测性调查的主要目的是为预测未来一定时期内某一环境因素的变动趋势及其对企业市场营销活动的影响，如某产品市场需求预测、消费者对某种产品需求变化趋势的预测以及某产品供给量的变化趋势预测等。

一般而言，预测性调查以因果关系调查的结果为基础；预测性调查所得到的结果是企业制订营销战略的前提；预测性调查是一种应用型研究，虽然对于理论发展的重要性不大，但是对于企业营销实践极为重要。

（二）按照研究手段的量化程度分类

按照研究手段的量化程度，对市场调查与预测可以分为定量研究与定性研究。

1. 定性研究

定性研究又称为质性研究。它是以研究人员作为研究工具,在自然情境下采用多种资料收集方法对社会现象进行整体性研究,使用归纳法分析资料最终形成理论。概括而言,与定量研究相比,定性研究有以下特点:

(1) 定性研究是在自然环境而非人为控制环境下进行的。

(2) 研究人员是定性研究的工具,通过长期深入实地体验生活从事研究,因此,研究人员的素质对研究结果的真实性十分重要。

(3) 在定性研究中,收集资料采用多种不同的方法,如开放式的访谈、参与型和非参与型的观察以及实物分析等,一般不使用定量的测量工具。

(4) 定性研究使用归纳法,对资料自下而上地归纳出类别或进行理论假设。

(5) 在定性研究中,研究人员与被研究者之间是互动的关系,研究人员在研究中需要考虑研究人员个人及其与被研究人员的关系可能对研究产生的影响。

(6) 定性研究通过研究人员与被研究人员之间的沟通与互动而理解后者的行为及其意义。

2. 定量研究

定量研究又称量化研究,是一种对事物特性以及事物特性之间的关系通过定量测量收集数据,并应用数理统计方法进行数据分析的调查研究方法。定量研究有一套比较完备的操作程序和方法,比如各种不同的随机抽样方法、数据资料的收集方法、数理统计方法以及定量预测方法等。定量研究的基本步骤如下:

(1) 事先确定各种变量间的因果关系并建立假设。

(2) 通过一定的原则(如随机原则)选择样本,并使用标准化的测量工具和程序采集数据。

(3) 用数理统计工具对数据进行定量分析,建立不同变量之间的相关关系或因果关系,必要时使用实验干预手段对实验组和对照组进行对比,检验事前建立的理论假设。

3. 定量研究和定性研究的优缺点

(1) 定量研究比较适合于探索社会现象的一般状况,得出的结论更具有普遍意义;定性研究比较适合于描述和分析个别事物的细节和动态状况,得出的结论只是个例,不具有普遍性,但是细节更丰富,反映的问题更深入。

(2) 定量研究要求研究对象具有代表性,因此,对样本的选择比较重视;定性研究主要探讨特殊现象,以求发现新问题或提出看问题的新视角,因此,研究对象的典型性(问题体现的程度)更重要。

(3) 定量研究将事物在某一时刻凝固起来,多采用截面数据,然后进行数量上的计算;定性研究在时间的流动中追踪事件的变化过程,使用语言和图像进行表述。

(4) 定量研究要求研究者尽量做到价值中立,不要影响研究结果;定性研究要求研究者对自己的行为进行反思,思考自己对于研究过程和结果的影响及其意义。

实际上,定量研究和定性研究并非截然对立,两者可以混用,相互验证。一般而言,在研究的初期宜采用定性研究,确定问题的表现形式和初步探讨问题产生的根源;之后,需要根据定性研究提供的研究线索,通过定量研究,获得更具普遍意义和更加令人信服的结论。

(三) 按照调查与预测产品层次分类

按产品的大类、小类、细目等不同层次,可以将市场调查与预测分为许多不同的类型。

例如,按产品大类可将其分为农产品市场调查与预测、轻工产品市场调查与预测、家用电器产品市场调查与预测等;按产品小类或细目可将家用电器产品市场调查与预测分为彩电市场调查与预测、空调市场调查与预测、冰箱市场调查与预测、录音机市场调查与预测等。

(四) 按照调查与预测的时空层次分类

若按时间层次的不同,市场调查与预测可分为经常性调查与预测、定期性调查与预测和临时性调查与预测等。若按地域范围不同,市场调查与预测可分为国际市场调查与预测、全国性市场调查与预测、大经济区市场调查与预测和地区性(省内、县内)市场调查与预测。此外,还可以分为城市市场调查与预测和农村市场调查与预测。

(五) 按照调查与预测样本确定方式分类

按样本确定的方式不同,市场调查可分为普查和抽样调查,抽样调查又分为随机抽样调查和非随机抽样调查,随机抽样调查和非随机抽样调查可再分为若干类。

另外,按市场调查与预测的主体分类,可以分为企业的市场调查与预测、政府部门的市场调查与预测、社会组织的市场调查与预测、个人的市场调查与预测;按市场调查的范围分类,可以分为专题性市场调查与预测、综合性市场调查与预测。

第二节 市场调查与预测发展及联系

一、市场调查与预测是商品经济的产物

市场调查与预测伴随着市场经营活动的产生而出现,并随市场经济的发展而发展。但早期的市场调查与预测在很大程度上是一种实践经验的积累,是局部的、零星的,带有较大的随意性。有组织并系统地进行市场调查和预测是在资本主义生产方式占主导地位以后出现的。

二、市场调查与预测在中国的发展

市场调查与预测在中国的发展经历了一个曲折的过程。实行计划经济时市场调查与预测处于可有可无的境地。党的十一届三中全会以后,随着经济体制改革的深入,特别是社会主义市场经济体制的确立,为市场调查与预测的发展提供了必要的环境条件,市场调查与预测在中国进入了大发展时期。可以相信,随着社会主义市场经济的发展,市场调查与预测在中国将有很好的发展前景。

三、市场调查与预测学科发展及联系

(一) 市场调查与预测学科

市场调查与预测是以市场调查与预测为研究对象,探索市场调查与预测规律,阐述市场调

查与预测理论,介绍市场调查与预测技术,分析市场调查与预测应用领域及其前景的科学。

市场调查与预测学科和市场调查与预测活动是相辅相成的关系。后者是前者的基础,前者是后者的理论总结和科学探索。

市场调查与预测学科是市场营销学的分支学科,其出现既是市场调查与预测实践发展的需要,也是市场营销学科发展的结果。

市场调查与预测学科是一门交叉学科,与管理学、社会学、心理学等学科密不可分。

市场调查与预测是一项信息工作,在信息资料的处理中,需要采用大量的数学、统计学和信息学的知识和技术。

市场调查与预测学科的发展经历了三个阶段:
(1) 建立阶段:从 20 世纪初至 30 年代。
(2) 提高巩固阶段:从 20 世纪 30 年代末至 50 年代初。
(3) 发展阶段:20 世纪 50 年代至今。

(二)市场调查与预测的联系

市场调查与市场预测具有前后相继的关系;市场调查为市场预测提供目标和方向;市场调查为市场预测提供依据;市场调查能验证、修正市场预测的结果。

第三节 市场调查与预测的程序

市场调查与预测的程序如图 2-1 所示。

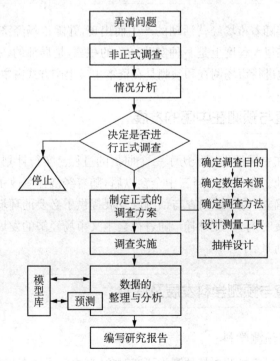

图 2-1 市场调查与预测的程序

一、弄清问题

确定调查与预测的范围，可以降低信息的费用，提高信息的适用性。

二、非正式调查

非正式调查即探测性调查，可以节省费用，有助于决策者更加深入地理解和解决问题。

三、情况分析

研究人员利用自己掌握的理论知识，现成数据和非正式调查所得的数据，对研究的问题进行大致分析。可以进一步了解问题的背景，形成若干问题产生根源的假设，提出若干个解决问题的方案。

四、决定是否进行正式调查

停止调查的情况：一是非正式调查能满足决策者对信息的要求；二是进一步调查所增加的信息的成本高于所增加的信息的价值。

收集信息的目的不是获得准确的信息，而在于信息所带来的收益与为获得信息所花费的成本之差是否最大。

五、制定正式的调查方案

正式的调查方案主要包括确定调查目的、确定数据来源、确定调查方法、设计测量工具和抽样设计等内容。

六、调查实施

调查费用很大一部分花在调查实施上面。调查结果准确与否、预测准确与否很大程度取决于这阶段的工作质量，需要对每一位调查员工严格要求。

七、数据的整理与分析

（一）数据整理

数据整理的主要工作分为校编、分类、编码、数据录入和分析。

（二）数据分析

根据一次性分析的数据的多少，数据分析分为单变量分析、双变量分析和多变量分析；根据分析的目的，数据分析可以分为描述性分析和推断性分析。

预测是数据分析的一个组成部分，有定性分析和定量分析。其中，定性分析有个人直观判断法、集体经验判断法和专家判断法；定量预测的方法有时间序列预测法和因果分析预测法。

八、编写研究报告

根据侧重内容的不同，研究报告可以分为调查报告和预测报告。

第四节　市场调查与预测的方案策划

策划是一套为了提高做事成功的可能性而针对未来要发生的事情所作出的当前决策及其规划和辅助执行过程。它是一个人或一个组织为了达到自己的目标而进行构想→计划→执行→控制的全过程。市场调查与预测的方案策划是指企业根据营销决策与管理活动的需要，精心设计和构思市场调查与预测行动方案的活动，也称为市场调查与预测策划或市场调查与预测的方案设计。

一、方案总体设计

市场调查与预测方案的总体设计就是根据所需要的信息考虑进行哪种类型的市场调查与预测。如前所述，市场调查与预测分为探测性调查与预测、描述性调查与预测、因果关系调查与预测和预测性调查。其中，探测性调查与预测属于非正式调查或预测，其他三种属于正式的市场调查或预测。

探测性调查与预测比较灵活。一般来说，在设计探测性调查与预测时，只规定大致方向和步骤，而不做详细计划。调查者搜集各种有助于决策的信息，以花费尽量少的时间和费用为原则。探测性调查与预测的信息主要来源于二手数据、询问有识之士和案例分析，有时也进行小规模的便利抽样调查或简单试验。由于探测性调查与预测有省时间、省费用、灵活多变的特点，所以，对于探测性调查与预测能解决的问题，就不需要进行正式调查或预测。探测性调查与预测往往是正式调查或预测的序幕。在调查与预测的初始阶段，常常采用探测性调查与预测以明确问题和与之相关变量的总特性，并帮助判断是否应该进行正式的调查与预测。探测性调查的设计比较简单，一般不需要表现为书面形式，做到心中大致有数就行。市场调查与预测策划不包括这种类型的方案设计，而专指正式调查的设计。如果探测性调查与预测不能满足决策者对于决策信息的要求，就需要考虑是否进行正式的市场调查与预测。虽然正式的市场调查与预测策划根据收集和分析数据的侧重点不同，分为描述性调查与预测、因果关系调查与预测和预测性调查三种类型，但它们的设计步骤、需要考虑的因素是基本相同的。当决定了要进行正式的市场调查与预测以后，就要进行市场调查与预测的策划。

二、方案策划

市场调查与预测的方案策划实际上是一系列判断与选择的过程。为了解决某一特定的决策问题，需要按照市场调查与预测的程序，一步一步地对收集和分析数据的方法加以选择和限定，大致如下：

（1）尽量详细、全面地说明决策与调查问题以及二者之间的关系；
（2）估计信息的成本和价值，说明进行市场调查与预测的必要性；
（3）选择适宜的方法收集数据或资料；
（4）选择适宜的测量工具和测量方法；
（5）选择适宜的抽样方法；
（6）选择适宜的数据分析方法；
（7）以书面的形式提出市场调查与预测的计划。

市场调查与预测策划能够帮助决策者和研究者在一些基本的问题上达成共识，如决策问题和研究问题的限定所要求的信息和调查方法的选择等。如果调查与预测是其所属部门进行的，研究计划可以帮助上级主管部门作出调查与预测的相关决定。如果调查与预测是委托企业外部市场调研机构进行的，研究计划则是这些机构出售其产品（信息服务）的促销手段。对于大多数企业来说，调查与预测的经费是相对稀缺的，所以，研究人员必须设法证明花钱从事某项调查与预测要比把钱用到其他地方的收益更大。只有这样，才能说服有关人员作出进行某项调查与预测的决定。当然，这并不意味着调查与预测人员应该夸大市场调查与预测的作用，或为那些意义不大的调查与预测争取经费。如果研究人员认为从事某一项调查与预测可以为企业带来更大的利益，他们就应该尽量清楚和有力地说明这一点。

三、计划书的基本内容

一般而言，调查与预测计划书应包括以下基本内容。
（1）简要说明。简单说明每一个部分的要点，目的在于使有关人员不阅读全文就能对调查与预测计划有一个基本了解。
（2）背景。说明决策问题和影响它的因素。
（3）目的和意义。描述调查与预测所得信息的类型、这些信息与决策问题的关系以及进行此项调查与预测的必要性和可行性。
（4）调查方法。描述调查所要采用的数据收集方法、测量工具、抽样方法。
（5）分析与预测技巧。描述预测要使用的数据分析技巧和数学工具。
（6）时间和费用。说明调查与预测需要花费的时间和费用。

(7) 用途。基于决策问题，说明所得信息可能的用途。

(8) 附录。为了满足部分专业人员的需要，可以在附录中用技术性语言详细地描述调查与预测所采用的方法和模型。

四、研究预算的确定方法

确定研究预算的方法有规范法和描述法两种。规范法试图回答应该花多少钱的问题，而描述方法试图回答实际上需要花多少钱的问题。

（一）规范法

规范法应用经济学中边际分析的方法，来确定研究预算应该是多少。它的基本思路是：企业应该为某一项研究（调查或预测）提供资金，直到最后一单位货币所带来的边际利润与企业把钱花在其他方面所带来的边际利润相等为止。换言之，这一点决定了给某一项研究项目分配多少资金才是对企业最有益的。在实际工作中，没有企业这样来确定研究预算，因为企业在各方面投入（包括在市场调查与预测上的投入）所带来的边际利润是难以计算出来的。它只是从理论上说明了企业决定是否给某项研究提供资金以及提供多少资金等问题的思路或理论依据。实际上，人们总是根据自己的主观判断，自觉或不自觉地应用这个方法思考问题。

（二）描述法

描述法根据企业的需要或某一项研究的具体情况确定研究经费。根据企业的需要确定研究预算，详细地说明下一财政年度企业需要从事的市场调查与预测活动（一般在市场调查部门的年度计划中）以及每一项活动需要的资金。预算一旦确定，它就成为市场调查部门的行动指南。

在企业所编制的各种预算中，研究预算是最需要灵活掌握的。因为市场情况千变万化，有时企业必须在很短的时间内作出是否进行市场调查与预测的决策，以便应付已经发生的突然性事件。比如，竞争者的一种新型化妆品问世了，引起了化妆品行业的震动。这时，作为化妆品生产者的某公司，需要立刻对产品市场测试的情况进行调查，以便了解该产品的成功与否并对它的影响程度进行评估。进行这一调查的费用可能在制定企业的研究预算时并没有考虑。因此，分配给市场调研部门的研究预算应该留有一定的余地，以保证企业市场调查与预测的灵活性。

研究预算通常由三种类型的成本构成：固定成本、半固定成本和变动成本。

(1) 固定成本主要包括研究人员的工资、仪器和设备等，它们在一定的时期内是基本固定的。

(2) 半固定成本虽然是正常情况下企业需要花费的，但是可以变动而不影响整个部门的运作。比如，一个企业可能会认为某一大型商店的年度会计报表是企业的一个重要的信息来源，因此它花钱预订了这个商店的年度会计报表，花在这上面的费用就与固定成本没有什么区别。当然，企业也可以根据研究项目的要求，临时决定是否购买这个商店某一年度的会计报表。如果这样做，它又成为变动成本了。所以，它是介于固定成本和变动成本之间的一种成本。

（3）变动成本随着企业对市场调研部门的信息要求而变动。需要市场调研部门提供大量信息的企业，会比那些只需要市场调研部门提供少量信息的企业花费更多的变动成本。

在确定研究预算之前，首先要对上一年度的预算和成本进行分析。这个分析是确定预算（特别是固定成本和半固定成本）的重要参考。然后，估计预算中各部分的变动情况，计算计划项目所要求的各种经费。最后，确定研究预算。如果研究预算比上一年度有较大的增加，预算编制人员需要解释原因或证明这样做是必要的。

本章小结

市场调查是指个人或组织为某个特定的市场营销问题的决策所需开发和提供信息而引发的判断、收集、记录、整理、分析、研究市场的各种基本状况及其影响因素，并得出结论的系统的、有目的的活动与过程。市场调查具有以下特征：市场调查是个人或组织的一种有目的的活动；市场调查是一个与市场经济相联系的营销管理职能；市场调查是一个系统的过程；市场调查包含对信息的判断等活动；市场调查是一项市场信息工作。市场调查的范围是由市场调查的内涵决定的。市场调查可以按市场调查的主体、范围、功能分类。

市场预测是依据市场的历史和现状，凭经验并应用一定的预测技术，对市场发展的未来趋势进行预计、测算和判断，得出符合逻辑结论的活动与过程。市场预测也是个人或组织的一种有目的的活动，从本质上讲，是一项市场信息工作，即运用一定的预测技术，遵循一定的程序，加工处理市场信息，为决策提供依据，直接为市场营销服务。市场预测的基本原理是事物发展的内在规律性。市场预测可以按时间、范围、空间区域、性质分类。

市场调查与市场预测之间具有互相区别又互相联系的关系。两者主体、本质相同，出发点、技术方法、结果不同。市场调查与市场预测具有前后相继的关系；市场调查为市场预测提供目标和方向；市场调查为市场预测提供依据；市场调查能验证、修正市场预测的结果。

市场调查和预测是随着市场经济的产生而产生，并随市场经济的发展而发展的。市场调查与预测学科和市场调查与预测活动是一个事物的两种不同的表现；市场调查与预测学科是市场营销学的分支学科；市场调查与预测学科又是一门交叉的边缘学科；经济学是市场调查与预测学科的基础；市场调查与预测学科与管理学、社会学密不可分；市场调查与预测与心理学具有密切的关系；市场调查与预测是一项信息工作。

市场调查与预测的发展过程可以分为三个阶段：20世纪初至30年代开始建立阶段；20世纪30年代末至50年代初进入巩固提高阶段；20世纪50年代后进入大发展新阶段；至今还在继续发展之中。

市场调查与预测在中国的发展经历了一个曲折的过程。党的十一届三中全会后，市场调查与预测在中国进入了大发展时期。可以相信，随着社会主义市场经济的发展，市场调查与预测在中国将有一个很好的发展前景。

 **思考题**

1. 什么是市场调查和市场预测？
2. 市场调查和市场预测分别有哪些类别？
3. 市场调查与市场预测的相同点和不同点有哪些？
4. 概述市场调查与市场预测之间的相关关系。
5. 概述市场调查与预测的发展过程。
6. 在市场调查与预测今后的发展中，你有哪些建议？

第三章

市场调查的方法

 学习目标

- 了解市场调查的不同方法;
- 理解二手数据相关性和准确性的判断;
- 了解人员访问调查、邮寄调查、电话调查和网上调查的优劣以及选择方法;
- 了解固定样本调查的组织方法;
- 掌握实验的本质与实验的内部效度和外部效度;
- 掌握实验误差的类型和内涵;
- 理解实验设计的分类和组织方式;
- 了解观察调查法的特性与分类。

市场调查是收集营销数据的行为过程。市场调查的方法根据数据来源可以分为两大类:一类是收集二手数据的调查方法,另一类是收集一手数据的调查方法。收集二手数据的调查方法比较简单,本章第一节将论述这种方法。收集一手数据的调查方法比较复杂,又可分为询问调查法、实验调查法和观察调查法。本章第二节、第三节和第四节分别对其加以介绍。

第一节 二手数据的收集方法

一、二手数据的含义

二手数据(secondary date)也叫现成数据,是为其他的目的而收集,并可以用于在研问题的数据。因为收集二手数据既快又省,所以在市场调查中得到广泛应用。一般而言,只要收集二手数据能够解决的问题,就不再去收集原始数据。由于相应的二手数据常常不适用或适用的二手数据常常不存在,因此,研究者不得不去收集原始数据。

二、二手数据的相关性

二手数据的相关性是指二手数据同市场调查与预测所需要信息的关联程度。可以从四个方面来判断或评估二手数据的相关性。

(一) 测量单位是否相同

由二手数据与所需数据在测量单位上的一致性判断。比如,一个零售商在作一项决策之前,需要了解某一区域内居民的特点。虽然关于一个市或一个县的二手数据可以找到,但是与零售商所要求的数据在范围上不同,二手数据缺乏相关性。

(二) 是否有替代问题

一家手表厂为了推出一款新型电子表,需要西安市前一年电子表销售量的信息。这时,如果它得到西安市销售额最大的十家零售商前一年电子表的销售数据,并用这个数据进行推测,就存在替代问题,因为西安市出售电子表的绝非就是这十家商店。

(三) 分类是否相同

由二手数据与所需数据在分类上的一致性判断。比如,一个企业想专门为8—12岁的儿童生产一种新产品,需要了解他们的偏好,但查不到8—12岁儿童偏好的数据,只有5—9岁和10—14岁儿童偏好的数据。如果这个企业应用这些数据来进行推断或预测,相关性就存在问题。二手数据经常会在社会阶层、年龄、收入、公司大小等分类方面与所需数据的要求不一致。

(四) 时间是否合适

绝大部分二手数据都是过去的,有时甚至是过去好几年的。这时,即使其他方面在相关性方面问题不大,但是在时间上也有问题。比如,几年以前关于中国零售业态的调查数据就无法用来描述中国目前的零售业态状况。

二手数据如果存在以上四个方面的问题,都会降低相关性。这是在应用二手数据时需要特别注意的。

三、二手数据的准确性

在应用二手数据之前,要考虑数据的准确性。

如有可能,尽量使用最初报道的数据。通常情况下,最初报道的数据比转引的数据更全面,常常包括转引省略掉的警告、缺点和方法的详细说明。比如,国家统计局发布的数据都有关于误差的说明,而在这些数据被引用时,一般不提误差。另外,使用最初报道的数据,使用者可以根据要求重新考察它们,从而能够更好地判断数据的相关性或适用性。

四、二手数据的来源

二手数据有两个来源:一个是企业内部;另一个是企业外部。

(一)企业内部数据由企业内部有关部门提供

一般来说,为市场调查与预测提供数据的部门主要有企业的数据库、会计部门、统计部门和情报部门,企业的数据库存放着大量的二手数据,使用很方便。会计部门、统计部门和情报部门的许多数据以及以前市场调查和预测所得到的许多数据、情报或资料,都存储在数据库中,所以从数据库中可以得到的数据一般不需要其他部门协助。市场调查与预测所需要的数据库中没有的数据或资料,只能从其他有关部门得到。企业内部相关部门提供的主要是涉及企业内部事务的数据或资料,如企业的会计数据和统计数据以及市场调查部门掌握的企业经营数据。当然,也有部分数据或资料涉及企业外部事务,如情报部门提供的一些数据或资料。

会计数据和统计数据详细记录了企业各项营销活动的成果和花费,如果使用得当,可以帮助研究者确定盈利或不盈利的细分市场、市场区域以及产品线,明确企业在市场中的竞争地位和企业的营销战略方向,并帮助测定营销组合的效果。

(二)企业外部数据是研究人员从外部获得的二手数据

各种外部数据的来源很多,主要有政府机构、行业团体、专业调研机构、出版物和电子网络。

(1)政府机构包括中央和地方各级政府机构。中央政府机构如国家统计局、科技部、教育部、公安部等。地方各级政府机构如地方各级统计机构、各级经济管理部门、各地公安局、派出所等。政府机构提供的数据主要有两类:第一类是人口统计数据,包括人口的总数、人口的年龄构成、人口的地区分布等;第二类是经济活动数据,包括工业、农业、金融业、运输业等行业数据。

(2)各行业团体经常公布一些行业销售情况、发展趋势和存在问题的分析报告。其提供的数据或分析结果有助于研究者弄清企业所属行业的特征结构和竞争状况。有些研究者还需要从所属行业团体中购买一些关于这个行业总体情况的数据。

(3)专业调研机构,如上海尼尔森市场研究有限公司、新华信市场研究咨询有限公司这些专业调研机构不仅根据需要承担企业的市场调查与预测项目,也经常发布或有偿提供一些一般性的市场信息。

(4)各类出版物(如报纸、期刊和图书中)有很多数据和资料可以利用。在中国,《经济日报》《中国商业报》《市场报》《经济参考报》以及各地的经济生活报刊都经常公布一些宏观经济数据或行业数据。只要带着问题去阅读和收集,研究者经常可以获得很多有用的数据和资料。

(5)随着网络在全球的普及和广泛应用,互联网成为越来越重要的信息来源,网上信息具有省时、省钱和便捷的特点,是研究者收集二手信息需要优先考虑的一个来源。实际上,越来越多的政府机构、行业团体和企业通过网站发布信息。进入这些网站进行搜寻,可以获得很多相关的二手数据。

第二节 询问调查法

作为收集原始数据最常用的方法，询问调查法是指调查者通过口头或者书面方式向被调查者收集数据的方法。

一、询问调查法的类型

询问调查法包括以下四种类型。

（一）人员访问调查

人员访问调查是指调查者在面对面的情况下，向被调查者提出问题，根据被调查者的回答，当场记录获得数据。作为最古老的一种调查方法，人员访问调查有一定的优点：在所有调查方法中它最富有灵活性；在面对面的情况下可以有观察的机会，并且具有激励效果，也可以获得较多的数据；能控制问题的顺序，保持较为完整的样本。人员访问调查也有一些缺点：需要更多的人力成本；对调查员的监督和控制比较困难；容易产生询问偏见。

（二）邮寄调查

邮寄调查是研究者将设计好的问卷连同一个回邮信封邮寄给应答者，待应答者填妥后寄回的一种收集数据的调查方法，也可以采用置留、期刊插页和产品标签的形式。邮寄调查的优点如下：调查可覆盖的区域广；没有语气或者询问态度的影响，不会产生询问偏见；邮寄费用相比于人员访问调查所花费的人员培训和差旅费用来说要少很多；应答者有充足的时间进行问卷填写和问题回答。邮寄调查也存在一些缺点：问卷回收率低；问卷往返耗时长；有些应答者由于没有时间或者不愿回答等原因找别人进行替代填写而出现替代现象；不便于进行深度询问。

（三）电话调查

电话调查是通过电话向应答者提出问题然后汇集答案的数据收集方法。电话调查有以下优点：能够以最快的速度收集信息，对于一些工作忙或者不愿意见面的调查者来说容易接受；利于研究的组织者控制监督和控制调查员的工作。电话调查相较于其他调查方法来说难以深入，只能做一些内容简单的调查。

（四）网上调查

网上调查是借助互联网收集数据或资料的调查方法，包括网上问卷调查，网上焦点座谈和跟贴调查等。网上问卷调查分为主动式和被动式两类。主动式指调查者通过电子邮件、QQ或者微信等方式向被调查者发放问卷，请求被调查者填写并返回。被动式调查指调查者把问卷放置在某个网络站点上，等待用户在访问网站的时候自愿填写。

调查宝就是一个既可以进行主动式也可以进行被动式调查的在线问卷调查系统。它的基本功能向用户免费开放，界面友好，使用简捷，用户注册后就可以进行使用。用户可以通过这个系统进行在线调查问卷的设计、调查数据的收集和统计以及统计结果的生成。

调查宝的使用流程如下：

（1）问卷设计。调查宝支持 28 种题型，可以在问卷中设置跳转逻辑、引用逻辑、给选项设置分数等多种功能，同时还提供十种专业问卷模版。

（2）个性定义。用户可以对自己设计的问卷进行多种属性的设置或者对问卷的外观以及完成后的跳转页面进行个性化的操作。

（3）多种方式发送。可以通过电子邮件邀请的方式或者在微博、QQ 等社交平台分享问卷，还可以用 iframe 和 webservice 等方式嵌入网站或者博客中。

（4）统计分析。用户可以通过调查宝的在线单题统计、分类统计、交叉统计等方式进行统计分析。此外，调查宝还允许用户统计分析报表、在线查看分析、下载分析报告或原始数据。

（5）质量控制。用户可以通过调查宝的配额管理和自定义筛选规则的功能进行调查质量的严格控制，让每一项调查都能够严谨、高效地进行；还可以根据填写问卷所用的时间、来源地区和网站等筛选出符合条件的答卷集合。

（6）下载调查数据。在完成调查之后，用户可以下载统计图表到 Word 文件中保存并打印，或者下载原始数据到 Excel 中，进而导入 SPSS 等数据分析软件中作进一步的分析。

与传统的调查方法相比，网上调查有一些独特的优势：节省了劳务、印刷、交通、联络等调查费用；有规模效应；没有地域空间和时间的限制，只需要搭建平台就可以自动生成数据库，获得所需数据和资料非常便捷；可以进行传统调查难以进行或控制的操作，如题目顺序循环、量表题项循环和卡片随机抽取等；问卷更具个性化，借助网络展示图片、文字介绍、声音等声像资料；易监控和纠错。网上调查也有一些局限性：由于缺乏人与人之间的交流而很容易出现拒答的现象；调查者为了得到更多支付报酬而多次重复填写；在以 QQ、微信或电子邮件的形式发送给被调查者时容易被当成垃圾信息、垃圾邮件删除。

二、询问调查方法的确定

在实际调查工作中，调查方法的优劣是相对的，没有哪一种绝对优于其他，所以，调查方法的确定需要通过一些标准来选择。

第一，问卷的复杂性。相对复杂的调查可以采用人员访问调查，邮寄调查和电话调查一般不宜采用过于复杂的问卷。

第二，数据量。数据量是与问卷复杂性密切相关的一个标准。调查采用的问卷越复杂，询问的时间就会越长，获得的数据量就会越大。

第三，数据的准确性。调查所得到的数据受许多因素的影响，如调查者的提问方式、抽样方法和问卷的设计水平等。

第四，调查者影响的控制。在人员访问调查或者电话调查中，调查者询问的语气、用语和态度都会对应答者产生影响，从而使数据失真。控制这种影响对于提高数据的准确性是很重要的。

第五，样本控制。样本控制受到两个因素影响：一是样本选择的范围，二是一旦样本选定后能使其回答问题的比率。电话调查和网上调查在样本选择的范围上受到很大的限制,邮寄调查在样本选定后能使其回答的比率这方面有很大的欠缺。只有人员访问调查在这两方面都控制得比较好。

第六,速度。电话调查和网上调查的调查速度最快,人员访问调查次之,邮寄调查所花费的时间最长。

第七,费用。调查费用取决于调查的种类、问卷的性质、回收率、调查覆盖的地理范围和调查所用的时间等因素。一般情况下,人员访问调查所需的费用最高,除了需要支付调查人员的工资和其他方面的费用以外,还需要支付较高的差旅费。

在实际工作中,可以根据以下七个影响因素的相对优劣以及其他判定标准来选择合适的调查方法(表3-1)。

表3-1 询问调查方法的影响因素

判断标准	询问调查方法			
	人员访问调查	邮寄调查	电话调查	网上调查
问卷的复杂性	优	差	良	差
数据量	优	一般	良	一般
数据的准确性	一般	良	一般	良
调查者影响的控制	差	优	一般	优
样本控制	优	一般	一般	差
速度	一般	差	优	优
费用	差	良	良	优

三、固定样本调查

固定样本调查是研究者应用抽样方法先将部分个人、家庭或者单位确定为固定样本,然后定期或者不定期地从样本成员那里收集数据的方法。固定样本调查分两种:一种是请样本成员按固定的时间间隔向调查者提供数据;另一种是不定期地要求样本成员在接到通知后提供有关数据。

第一种调查方式普遍应用于消费者购买行为分析、商品存货水平调查和广告媒体研究。在调查中,调查者需要给固定样本中的每一个成员一本记录册,然后样本成员按照要求的项目逐日记载有关活动,并按期将记录册寄给调查组织者。在消费者购买行为分析中,样本成员一般需要记载他们的购买和支出情况,如购买商品的品牌、购买量、价格、包装和购买地点等,以此来获得消费者购买行为的数据。在商品存货水平调查中,样本成员(如批发商或零售商)需要记录有关商品的零售、存货和价格等数据。在广告媒体研究中,样本成员需要记录有关视听时间以及观众、听众或读者所喜好的节目或栏目等数据。

第二种调查方式的样本成员由那些愿意合作的应答者组成也叫间断的固定样本调查。当调查者需要某些数据时,就将调查问卷寄给样本成员,由样本成员填好后寄回。专业的市场调查机构多采用间断的固定样本调查。

固定样本调查有一些优点：可以通过使用同一个样本定期或不定期地多次调查，获得不同时间的动态数据，还可以获得重复购买率数据；样本成员可以作为实验对象进行新产品的测试；通过多次调查所得结果，可以知道消费者对于某一品牌的态度是否发生了变化以及在购买时是否发生了品牌转换。

固定样本调查也有一些缺点：由于样本成员各方面的不确定性（如填写意愿低、填写能力差、中途退出等）导致的调查结果代表性差；作为样本成员的消费者选购产品时对调查购买行为的特殊对待使得报告容易失真；长期来看，支付给作为研究对象的消费者的货币或者非货币报酬都会大大提高调查成本。

第三节　实验调查法

> **红色的杯子**
>
> 一位咖啡店老板发觉不同的颜色能使人产生不同的感觉，于是他做了一个实验。他请30位试验者，每人喝4杯浓度完全相同的咖啡，但这4个装咖啡的杯子的颜色是不同的。有红色、黄色、青色和咖啡色。然后，咖啡店老板询问试验者："哪种杯子的咖啡浓度最好？"大家异口同声地回答："红色杯子里的咖啡最好。"于是，老板的咖啡店改用了红色的杯子。咖啡仍为原量，顾客却感到很好，该店经济效益越来越好。

一、实验调查法的简单认识

（一）定义

实验调查法（experiment survey）是指市场实验者有目的、有意识地通过改变或控制一个或几个市场影响因素，观察在这些因素变动情况下市场的变动情况，从而认识市场现象的本质和变化规律的一种方法。它的最大优势在于，通过变量和实验程序的控制，研究者可以更有把握地进行变量之间因果关系的判断。因此，它是因果关系调查中最常用的方法。

实验调查法既是一种实践过程，也是一种认识过程，它将实践与认识统一为调查研究过程。

（二）实验调查法的基本要素

(1) 实验者：市场实验调查有目的、有意识的活动主体。
(2) 实验对象：通过实验调查所要了解的市场现象。

(3) 实验环境：实验对象所处的市场环境。
(4) 实验活动：改变市场现象所处市场环境的实践活动。
(5) 实验检测：在实验过程中对实验对象所做的检验和测定。

(三) 实验调查法的特点

1. 实践性

实验调查法的最突出的特点在于它的实践性。实验调查法必须通过某种实践活动，有计划地改变实验对象所处的客观环境，并在这种实践活动的基础上对实验对象进行调查。没有一定的实践活动，就不能称为实验调查。

2. 动态性

调查对象的动态性是实验调查的另一重要特点。在实验调查法中，由于实践活动的不断进行，市场环境的改变，实验对象必然不断地发生运动和变化。实验调查的实践性决定了实践对象的动态性。

3. 综合性

实验调查法还具有综合性的特点。在实验调查的过程中，实验者除了进行改变市场环境的实践活动外，还必须采取观察、访问、问卷等方法，对市场现象进行调查研究。各种调查研究方法的综合应用在实验调查法中表现得很明显。

通过实验调查法取得市场现象的第一手资料，对市场现象的联系可以有比较深入的反映。根据市场现象之间的因果关系，可以较广泛地推广某种措施，以求企业取得好的经济效益。如改变某种商品的配方、设计、包装、价格、广告等，都可以先在较小范围内进行实验调查，如果效果好，则可广泛推广。实验调查法所取得的资料可以为提高市场预测的精度提供可靠的保证。当然，客观上人们要求实验调查法能够做到实验结果快，检测准确。

二、实验调查法的应用步骤及注意要点

(一) 应用步骤

为了保证结果快、效果好，实验调查必须按科学的步骤进行。

1. 根据市场调查课题，提出研究假设

在市场实验调查之前，通过对市场现象的初步了解和理论分析，提出市场现象之间与各影响因素之间的因果关系假设，这是进行实验调查的第一步，通过提出研究假设，才能确定实验对象、实验环境、实验活动和实验检测的具体内容。提出研究假设应最终确定实验的自变量，根据研究问题的需要和实验对象的特点，实验自变量可以是一个，也可以是一个以上。

2. 进行实验设计，确定实验方法

实验设计是指调查者对如何控制实验对象、如何开展实验活动、如何进行实验检测等进行设计。这其中要应用不同的实验方法，从而验证研究假设，达到实验调查的目的。合理科学的实验设计是实验调查成功的关键。

3. 选择实验对象

实验调查一般在较小的范围内开展，这就必须选择适当的实验对象。根据调查课题和

市场现象的特点,用随机抽样方法或非随机抽样方法选择实验对象,实际上就是从市场调查总体中选择调查对象。被选择的调查对象对总体必须有较高的代表性,同时必须考虑到实验活动的方便。

4. 进行实验

根据实验设计的规定开展实验活动,即开展改变市场现象所处环境的实践活动,它是通过改变、控制实验自变量来实现的。进行实验还包括对实验经过的认真了解和记录,即实验调查搜集资料工作。开展实验和对实验结果的记录是一个统一的过程,它是各种搜集资料方法综合应用的过程。

5. 整理、分析资料,做实验检测,得出实验结论

在这一步骤的工作中要应用各种研究问题的方法。根据实验记录的资料进行实验检测,主要是用对比方法观察实验活动的效果,并对其进行数量测定。应用统计分析的方法对实验记录进行整理、分析,加上理论研究方法的应用,最终才能得出实验结论,写出实验调查报告。

根据上述步骤进行实验调查,不但保证了实验调查的顺利进行,同时也是认识市场现象的客观要求。实验调查的步骤是将认识论的一般理论与实验调查的具体特点相结合。

(二)实验调查须注意的要点

1. 实验者的必要条件

实验调查是一种探索性、开拓性的调查工作,要取得市场实验调查的成功,要求实验者必须具备一定的条件:实验者必须思想解放,有求实精神,敢于探索新道路;实验者要有一定的实际工作经验和灵活处理问题的能力,具备灵活应用各种调查方法和研究方法的能力。

2. 实验对象和实验环境的选择

正确选择实验对象和实验环境,对实验调查的成败有着重要作用。实验对象和实验环境的选择,一定要在同类市场现象中具有高度代表性,对于复杂的市场现象还应具有不同类型、不同层次的代表性。反之,如果选择一些具有特殊优越条件的市场实验对象,其实验结论一般没有普遍推广和应用的可能性。既可以随机地从调查对象总体中抽取实验对象,也可按非随机方法有目的地选择实验对象。

3. 实验过程的控制

实验调查是否能达到预期目的,在很大程度上取决于能否有效地控制实验过程。在实验调查中,实验活动不是一时一地完成的,而是要持续相当长的时间。在这个过程中要有效地控制实验活动,严格按实验设计方案进行。在市场调查中,由于市场现象的复杂性,实验活动的开展会遇到一些困难,因此,需要在不违背实验目的的前提下具有一定的灵活性。控制实验过程的另一个任务是努力排除或减少非实验因素对实验活动的干扰。

三、影响实验的误差

影响实验结果的因素有很多,不同的学者有略微不同的见解,我们主要采用图尔和霍金斯(Tull and Hawkins)的分法,将影响实验的误差分为以下十种。

(一) 前期测量误差

假设有一家啤酒厂想了解他们生产的啤酒在消费者心目中的地位变化及其影响因素，需要进行一项实验。作为样本中的一员，你被要求填写一份问卷，其中有量表测量你对该品牌啤酒的态度。这种品牌的啤酒你虽有耳闻，但以前从未喝过，因此你给了较低的评价。两天以后，由于这次调查的缘故，你第一次喝了这种啤酒，并且觉得不错，以后经常饮用。三周以后，同一调查员找到你，给了你一份类似的问卷请你填写。这次，你给了该品牌啤酒极高的评价，你对该品牌啤酒的消费量也有所增加。

是什么使你的态度发生了转变呢？尽管该品牌啤酒可能增加了广告，降低了价格，改变了包装，或者改变了其他一些因素，但是真正促使你态度发生转变的是在第一次调查中对你的态度的测量，这次调查引起了你对该品牌啤酒的特别关注，进而尝试和喜欢。

前期测量误差（pre-measurement error）就是指前一次测量对后一次测量有直接的影响，从而使实验失真的现象，当被试知道他们正在被观察或测量时，最容易产生这种误差。

(二) 生理条件误差

随着时间的流逝，在实验中，被试的生理和心理状况会发生变化。如果这种变化影响了因变量的变化，就会产生生理条件误差（maturaltion error）。生理条件误差也被一些学者直译为成熟误差。

比如，试验从下午 2 点一直持续到下午 5 点。在开始时，被试者精力充沛，应答积极，但在结束时，则会又饿、又渴、又累，注意力不集中。这些生理上的变化可能会反映到心理上，从而影响对因变量的测量。生理条件误差是几乎每一项实验调查都需要面临的一个问题。所幸的是，大部分实验设计都能够控制它。

(三) 历程误差

历程误差（history error）也被人按照英文直译为历史误差。实际上，这里的 history 并不是指以前发生的事件，而是特指那些在实验过程中两次测量之间发生的对因变量有一定影响的偶发事件，history error 就是指这类偶发事件给实验结果带来的误差。

比如，一个石油商店先测量了它在某一个地区的销售水平，而后开始了为期一个月的促销活动。在这期间，密切关注销售水平的变化。但是，由于其竞争者降价和气候异常——天气变暖，促销活动带来的销售水平的变化完全被抵消了。这样，促销后的销售水平与促销前没有什么两样。如果由此得出"促销活动没有任何效果"的结论，则此结论中就存在历程误差。历程误差会影响实验的内部效度，是实验设计要考虑的主要误差之一。

(四) 工具误差

工具误差（instrumentation error）是指在实验期间由于测量工具或测量程序的改变而产生的实验结果与实际情况相背离。比如，实验前对消费者态度的测量是用人员访问法进行的，实验后却采用其他方法进行。这样，两次测量在结果上的差异就很有可能是因为改变了测量工具和程序引起的。另外，同一调查员前后两次调查时的态度可能不同，这也可能引起被试态度的变化，进而产生工具误差。

(五) 选择误差

大部分的实验至少需要两个组，一个是实验组（也称为处理组），另一个是控制组（也称为对照组)。选择误差是由于实验组和控制组在实验前就存在差异(态度、行为或反应倾向)而导致的实验结果失真的误差。如果被试者自己选择组别或由研究者根据主观判断为他们选择组别,就容易产生选择误差。根据随机原则为被试分组,可消除或减少这种误差。

(六) 流失误差

流失误差(mortality error)也被直译为消亡误差,意指由于被试中途退出(如不愿继续合作)而导致实验组和控制组中失掉某些特殊类型的被试而产生的实验误差。

比如,一家牙刷厂进行一项新产品测试。这个新产品虽然使用不便,但是洁齿、防龋的效果很好。实验分为两个组进行,一个是实验组,另一个是控制组,实验时间为一年。在这一年中,两组中都有个别被试由于他迁或意外事件中途退出。由于两个组基本相同,且实验的样本很大,所以这不会使实验结果发生实质性的变化,也即流失误差不严重。

但是,实验组中由于一些被试认为使用这种牙刷不方便而退出实验,致使实验组中被试的构成发生了很大变化——继续参加实验的被试,与那些退出实验的被试相比,更注重牙齿健康。这样,实验组中的被试就比控制组中的被试更经常刷牙。即使新牙刷对人们的牙齿并没有多大影响,但是实验组与控制组的这个差别很可能使两个组被试牙齿的健康状况不一样。如果由此得出"新产品确实有更好的效果"的结论,其中就存在流失误差。

(七) 相互作用误差

相互作用误差(interactian error)是指由于前一次测量使被试对实验中自变量的变化更加敏感而导致的误差。相互作用误差与前期测量误差很像,它们的不同之处在于:前期测量误差是指前一次测量本身对实验结果的影响,而相互作用误差则是指前一次测量提高了被试对实验中自变量变化的敏感程度而导致的对实验结果的影响。

我们可以用解释前期测量误差时用过的例子说明相互作用误差的特性。在那个例子里,前期测量误差是由于被试者在第一次调查后出于好奇心去尝试那种品牌的啤酒而产生的。如果被试不是由于第一次调查本身,而是由于第一次调查后使其对相关自变量(如这种品牌的啤酒的价格或广告)更加敏感,特别容易受这些自变量变化的影响,才增加对该品牌啤酒的消费,那么实验结果中就存在相互作用误差。

(八) 反应误差

反应误差(reactive error)因人工的实验环境或实验组织者的行为对因变量发生影响而产生。在实验中,被试并非完全被动,他们可能会根据实验环境或实验组织者的行为来判断他们"应该"选择的"正确"答案。一旦被试揣摩和希望迎合实验组织者的想法,实验结果就会产生反应误差。反应误差无法通过实验设计消除,而只能通过实验的组织与安排消除。

(九) 测量时间误差

测量时间误差(measurement timing error)是由于测量实验结果的时间不当所引起的实验误差。我们总是期望在实验之后马上得到实验结果,但是许多自变量对因变量的影响是长期的。短期看,很难发现实验影响的存在。对于具有这种性质的实验,如果实验后马上测量,就会出现测量时间误差。

比如,品牌价值来源于品牌资产,包括顾客对品牌的认知、顾客对品牌的忠诚度、顾客对产品质量的感知、顾客对品牌产品在使用或消费过程中产生的附加联系、品牌资产的其他专有权(如专利、商标、营销渠道中的分销成员之间的关系)等。但是,品牌资产是经过企业长期的营销努力不断积累起来的,是营销效果的长期积淀。如果一个研究者试图在企业的一次广告之后马上检验广告对该企业品牌价值的贡献,他可能会很失望,因为他会发现,该广告对企业品牌价值的提升没有任何作用。实际上,这可能并不是事实,因为他选择了错误的测量时间。

(十) 替代情境误差

如果实验所使用的实验情景与实际情景不同,就会产生替代情境误差(surrogate situation error)。比如,一个商店进行一项市场测试,目的在于了解某种商品降价后的销量会增加多少。在实际情境中,一旦这个商店对这种商品降价,它的竞争者(附近的其他商店)要么置之不理,要么也采用降价手段回应。如果测试所使用的情境与竞争者的反应不符,替代情境误差就产生了。

以上十种误差,均与实验的内部效度相关;除了后三种,其他七种均可以通过实验设计加以控制。一般而言,欲控制的误差越多,实验所需要的费用越大,设计也越复杂。另外,能够有效控制某一类误差的实验设计,可能并不能有效地控制其他误差。因此,实验设计的目的不在于消除各种误差,而在于消除那些在给定的环境下最可能产生和最严重的误差。

市场现象作为实验对象,会受到各种客观存在的非实验因素的影响。一般来说,对市场现象的实验调查无法做到自然科学实验那种实验室环境,但对非实验因素的控制并不是完全做不到的,常用的方法有以下四种。

1. 排除法

排除法是指将影响实验效果的一个或几个因素排除在实验过程以外。

例如,在对市场现象进行实验调查时,若被抽中的企业经营管理不善,就会影响实验的正常开展。为了使实验调查能够顺利进行,在选择实验对象和实验环境的时候,必须避开这种企业。这样,管理不善这个非实验因素的影响就会被排除。

2. 纳入法

纳入法是指将影响实验效果的客观存在的非实验因素纳入实验过程,并将其作为实验调查所要研究的问题。

例如,城镇市场和农村市场具有不同的特点,若进行某市场现象的实验调查,不同地理位置的市场并非实验因素。但实验过程中又不能排除这两类市场客观存在的不同特点,若采取分城镇市场和农村市场的实验调查,这样就把这两类市场的不同特点纳入了实验过程。这种纳入法在实验调查中经常被采用,因为有许多影响市场的因素是客观存在的,无法予以排除。

3. 保持衡定法

保持衡定法是使非实验因素在实验过程中保持相对平衡、稳定,使其对所有调查对象的影响保持一致。

例如,对某种产品改变包装进行销售量实验调查,营销企业的管理水平、流通渠道、产品的配方、广告促销等都是非实验因素,将这些因素在实验期内尽可能地保持衡定,以提高实验检测的准确性。

4. 统计分析法

统计分析法是将实验过程中非实验因素的影响用具体的指标数值计算出来,进而分析其对实验效果的影响方向和程度,对非实验因素既可以采用单个因素统计分析,也可以采用综合统计分析。这种方法事实上是最理想的,但在实践中也是最难做到的,其主要原因有两个:一是市场现象的复杂性,二是某些影响因素的量化资料很难取得。

四、实验调查法的优缺点

实验调查法是一种具有实践性、动态性、综合性的直接调查方法,它具有其他调查方法所没有的优点,也有自身的缺点。

(一) 实验调查法的优点

(1) 能够在市场现象的发展变化中掌握大量的一手资料,市场现象的发展变化主要是由实验活动引发的,这是市场实验调查法最突出的优点,也是其他调查方法不能做到的。

(2) 能够揭示或确立市场现象之间的相关关系。因为市场实验调查不是等待某种现象发生再去调查,而是积极主动地改变某种条件,促进市场现象的发展,以达到实验目的。所以,实验调查不但能够说明某市场是什么样,而且能够说明它为什么是这样。

(3) 具有可重复性,这使得实验调查的结论具有较高的准确性,具有较大的说服力。

(4) 有利于探索解决市场问题的具体途径和方法。在进行商品生产和营销中,不论是从宏观管理还是从微观管理,都有很多具体的方针政策、措施方法等方面的问题,需要不断探索、研究和制定,实验调查法为此提供了重要的手段。因为只有经过实践检验的方针政策、措施方法,才能证明其正确性和可行性,实验调查过程恰恰起到这个作用。

(二) 实验调查法的缺点

(1) 选择的实验对象和实验环境,难以具有充分的代表性。实验调查的结论总带有一定的特殊性,其应用范围是很有限的。

(2) 很难对实验过程进行充分有效的控制。这是因为很多影响因素是无法也不能排除的,而它们又很难一一测定或综合测定出来,因此,准确区分和检测实验效果与非实验效果就很困难,在实验效果中往往混杂着非实验因素的影响结果。

(3) 对调查者的要求比较高,花费的时间也比较长。

五、实验设计

实验设计是对实验内容和步骤的策划,明确说明实验以什么为对象、做什么、何时做以及如何做等问题。根据是否应用统计工具提高外部效度,实验设计被分为两大类:基础性实验设计(basic design)和统计性实验设计(statistical design)。

基础性实验设计是实验的基础,用于控制实验中可能存在的各种误差,提高实验的内部效度。如前所述,内部效度是实验设计必须达到的最低要求。如果没有内部效度,就无法推断因变量的变化是否由自变量的变化引起,外部效度也就无从谈起。之所以被称为基础性实验设计,是因为它们既是实验必须具备的,也是统计性设计的基础。根据是否使用随机化和对照方法,基础性实验设计又被分为预实验设计、真实验设计和准实验设计三种。

统计性实验设计是在基础性实验设计的基础上,运用统计方法控制外生变量,提高实验外部效度的实验设计方法。常用的统计性实验设计包括完全随机设计、随机区块设计、拉丁方格设计和因子设计。

(一) 基础性实验设计

1. 简单后测设计

简单后测设计是一种预实验设计,指对自变量进行控制之后,观察自变量的变动对因变量的影响。

以下几种情况可以考虑使用简单后测设计。

一家企业设计了几条广告,企业想知道哪一条或哪几条广告效果最好?

一条广告播出后,企业想知道哪些人对这一条广告的反应更强烈?

对于企业的某一种产品,企业想知道哪些人更喜欢它?

一种产品的价格定在哪个档次能够创造更多的利润?

企业想知道哪种包装更受欢迎?

2. 简单前后测设计

简单前后测设计也是一种预实验设计。它除了在实验前对因变量进行一次测量,其他方面与简单后测设计完全相同。

以下是几种简单前后测设计的例子。

在一群人中,一条广告播放之前有2%的人知道我们的产品,这条广告播放以后,知道我们产品的人数上升为40%。

一个竞争者介入之前,我们产品的市场占有率为15%;这个竞争者介入之后,我们产品的市场占有率下降为10%。

产品质量提高之前,销售额为500万元;产品质量提高之后,销售额降为400万元。

产品换新包装之前,在某一家商店购买的人数为每天20人;换新包装之后,在这家商店购买的人数降为每天15人。

3. 模拟前后测设计

这种设计的目的在于,以人为实验对象时避免简单前后测设计由于实验而产生的误差,如前期测量误差和交互效应误差,它通过随机化的方法选择不同的被测试者进行测验,消除了实验效应的影响。这种设计也由于采用的真实化的方法选择被测试者而成为一种真实验设计。

4. 对照前后测设计

对照前后测设计是一种真实验设计。它是在简单前后测设计的基础上加一个对照组。

比如,一项实验欲了解商品展销活动对商店销售水平的影响。研究者在一个地区按照随机原则选择十家商店作为实验组、十家商店作为对照组。然后,在实验组的十家商店进行商品展销活动,在对照组的十家商店不进行商品展销活动,在展销之前和之后,两次测量每一组的销售额并对变化进行比较。

5. 对照后测设计

对照后测设计是一种真实验设计,它是在简单后测设计的基础上加一个对照组。

6. 所罗门四组设计

所罗门四组设计(Solomon four-group design)是一种真实验设计。它由对照前后测设计和对照后测设计组合而成。分为两个实验组和两个对照组;进行两次事前测量和四次事后测量。

7. 时间序列设计

时间序列设计(time series design)是一种简单而实用的准实验设计。这里的"准"是指实验对象,但从严格意义上讲又不是。真实验设计所需的各项条件在现实环境中往往难以演示,比如被试者有时不大可能按研究者的意图被随机分派到不同的组别中;另外,组建一个严格可对照的对照组有时也十分困难。在无法操控自变量变化的时间,也无法选择或随机分配测试单位接受或不接受操控时,就需要采用准实验设计。

时间序列设计在自变量变化(操控)的前后,分若干时点对实验单位进行重复测量,从控制前后因变量的变化趋势上判断自变量的影响程度。前测、后测的次数可以不同,但不宜少于3次。

8. 多重时间序列设计

多重时间序列设计与时间序列设计类似,唯一不同是增加了另一组测试单位作为对照组。

(二) 统计性实验设计

统计性实验设计以基础性实验设计为基础,同时进行多个基础性实验,并运用统计分法进行控制和分析,提高实验的外部效度。它可以测量多个自变量对因变量的影响,还可以控制一些特殊的可能影响实验结果的外生变量。另外,当实验需要对每一个实验单位进行不止一个项目的测量时,它是一种比较经济的设计,常用的统计性实验设计有完全随机设计、随机区块设计、拉丁方格设计和因子设计。

1. 完全随机设计

完全随机设计(completely randomized design)是在对照后测设计的基础上,考虑一个自变量的多个水平或多种形式对因变量的不同影响。这种设计的一个重要特色,是每个组的实验单位都按随机原则确定,这就要求实验有相当大的样本。

2. 随机区块设计

随机区块设计基于这样一个假设而成立,即所有参加实验的小组之间对于自变量变化的反应(敏感)程度和实验前被测数值(因变量的基数)是基本一致的。但是,这个假设常常是无效的。

3. 拉丁方格设计

拉丁方格设计(Latin square design)可以控制两个外生变量对实验的影响。这种设计采用与随机区块设计相似的方法划分区域。不过,它要同时按两个变量划分,且划分的结果是一个方格。它要求两个外生变量的水平或区段数目与自变量的水平或区段数目相等。

4. 因子设计

因子设计可以用来测量两个以上自变量的影响。当自变量之间相互影响,产生一个自变量单独无法产生的结果时,这种设计特别有用。

(三) 关于实验设计的小结

在选择实验设计时,需要综合考虑实验的成本和决策者对于信息准确性的要求,选择"性价比"较高的设计。换言之,并不是越准确、越可靠的实验就是越好的实验,因为实验结果的准确与可靠常常是以实验的费用为代价的。

另外,实验误差出现的可能性并不等于实验误差本身。比如,虽然前后测设计本身无法控制历程误差,但是应用这种设计进行实验的后果也许并没有受到历程误差的影响。因此,在具体操作时,研究者应该先判断哪一种实验误差的危险性最大,然后再选择合适的实验设计去控制它。

六、实验环境

实验结果不仅仅取决于自变量的变化,有时实验环境也会起一定的作用。在以人为实验对象时,这种现象尤其突出。为了尽量减少由此而产生的误差,我们应该尽量使实验环境与真实环境相像。实验环境可以根据人为或自然水平进行分类。所谓实验环境的人为水平,是指在实验环境中被试的行为与其在自然环境下的正常行为之间的差异程度。比如,在实验室里做消费者味觉偏好的实验(如三种味道不同的饮料,让被试自由投票选出其最喜欢的),实验环境的人为程度就比较高。同一个实验若由多个商店采用联合展销的方式进行(在商店里让消费者品尝),人为程度就比较低。前者叫实验室实验(laboratory experiment),后者叫现场实验(field experiment)。

(一) 实验室实验

实验室实验在新产品、包装、广告设计等方面的初始测试有着广泛的应用。实验室实验可以通过隔离实验环境,有意识地控制、操纵实验条件,最大限度地减少外生变量的影响,这是现场实验很难做到的。另外,实验室实验与现场实验相比,既省钱又省时,所以常常在研究的初始阶段使用。

实验室实验的最大缺点是外部效度较低,用实验室实验的结果推断实际情况时,可能会有比较大的偏差。另外,实验室实验可能导致反应误差,即被试可能只是对环境有所反应,而对自变量没有反应或反应很小。反应误差可能来自两个方面:一是实验环境,二是实验组织者。被试在实验环境中并不总是被动的。他们试图了解自己正在干什么,并且总是希望作出正确(实验组织者希望)的反应。如果环境中有线索能够透露出实验组织者的实验意图,那么被试就会按照"正确的反应"行事,结果就会出现反应误差。

比如,在实验室中对一组被试进行某种产品广告促销效果的实验。在实验之前,先测量(前测)被试对这个产品的态度。而后,在30分钟的电视录像节目中插播几则广告。如果在进行后测时被试猜到实验组织者希望通过广告改变消费者对这个产品的态度,则被试者就很可能按照实验组织者希望的样子作出反应。

（二）现场实验

现场实验要求实验组织者在现场操纵自变量，然后测量其影响。它的最大优点就是实验环境非常接近于真实环境。这会提高实验的外部效度。它的缺点是缺乏控制，既缺乏对自变量的控制，也缺乏对外生变量的控制。

比如，许多现场实验要求批发商或零售商合作，但是这种合作经常难以保证。一个正准备降价的商店，可能会拒绝以某价格销售某一种商品的要求。对于外生变量的控制就更加困难。像天气变化、战争、竞争者的活动等，都是实验者无法控制的。事实上，这些事情往往在研究者还不知晓的情况下就已经发生了。

现场实验虽然不如实验室实验应用得那样广泛，但是由于它的结果有较高的外部效度或预测效力，所以在市场调查与预测中经常被用于新产品大范围推广前的最后验证。现场实验的主要方法是试销或市场测试。

试销经常用于新产品的开发，一种新产品开展大范围的营销活动之前，先在一个或几个地区进行试销。营销组合不同水平的因素经常被用来作为自变量，试销的目的在于帮助营销管理者找出最佳的因素组合。另外，试销还常常被用来评价价格变化、新款包装、分销渠道的变化和不同的广告策略。

七、作为实验的营销

一个具有创新精神的营销管理者，应该把企业的营销活动视为一系列正在进行的现场实验。这需要营销管理者正确认识实验的本质并掌握实验设计的相关知识。

在企业的营销活动中，人们一般假定（这也是营销理论的假定）企业的营销业绩（如销售额、市场占有率、利润或其他营销目标）因素的影响：一种是企业可控的因素，如产品、价格、分销渠道、促销和关系等；另一种是企业不可控的因素，如政治、法律、经济、社会、文化和技术等环境因素。因此，企业可控因素可以被看作实验设计中的自变量，企业的营销业绩可以被看作实验设计中的因变量，企业不可控因素则可以被看作实验设计中的干扰因素，如图 3-1 所示。营销管理者以这种方式看待企业的营销实践，有意识地对企业的营销活动去进行安排，就可以用更少的代价而获得极有价值的信息。

如果企业拥有多家商店、多个销售区域或多种产品，它的调研人员就可能以很低的成本进行包装、价格、广告或其他变量与企业营销业绩之间因果关系的实验。这样的研究虽然简单，但是得到的信息会使企业受益良多。

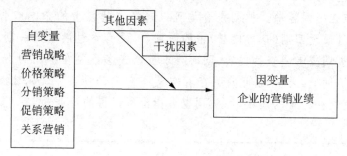

图 3-1　影响企业营销业绩的因素

作为实验的营销案例:市场实验法

先选定一两个试验地区刊播已设计好的广告,然后同时观察试验地区与尚未推出广告的地区,根据受众的反映情况,比较试验地区与一般地区之间的差异,就可以对广告促销活动的心理效果作出调查。

美国史达氏公司(Starth)与盖洛普·鲁滨逊公司(Gallap & Robinson,简称G&R)是两家广泛运用出版物调查广告心理效果的公司。其做法是:先把调查的广告刊登在杂志上;广告登出后,把杂志发给消费者中的调查对象;随后公司同这些被调查者接触,并与他们就杂志及广告问题进行交流;回忆和认识的调查结果可用来确定广告效果。史达氏公司采用此法时制定三种阅读评分标准:

(1) 注意分。是指声称以前在杂志上看过这则广告的人数在目标读者中所占的百分比。计算公式为:

注意分 = 被调查者中看过某则广告的人数 / 被调查者的总人数 × 100%

(2) 领悟和联想分。是指能正确地将广告作品与广告主对上号的人在读者中所占的比例。计算公式如下:

领悟和联想分 = 被调查者中能准确地叙述广告内容的人数 / 被调查者的总人数 × 100%

(3) 大部分阅读分。是指声称读过广告文案一半以上的人在读者中所占的比例。计算公式为:

大部分阅读分 = 被调查者中知晓广告大部分内容的人数 / 被调查者的总人数 × 100%

G&R公司在调查广告心理效果方面作出了重大贡献。截至1990年,该公司已对120 000则印刷媒体广告和6 000则电视广告进行了效果调查。通过案例分析,我们可以归纳出G&R公司进行广告心理效果调查的步骤为:

第一:评估市场上各广告的表现。

第二:分析整个广告策划活动及其策略的效果,并与该产品以前的广告宣传活动或者与其他相同产品的广告宣传活动作比较。

第三:针对同一类型产品或某一行业销售效果进行评估。

G&R公司的调查人员每次抽样调查样本约150人(男女均有),年龄在18周岁以上,分布在美国各地。被调查者均可以选择自己常看的杂志广告接受调查,他们必须看过最近四期(杂志广告)中的两期,但没有看过最新的一期。调查人员不事先告诉被调查者调查的内容,同时要求被调查者不要在访问的当天阅读有关杂志。电话访问时,首先询问被调查者在某一杂志的所有广告中记得哪几则广告,以便确定这些广告的阅读率;被调查者指出所记得的广告后,就可以问他们以下问题:

> 那则广告是什么模样?内容是什么?该广告的销售重点是什么?您从该广告中获得了哪些信息?当您看到该广告时,心理有何反应?您看完该广告后,购买该产品的欲望是增加了还是减少了?该广告中,什么因素影响您购买该产品的欲望?您最近购买此种产品的品牌是什么?
>
> 广告策划者通过将上述问题的答案汇总、整理、分析、综合以后,就可以衡量出该则广告的以下效果:
>
> 吸引读者记住(或想起)某则广告的能力(Proved Name Registration,简称PNR);媒体受众对该广告的心理反应,或对广告销售重点的了解程度(Idea communication);广告说服媒体受众购买产品的能力(Persuasion),即媒体受众看了该广告后购买该产品的欲望和受影响的程度。

第四节 观察调查法

一、观察调查法的含义

观察调查法是指调查人员在现场对有关情况进行观察并记录的一种调查方法。采用观察调查法获得数据的手段,不是直接向被调查者发问请求其回答,而是在他们未注意的情况下由调查人员用自己的眼睛或照相机、录音机、录像机等辅助仪器进行观察,并记录观察结果。

二、观察调查法的特点

观察调查法是一种科学观察,有以下特点:
(1) 有一个明确的目的;
(2) 有事前的计划;
(3) 对观察结果进行详细记录;
(4) 有意识地控制误差。

三、使用观察法需要满足的条件

(1) 事物的特性必须易于观察,由于人的动机、态度和其他心理特性无法观察,只能通过观察到的行为进行推断,而推断有时是不可靠的。
(2) 事物特性的出现必须既是重复的,又是经常的或可以预见的,虽然观察那些不经常或不能预见的事物特性并非绝不可能,比如天文学中观察引力波,但是在市场调查中如果等待观察的时间太长、费用太高,企业也不会采用。

(3) 欲观察的特性持续的时间不能太长,如果持续的时间太长、观察费用过高,也会因为信息的价值与成本之比太小而使观察失去意义。

使用观察法收集数据时,抽样成为一个特殊的问题,比如,某商品在某商店展示期间,我们要观察消费者的反应。应该如何抽样呢?显然,我们不能按照随机原则事先选择消费者作为样本,然后跟在后面观察。我们只能在那些进入商店并经过展销地点的顾客中选择和观察。

四、观察调查法的分类

观察调查法可以按五个标准分类,包括自然或人工环境下的观察、公开或伪装的观察、结构性或非结构性观察、直接或间接观察、人类或机器观察。

(一) 自然或人工环境下的观察

观察者坐在靠近一家饭店的入口处,观察有多少对夫妻、多少个家庭在特定时期内进入饭店用餐。这是在进行自然环境下的观察。没有任何人为因素鼓励或禁止用餐者进出饭店,进出饭店的人也不会觉得有什么异常情况出现。

然而,能够在这种自然环境下观察的消费或市场行为很少。很多消费或市场行为的观察都必须在人工环境下进行。比如,一家商店的管理者要观察营业员的服务态度和业务水平如何。当然,他们可以派一些观察员在自然环境下观察各个营业员接待顾客的整个过程。由于大部分顾客都是匆匆忙忙买完东西就走,所以,观察员很少有机会看到各个营业员在服务态度和业务水平上的差异。另外,这样做也耗时费力。如果委派几个有经验的观察员装作顾客购买商品,在购买的过程中故意制造麻烦并观察营业员的反应,就既可节省调查的时间和费用,观察结果也更有价值。这就是人工环境下的观察,只不过人工程度没有那么高,被观察者并不知道自己正在被观察。

如果观察环境是人造的,而且被观察者清楚地知道自己正在被观察,其人工程度就更高。管理学中经典的霍桑实验采用的就是这种人工环境。1924年11月,以哈佛大学心理学家乔治·埃尔顿·梅奥为首的研究小组进驻西屋电气公司的霍桑分厂开展研究。他们选定了继电器车间的六名女工作为观察对象,初衷是探讨薪水、车间照明度、湿度、休息间隔等变量对员工工作绩效的影响。不过,他们的研究却意外地发现,各种实验条件的改变对生产效率都有促进作用,甚至当实验条件回归到初始状态时,促进作用仍然存在。这让他们大为不解。此项研究历时九年,后面的多次重复研究都得到类似的结果。后来,经过对被试的深度访谈和研究者自己的不断反思,他们终于意识到人不仅受外在因素的刺激,还受主观认识的影响,因此,当被试意识到自己正在被观察时,他们就会更加努力地工作,以便证明自己是优秀的或至少没有偷懒。

一般来说,观察的环境越自然,观察到的行为就越能准确地代表被观察者的正常行为。但与此同时,等待欲观察行为发生的时间就越长,观察费用也就越高。

(二) 公开或伪装的观察

上面那个例子中对营业员的观察就是伪装的观察。营业员并不知道自己正在被观察。

如果知道,其也许会改变行为。伪装观察并非在任何情况下都适用。比如,在实验室中对被试进行观察,就很难使用伪装观察。

公开观察到底能在多大程度上影响被观察者的行为?这是一个难以回答的问题。一般而言,这取决于公开的程度。比如,有一种接到收音机或电视机上用以观察和记录人们在什么时候收听或观看哪个电台成电视台节目的仪器,尽管人们知道它的存在,但它对被观察者的影响微乎其微。而在实验室中,如果进行而对面的观察,被观察者的行为就会有很大的改变。因此,公开观察时,观察者越隐蔽越好。

(三) 结构性或非结构性观察

所谓结构性观察,是指观察者事先清楚地知道应该观察和记录什么,与要求观察和记录的特性无关的行为一概忽视。在市场调查中,观察大多是结构性观察。

非结构性观察是指事先并没有限定观察者应该注意什么,可以忽视什么。非结构性观察在非正式的探测性调研和学术研究的定性研究中经常被使用,它较少被用于正式的市场调查与预测。

(四) 直接或间接观察

以上所说的例子都是直接观察,即观察一个正在发生的事情或行为。但是,如果要观察过去的行为就不能直接观察了,必须使用间接观察,即观察一个事情或行为发生所带来的结果。

比如,一家啤酒厂想知道其生产的啤酒在某一地区的消费状况如何,需要采用间接观察,研究者通过收购酒瓶的办法得到了相关数据。再如,一家家电厂想知道其生产的系列家用电器为人们所接受的程度。经过允许,他们进入居民家中观察,看有多少居民家中正在使用该家电厂的产品。

(五) 人类或机器观察

前面所说的大部分是人类观察的例子,但是也可以使用机器观察,机器观察相对客观,对被观察者的影响也比较小,因而比较准确,但有时费用太高,限制了它们的使用。像照相机、摄像机、录音机等都是人类观察的辅助工具。还有一些比较专业的观察机器,如测谎仪、地震仪、脑电波仪等。随着科学技术的发展,新的、更先进的观测仪器会被制造出来,更多的人类观察将被机器观察代替。

五、观察调查法的记录技术

记录技术主要包括观察卡片、符号、速记、记忆和机械记录五种。

(一) 观察卡片

观察卡片或观察表的结构与调查问卷基本相同。制作观察卡片的程序是:①根据观察内容,列出所有观察项目;②去掉那些非重点的、无关紧要的项目,保留一些重要的能说明问题的项目;③列出每个项目中可能出现的各种情况,合理编排;④通过小规模的观察来检验卡片的针对性、合理性和有效性,最后制成卡片。

（二）符号

符号是指用符号代表在观察中出现的各种情况，在记录时，只需根据所出现的情况记下相应的符号，或在事先写好的符号上打勾即可，不需要再用文字叙述。这样不仅加快了记录速度，避免因忙乱而出错，而且便于资料的整理。

（三）速记

速记是用一套简便易写的线段、圈点等符号系统来代表文字进行记录的方法。

（四）记忆

记忆是指在观察调查中采取事后追忆的方式进行记录的方法。通常在调查时间紧迫或缺乏记录工具的情况下使用。由于人的大脑不可能准确无误地储存很多信息，因此，必须抓住要点进行记忆，提纲挈领，事后及时进行整理。采用记忆的方法虽然可以避免被调查者的顾虑，但常容易遗忘一些重要的信息。

（五）机械记录

机械记录是指在观察调查中运用录音、录像、照相、各种专用仪器等手段进行的记录。这种记录方法能详尽地记录所要观察的事实，免去观察者的负担，但容易引起被调查者的顾虑，使调查结果失去真实性。

六、观察调查法的优缺点

1. 观察调查法的优点

（1）观察调查法的最大优点是它的直观性和可靠性，它可以比较客观地搜集第一手资料，直接记录调查的事实和被调查者在现场的行为，调查结果更接近实际。这是问卷调查等间接调查方法所不可比拟的，也是访问调查法所不及的。

（2）观察调查法基本上是调查者的单方面活动，特别是非参与观察，它一般不依赖语言交流，不与被调查者进行人际交往。因此，它有利于对无法、无需或无意进行语言交流的现象进行调查，有利于排除语言交流或人际交往中可能发生的各种误会和干扰。

（3）观察调查法简便、易行，灵活性强，可随时随地进行调查。

2. 观察调查法的缺点

（1）观察调查法虽可提供较为客观和正确的资料，但它只能反映客观事实的发生经过，而不能说明发生的原因和动机。

（2）观察调查法常需要大量观察员到现场进行长时间的观察，调查时间较长，调查费用较大。因此，这种方法在实施时常会受到时间、空间和经费的限制。

（3）对调查人员的业务技术水平要求较高，如要求调查人员应具有敏锐的观察力、良好的记忆力、必要的心理学和社会学知识及对现代化设备的操作技能等。否则，将无法胜任此项工作。

七、观察调查法的运用

在调查活动中,调查人员应尽可能亲自进行,及时出现在观察现场收集和调查取证。观察者所处地位、角度、时间、方法对观察结果都将产生影响。观察者的情感、倾向性、客观性、语言表达能力也将影响其陈述的客观性、正确性。一名客观、冷静、睿智、博闻强记、不带任何个人感情色彩的观察者,一名情感奔放、善于联想的家庭主妇,即使处于同样的观察角度,拥有相同的观察时间,对观察结果的陈述却可能存在许多差异。

法国梅内戈点子公司采用的"神秘购物法"(mystery shopping studies)就是观察调查法在实际中的一种应用。调查人员伪装购物,详细记录下购物或接受服务时发生的一切情况,从中可以发现商家在经营管理中存在的某些缺陷。

一名调查人员通过观察装卸工作,记录装卸的速度、破损量、在货盘上的箱子数量等,打算用这些数据来推算工作效率。观察发现,在天气不好的情况下,由于装卸码头有一部分是露天的,工人们因为害怕摔跤,装车速度要降低15%。于是建议委托者建一个天棚,使雨淋不到月台上,进而提高工作效率。

参观调查单位的工厂是最好的观察机会。可以了解对方的制造程序及产量等详细情况。某公司专门生产玩具和彩笔,调查人员摆出一副零售商或买主的样子,很容易地混进工厂,获得了制造程序方面的敏感信息。这种低技术的观察非常有效,采用高科技的观察方法也日益被调查公司所采用。

1969年,杜邦公司在德克萨斯州建造一座新的甲醇工厂。杜邦公司称该工厂将使用一种高度保密、但未申请专利的工艺,这种工艺是杜邦公司花了很长时间、很多资金研究的成果。该工艺能使杜邦获得超过其他厂商的竞争优势,因此非常小心地保护这一工艺。可是在工厂建筑施工的过程中,该工艺的一些设备暴露在外。于是,另一家竞争对手公司雇了摄影调查公司,在空中对工厂建筑进行拍照。

另一件与空中拍照有关的官司也与化学公司有关。20世纪70年代末,美国陶氏化学公司在密执安州米德兰县的工厂设置了一个价值300万美元的安全系统:8英尺高的围栏和25个人组成的保安队伍,还有一个先进的预警系统,这些设施和人员的目的是防止有人闯入工厂。地方环保署的人参观了这家工厂,调查对该厂有关违反排放规定的指控。环保署准备再参观一次时,陶氏公司没有同意。环保署调来飞机,在空中对工厂进行拍照。环保署这样做的理由是,陶氏公司不拥有其工厂上的天空,因此不能指控侵犯其私有财产。此外,他们认为,从附近的一个跑道起飞的商用飞机也可清楚地观察这家工厂。

从空中拍摄的照片有时的确很简单,如乘飞机时顺便在空中拍照。有时通过其他途径也能获得空中照片,比如地质勘探部门探测某地的矿藏需进行空中拍照,而调查对象刚好又在探测的区域内。

从照片上能够观察到什么呢?通过空中拍摄的照片可观察生产设施的布局及其货物流转情况。通过生产设施布局,通常能够分析生产程序的线索,如化工厂或产品通过管道流经各设施的加工厂,可以看到工序流程。根据管道和设施的位置,可以了解工厂的生产过程,可以通过测算管道的宽度和储存罐的大小来确定工厂的投入量和产出量。通过观察货物集结的情况,可以了解是否准备开始销售等。

本章小结

市场调查是收集营销数据的行为过程。市场调查的方法根据数据来源可以分为两大类:一类是收集二手数据的调查方法,二手数据也叫现成数据,是为其他的目的而收集,并可以用于在研问题的数据。因为收集二手数据既快又省,所以在市场调查中得到广泛应用。一类是收集一手数据的调查方法,是指研究人员就当前研究的项目而收集整理的资料,其优点是获取丰富详细的第一手资料,资料的适应性好,可进行深度分析;其缺点是需要花费大量的人力、物力和财力,且时间较长。

在应用二手数据之前,要考虑数据的准确性。收集二手数据的来源有两个:一个是企业内部;另一个是企业外部。其中企业内部数据主要由企业内部有关部门提供,包括企业的数据库、会计部门、统计部门和情报部门等;企业外部数据是研究人员从外部获得的二手数据,各种数据的来源很多,主要有政府机构、行业团体、专业调研机构、出版物和电子网络等。

收集一手数据的调查方法可分为三种:询问调查法、实验调查法和观察调查法。作为收集原始数据最常用的方法,询问调查法是指调查者通过口头或者书面方式向被调查者收集数据的方法。询问调查法包括人员访问调查、邮寄调查、电话调查和网上调查等类型。实验调查法是通过实验收集数据的方法,实验是指实验者通过改变一个或几个变量的方式,测量其对另一个或几个变量的影响。观察调查法是指调查人员在现场对有关情况直接进行观察记录的一种调查方法。采用观察调查法获得数据的手段,不是直接向被调查者发问请求其回答,而是在他们未注意的情况下由调查人员用自己的眼睛或照相机、录音机、录像机等辅助仪器进行观察,并记录观察结果。

思考题

1. 什么是二手数据?二手数据的来源有哪些?
2. 在使用二手数据时需要考虑哪些问题?
3. 询问调查法有哪几种?各有什么优缺点?如何进行选择?
4. 什么是实验?什么是实验的内部效度与外部效度?
5. 举例说明实验中可能出现的误差。
6. 实验设计有哪几种?如何用符号表示?
7. 举例说明简单前后测设计及其优缺点。
8. 如何进行拉丁方格设计?
9. 什么是观察调查法?

第四章

问 卷 调 查 法

 学习目标

- 理解问卷与问卷设计的含义；
- 认识问卷设计的基本要求；
- 熟悉问卷设计的基本程序；
- 理解问句的含义；
- 了解问句的种类；
- 懂得问句设计的各种形式；
- 懂得问卷设计的基本结构；
- 掌握问卷的编组设计；
- 掌握问句的排列；
- 掌握态度量表的类型与设计。

第一节 问卷与问卷设计

一、问卷与问卷构成

（一）问卷的含义

问卷也叫调查表、访问表格或询问工具，它是一种以书面形式了解被调查的反应和看法，并以此获得资料和信息的载体。问卷是为了达到研究目的和收集必要数据而设计好的一系列问题，是收集来自被调查对象信息的正式一览表。

（二）问卷的构成

问卷一般由身份数据、请求、说明、调查内容和分类数据五个部分构成。

1. 身份数据

身份数据即有关应答者姓名、单位、住址和电话号码的数据。有时还包括调查时间或编码等数据。一般放在问卷的开头。

2. 请求

请求即寻求应答者的合作。调查的组织者、关于调查目的的解释和完成调查所需要的时间等信息一般在这个部分给出。

3. 说明

这个部分告诉询问者或应答者应当怎样使用问卷。如果进行的是邮寄调查，这个部分会直接出现在问卷上；如果进行的是人员询问或电话调查，这个部分会出现在另外一张纸上。

4. 调查内容

这是调查表中最基本、最主要的部分。

5. 分类数据

分类数据是关于应答者特性方面的数据，包括应答者的年龄、性别、收入、文化程度等。如果进行的是邮寄调查，这些数据直接由应答者提供；如果进行的是人员访问或电话调查，这些数据可以通过观察或询问得出。分类数据一般都在调查的末尾收集。

问卷的这五个构成部分不一定非要按照上面的顺序排列，各个部分之间也不一定非要有个明确的界限，有时个别部分还可以省略。问卷的内容如何安排，要视调查的具体情况而定。

（三）问卷的类型

按问卷填答者的不同，问卷分为自填式问卷和代填式问卷。按照问卷传递方式不同，自填式问卷可分为报刊问卷、邮寄问卷和送发问卷；按照与被调查者交谈方式的不同，代填式问卷可分为访问问卷和电话问卷。各种类型问卷利弊如表 4-1 所示。

表 4-1 各种类型问卷利弊一览表

项目	自填式问卷			代填式问卷	
问卷形式	报刊问卷	邮寄问卷	送发问卷	访问问卷	电话问卷
调查范围	很广	较广	窄	较窄	可广可窄
调查对象	难控制和选择，代表性差	有一定的控制和选择，但回复问卷的代表性难以估计	可控制和选择，但过于集中	可控制和选择，代表性较强	可控制和选择，代表性较强
影响回答的因素	无法了解、控制和判断	难以了解、控制和判断	有一定的了解、控制和判断	便于了解、控制和判断	不太好了解、控制和判断
回复率	很低	较低	高	高	较高
回答质量	较高	较高	较低	不稳定	很不稳定
投入人力	较少	较少	较少	多	较多
调查费用	较低	较高	较低	高	较高
调查时间	较长	较长	短	较短	较短

二、问卷设计的原则与类型

(一) 问卷设计的含义

问卷设计是依据调研的目的,列出所需了解的项目,并以一定的格式,将其有序地排列组合成调查表(问卷)的活动过程。

问卷设计包含了解问卷设计目标、明确问卷在何种访问方式下使用、选择问卷的形式、设计问句、设计问句结构、问句总体的组合等,最终形成科学合理、容易为调查者和被调查者所接受、符合调查要求、能有效获取所需信息资料的调查表。

(二) 问卷设计的原则

1. 使被调查者容易并充分理解问句的含义

这是最基本的原则。要使用通俗易懂的文字,避免使用生僻、模棱两可的文字和长而复杂的句子。问句的结构尽量单纯化、口语化,不要故意用双重否定来表示肯定的意思。

例如:你觉得你属于高水平收入人群吗?

2. 使被调查者能够并愿意回答问题

提问时,应该说明调查目的,便于调查对象消除顾虑。

例如:你是如何了解什么样的化妆品适合你的?

3. 对问句确定界限、避免混淆

一是要注意一个问句一个要点。二是要注意舍弃概括,关注特定。问句中对时间、地点、化合物、事件、频率等要问的界限都应该有一个特定的范围。

例如:你最近经常去购物吗?

4. 尽量采用事实性问题设问

人的意见和感觉通常很难具体地表述。涉及这类问题的问句设计要注意尽量用具体的或事实性的问题来设问。

例如:你是否爱好逛街?

5. 避免引起偏差的设问

问句设计不当常会导致答案误差的产生。以下是几种容易发生偏差的类型:问句中带有引导的含义导致答案误差的产生;问句易引起反感;问句没有应答者充分的答案选择。

例如:您的年龄是多少?

6. 问题应该容易界定

不要用数目不能界定的语言向调查对象提问,凡是需要对于数字方面的问题进行提问时,都必须作出明确的界定而不能模糊和笼统。

(1) 关于时间的问题。一是不能含糊;二是尽量缩短时间间隔;三是应该具体询问时间间隔。

例如:你经常逛街吗?

(2) 关于数量的问题。提问数量问题时,应该注意让调查对象容易判断和回答。

例如:您的收入是高级还是低级?

7. 应该注意回避个人隐私

(1) 内容保密。在涉及调查对象隐私部分时,一是尽量放在调查问卷的最后部分,二是提问应该尽量含糊一些,三是个人隐私问题尽量回避,四是向调查对象进行保密承诺。

(2) 做法保密。可以采用一些方法使调查对象感到调查人员实行了回避。

8. 问卷应该简短为好

问卷应该尽量简单,篇幅不宜过长。不应该提出多余的、无用的问题;不要出现一些比较明白或比较清楚的问题以及不能为决策提供深层次参考的问题。

(三) 问卷的类型

1. 结构型

结构型问卷也称封闭式问卷,是把问题的答案事先加以限制,只允许在问卷限制的范围内进行选择。结构型问卷包括是否式、选择式、评判式、划记式。

例如:你购买某某物品的原因。a. 便宜 b. 好用

2. 非结构型

非结构型问卷也称开放式问卷,问卷由自由作答的问题组成,是非固定应答题。非结构型问卷往往用于以下情况:一是较深层次的问题研究;二是在研究初期,对所研究的问题或研究的对象有关情况还不十分清楚,采用开放式问卷来帮助研究人员设计封闭式问卷。

例如:你的梦想是什么?

三、问卷设计的基本程序和要求

(一) 问卷设计的基本程序

问卷设计的程序可以简单地表示为以下七个步骤。

1. 初始决定

这是问卷设计的第一步,要考虑三个问题,第一,调查要得到什么样的信息?第二,谁是应答者?第三,采用什么方式与应答者接触?

第一个问题非常重要。如果收集的数据并非解决营销决策问题真正要求的,其价值就微乎其微。明确回答这个问题是为了避免出现这种情况。

第二个问题是设计问卷之前要回答的一个基本问题。适合大学生回答的题项,有可能不适合中学生回答,更不适合小学生回答。一般来说,应答者之间的差别越大,要设计一套适合所有应答者回答的问卷就越难。因此,在设计问卷之前,应弄清应答者的特性,然后据此设计适合他们回答的问卷。

第三个问题也是在设计问卷之前要确定的。与应答者不同的接触方式,要求采用特性不同的问卷。比如,电话调查的问卷不能太长;邮寄调查的问卷不能太复杂;人员访问调查可以采用不同形式的问卷。

2. 题项内容的决定

这一步重点考虑的是题项和题项所能产生信息的总特性,而不是题项类型和具体用语。需考虑以下问题:题项的必要性;题项收集信息的能力;应答者准确回答题项的能力;应答者

准确回答题项的意愿;外生变量的影响。

3. 题项类型的决定

分析了题项的内容以后,就要确定使用什么类型的题项。题项的基本类型可以分为四种:自由题项、多项选择题项、二分法题项和态度量表。

4. 题项用语的决定

题项用语指的是题项的表述,即用语句和词汇把题项的内容表现为应答者易于理解的形式。看起来差不多的题项,往往会因为用语的不同,而使应答者产生不同的理解,作出不同的反应,给出不同的答案。要避免出现这类误差,就必须慎重选择题项用语。下面是在为题项选择用语时要遵循的原则:

(1) 使用简单的词汇;
(2) 使用含义清楚的词汇;
(3) 避免引导性题项;
(4) 避免含糊不清的题项;
(5) 避免在一个题项中含有因果关系;
(6) 避免让应答者凭估计回答;
(7) 考虑题项中问题提出的角度。

5. 题项顺序的决定

问卷中题项的顺序也会影响应答者的回答,因而不恰当的顺序可能会导致一些测量误差的出现。问卷中的题项如何安排,主要凭设计者的经验决定。下面四点是决定题项顺序时可以参考的原则:

(1) 在问卷的开头应尽量使用简单且有趣的题项,以提升应答者回答问题的兴趣。
(2) 先用一般性的题项,再用特殊性的题项。例如,先问"在购买面包时,你最重视的是什么?"再问"面包的含糖量对你来说重要吗?"
(3) 把那些无趣且较难回答的题项放在问卷的后面。
(4) 题项的安排应符合逻辑顺序。

6. 问卷外观的决定

问卷的外观要易于使用。对于需要应答者自己填写的问卷,问卷的外观是决定应答者是否愿意合作的一个重要因素。即使答案由询问者记录,良好的外观也会起到减少测量误差的作用。另外,外观本身还会影响应答者的回答。比如,如果一个自由问题的底下留有较多的空白,不管是应答者还是记录者都倾向于写下较多的内容。

7. 问卷测试的决定

一般而言,问卷在正式使用前都要先进行测试。虽然在设计问卷时可以请朋友、熟人或研究人员作为应答者对个别题项进行测试,但是对于问卷的全面测试还是应尽可能地选用真正的应答者,比如调查的子样本。样本中各单位之间的差异越大,用来进行测试的子样本也应该越大。

问卷测试所用的方法应尽量与最终调查的方法相同。在参与测试的应答者回答完毕后,应该对其中的一些人进行进一步的询问,请他们谈一谈填写问卷或回答问题的感受,了解问卷设计中的缺陷,以便进一步修改。若改动比较大,则需要对改动过的问卷进行再测试。

(二) 问卷设计的要求

问卷设计的根本目的是设计出符合调研需要,能获取足够、适用和准确的信息资料的调查问卷,以保证调查工作能正确、顺利、圆满地完成。为实现这一目的,至少需满足下述具体要求。

1. 与所需资料相适应

首先,问卷必须能保证获得调查所需的信息资料;其次,通过问卷调查得到的信息资料与所需的信息资料相匹配。也就是说,问卷中不浪费一句问句去取得不需要的资料,不遗漏一个问句以致需要的资料残缺不全。

2. 便于调查人员调查工作

在某种程度上说,问卷是市场调查人员实施调查的工具,所以,它必须易于为调查人员操作管理,即便于调查人员顺利地发问、记录,并确保所取得的信息资料正确、无偏差。

3. 便于被调查者回答

问卷最终是要在各种具体的环境中采用,并通过被调查对象的应答来提供有效的信息资料,进而实现其价值,所以,问卷必须便于被调查者应答。首先,要充分考虑到问卷实施的可能条件和环境,比如,忙于家务的主妇可能缺少回答问卷的耐心;电话采访时所用的问卷比较难以正确把握被调查者的态度。其次,要使问卷适合于应答者,针对应答者设计问卷,使被调查者能够充分地理解问句,能够回答,愿意回答,乐于回答,顺利回答,正确回答。

4. 便于问卷结果的处理

问卷一旦结束,就要进行信息资料的处理,为此,问卷设计要充分考虑到在调查完成后,能够方便地检查其正确性和适用性,便于对调查结果的整理、统计、分析。

实现上述各点,要求问卷设计人员必须具有丰富的与人交往的经验,有清晰的思路和极大的工作耐心,还要懂得设计问卷的技巧。

总之,一份优秀的问卷,应该是简洁、有趣、具有逻辑性、内容明确。实现这一目标,要求问卷设计人员既透彻了解调研计划的主题,又能拟出能从被调查者那里得到最多资料的问题,同时,要对整个问卷进行总体的优化。

第二节 问句与问句设计

一、问句

问句通常是指询问的句子。市场调查中构成问卷基本要素的问句,不仅指一般意义上的提问用的句子,还包括将要记录的答案、计算机编号和说明怎样回答四个部分。

◆ 例如:您每天用于体育锻炼的时间约为多少?(请在答案后的□内打上"√")

(1) 不到半小时□ (2) 半小时到1小时□ (3) 1小时到2小时□ (4) 2小时以上□

以上的问、答、说明和编号构成了整个问句。

此外,调查问卷中的问句不一定非要采用提问的形式和口吻,也可以采用叙述一种情况或事实然后征求意见。例如,由调查询问人员出示卡片,然后对被调查对象说:"这张卡片上列举了许多品牌的奶粉,请您指出您认为最流行、次流行和第三流行的品牌。"

所以,调查问卷中的问句是一种具有特定含义的问句。

二、问句的类别

调查问句可以按照其构造形式、所要收集资料的性质以及运用的技巧等方面的不同分为不同的类别。

(一) 按照问句内容的结构来分

1. 组织化-非伪装问句

所谓组织化,是指有系统地询问并系列式地记录答案。所谓非伪装,是指把询问的目的(也就是答案)在问句中明确地指出。

◆ 例如:(出示 a,b 两份体育类日报)

(1) 上一星期中,您阅读过这两份报纸多少次?

报纸 a （7 6 5 4 3 2 1 0）

报纸 b （7 6 5 4 3 2 1 0）

(2) 报纸是您订阅、零买还是借阅的?

报纸 a　A. 订阅　B. 零买　C. 借阅

报纸 b　A. 订阅　B. 零买　C. 借阅

(3) 您是在自己家中、单位还是其他地方阅读的?

报纸 a　A. 家中　B. 单位　C. 其他地方

报纸 b　A. 家中　B. 单位　C. 其他地方

上例中的三个问句是有组织地询问,并且问题的答案都已标明,故称作组织化-非伪装问句。这是被广泛运用的一类问句。

2. 非组织化-非伪装问句

这是一类不做系统地询问和系列式地记录,但在问句中标明答案的问句。

◆ 例如:您选购这款服装时最注重的因素是什么?（单选）

a. 质料　b. 款式　c. 价格　d. 品牌　e. 色泽　f. 其他(请说明)

这类问句常用在深度面谈时,作为预备调查或试探性调查、询问和记录。

3. 非组织化-伪装问句

这是一类不做系统地询问和系列式地记录,也不明确标明答案的问句。

◆ 例如:你看到的××轿车广告是怎样介绍其安全性的?

这类问句常用在采用联想法的时候,或者是利用叙述故事来引发被调查者潜在的态度。

4. 组织化-伪装问句

这是一类有系统地询问并系列式地记录答案,但不明确标明答案的问句。

◆ 例如：
(1) 您现在使用的是什么品牌的牙膏？
(2) 您使用这种牙膏多久了？
(3) 它的优点是什么？
(4) 它的缺点是什么？

这个例子的主要目的是为了在问卷试验阶段获取足够全面的答案，以便在正式的问卷中将答案全面地、按适当的顺序进行标明。

这类问句通常在拟订初步问卷或举行座谈会时采用得较多，是为了获得尽可能详细的答案。

(二) 按照问句要收集的资料性质来分

1. 事实问句

为收集事实性的资料而设计的问句称为事实问句。

◆ 例如：请问您一般到何种零售企业购买日用商品？

事实问句一般情况下都较容易回答，被调查者按自己的实际情况回答问题即可。

在设计事实问句时，需要充分考虑到被调查者回答的可能性和方便性，为此，问句所涉及的时间和范围需要明确的界定，不能笼统地设问，以防出现调查者难以回答问题。

2. 意见问句

为收集有关个人的意见或评论性见解等资料而设计的问句称为意见问句。意见问句也可以认为是一种态度调查问句。

◆ 例如：你对××供应商的服务感到满意吗？
a. 满意　b. 比较满意　c. 无所谓　d. 有点不满意　e. 不满意

由于意见问句属于态度调查范畴，不仅需要考虑态度的真实性，还有必要考虑态度的强度，所以必须采用科学有效的态度测量技术。

态度调查常会出现对态度判断的标准不一致的问题。例如在上文例子中，每一位被调查对象对"满意"的判断标准可能不一致，因此调查结果的误差有可能会较大。所以如有可能，可将意见问句转化为事实问句，从而将判断的标准统一掌握在调查人员手里。

还有些问句，是为了征询被调查者对问题的认识和理解。

◆ 例如：你认为××品牌手机的特色是什么？

这种问句常被看成事实问句，好像问的是事实，其实是在问一种"你认为"的意见，认为的不一定是事实，被调查者的答案不一定是真实情况的反映，仅代表被调查者的个人意见，故也属于意见问句。

3. 解释问句

为收集有关个人意见的理由或行为的动机等资料而设计的问句称为解释问句。

◆ 例如：你为什么购买这套住房？

对解释问句，被调查者通常很难一下子把理由完整地表达出来，因此，采用非伪装问句比较多，即采用将答案列出来的方式。有时候，解释问句又会遇到有关个人隐私等忌讳的问题，需要由高明的问句设计去克服难关。

上述三类问句之间的区别可以简单地归结为：事实问句所收集的资料属于"是什么"，询问的是"是什么"情况；意见问句所收集的资料属于"怎么样"，询问的是"意见怎么样"；解释问句所收集的资料属于"为什么"，询问的是"理由或动机为什么这样"。

三、问句的形式

问句可以根据具体情况的不同而设计成不同的形式。

（一）开放式问句

开放式问句又称作自由式问句，是指被调查对象不受任何限制，可以自由回答问题的问句。这类问句不规定答案，被调查者的答案是开放的。

◆ 例如：您外出旅游的目的是什么？

这种问句的优点是被调查对象可以按自己的意见进行回答，不受任何限制，调查人员可以获得足够全面的答案。缺点是答案过于分散，不利于统计分析。另外，若由调查人员记录答案的话，还容易产生调查员的理解误差，使答案与被调查对象的本意出现偏差。

（二）封闭式问句

封闭式问句是指问句的答案事先由调查人员设计好，被调查对象只要在备选答案中选择合适的答案的问句。封闭式问句又分为两项选择问句和多项选择问句。

◆ 例如：您的性别？

a. 男　b. 女

以上是一个两项选择问句。这类问句通常针对性质相反的答案。

◆ 例如：你购买牙刷牙膏通常在：（单选）

a. 超级市场　b. 便利店　c. 大卖场　d. 百货店

◆ 例如：你购买××牙膏的主要原因是：（选最主要的两种）

a. 香味好　b. 价格公道　c. 喜欢该品牌　d. 包装、广告好　e. 朋友介绍

以上两例是多项选择问句，可见，多项选择问句有单选与多选两种。

封闭式问句的答案都是事先拟订的，因而便于统计分析，也便于被调查对象选择，节省调查的时间。但是，它限制了被调查者的自由发挥，如果他们的答案不在所拟订的答案之中，就可能随意地选择一种并非真正代表自己意见的答案，从而影响问卷的准确性。

在决定采用自由式问句还是封闭式问句时，一般应考虑问句答案的分散程度。如果问句可能的答案较多，即答案分散程度越大，采用封闭式问句会使答案的范围过于狭窄，因而适合使用开放式问句；如果问句可能的答案较少，使用封闭式问句就比较方便。通常，封闭式问句的答案以不超过十个为好，否则，选择时比较困难。

在实际工作中，通常可以结合自由式问句与封闭式问句的特点，采用一种尾部开放式的问句兼顾两种问句的优点，使问句更加科学合理。

◆ 例如：你购买××牙膏的主要原因是：（单选）

a. 香味好　b. 价格公道　c. 喜欢该品牌　d. 包装、广告好　e. 朋友介绍　f. 其他

在问句答案的最后加上答案"f. 其他"，使之成为一个尾部开放式的问句。这样，如果

被调查者购买××牙膏的主要原因不属于所列的5种答案,就可选择答案f,而不会随便选择前5种之一了。研究人员可以对答案f进行分析,如果在答案f中能发现一些比较集中的答案,则将它们单独列出进行统计分析,对一些偶尔出现的、频率极小的答案则可以排除。

(三) 倾向偏差式问句

倾向偏差式问句是指通过提出态度不同的几个答案,用以测定被调查对象的态度转变需要偏差到何种程度的问句。这种问句一般用来测定对产品(品牌)的忠诚度。

◆ 例如:
(1) 现在你用什么牌子的牙膏?(假如答:A牌)
(2) 目前市场上最受欢迎的是B牌,今后你还打算用A牌吗?(假如答:是)
(3) 听说B牌的价格要降低三成,你还打算用A牌吗?

通过这样几个问句就可以看出消费者对一种品牌的忠诚度如何。如果以上问到价格降低五成,消费者才回答用B牌,就可以认为该消费者对A牌牙膏的忠诚度很高。

(四) 态度测量问句

这是一类用来测量态度程度的问句。态度测量是市场调查中一个很重要的内容,其问句的具体形式有很多种。以下是常用的态度测量的问句。

1. 顺位式问句

这类问句在所要调查的问题后列举若干答案,要求被调查者根据自己的看法在列举的答案中排列出先后顺序。

◆ 例如:在您选购手表时,下列列举的因素中你考虑的顺序如何?
价格的合理性、品牌、走时准确、耐久性、制造商的声誉、售后服务、款式

2. 语意差别式问句

这是一类通过文字的含义不同来区分态度强度的问句。

◆ 例如:您在最近半年中想购买小轿车吗?
a. 很想买 b. 想买 c. 不一定 d. 不想买 e. 很不想买

语意差别式问句还有很多变形,如平衡问句与非平衡问句、强迫回答问句与非强迫回答问句等。这类问句在问卷设计中的运用十分广泛。

3. 数值标尺式问句

这是一类用数值来表示态度强度的问句。

◆ 例如:您认为×××品牌的知名度应该在何种尺度?

这种问句比较直观,容易回答,但是,答案的标准经常会受被调查对象的性格而定,比较大方豪爽的人给出的分数值可能较高,相对严谨的人可能会压低分数值,这样一来,就可能造成答案准确度的偏差。

4. 对比式问句

在考虑的因素只有两种的时候,常用对比式问句来询问,简单明了。

◆ 例如:购买西服时,你认为料子与式样哪个重要?料子与价格相比呢?式样与价格相比呢?

四、问句设计的要则

在现实生活中,由于受教育背景、生活经历、年龄、性别、性格、职业、价值观等的不同,导致被调查对象具有很大的个性差异。这些差异会给问卷调查带来许多难题,主要表现在以下方面:

(1) 被调查对象不理解或误解问句的真实含义,产生无法回答或误答现象。
(2) 被调查对象回想不起所问问题的真实情况,产生资料的误差。
(3) 被调查对象对所问问题不愿意回答或不作真实的回答,造成资料的不准确。
(4) 被调查对象对问句愿意回答,也有所需要的资料,但是没有能力回答。这种能力缺乏的现象,可能是由于被调查对象不善于表达自己的意见,也可能是由于不适合回答该问句,还有可能是由于被调查对象对本身的真实情况没有自知之明,特别表现在动机调查中,被调查对象自己也不清楚真实的动机是什么。

要解决上述问题,有赖于调查设计人员积累丰富的实际经验。既掌握问句设计的技术,也要注意以下原则。

1. 使被调查对象容易并且能充分理解问句的含义

这是问句设计最基本的原则。为此,要运用简短、明白、容易理解的文字,避免使用生僻、模棱两可的文字和长而复杂的句子。问句的结构要尽量单纯化、口语化,不要故意用双重否定来表示肯定的意思。

2. 使被调查对象能够并且愿意回答问题

要采用由联想唤回记忆的途径,协助被调查对象回忆往事,由浅显的问题、重要的问题或由有兴趣的开始发问,用一系列的问句进行询问,最后逐渐问到所需要的资料。还要充分注意到被调查对象的隐私,比如,许多人对年龄、收入、受教育程度等问题极为敏感,认为是个人隐私,不太愿意直接回答问题,可以运用间接询问和分层列表法得到要求的资料。

3. 对问句确定界限、避免混淆

一是要注意一个问句一个要点。现实中经常会发现有的问句其实有几个层次的答案,这说明该问句还应该分成几个层次的问题。

◆ 例如:你为什么从 A 超市转到 B 超市购物?

表面看这是一个简单的问句,其实这一问句至少包含三个要点:为什么换?为什么仍然转到超市而不是大卖场?为什么转到 B 超市而不是 C 超市?所以对这个问句的答案可能是三个要点都答,也可能只答其中的部分要点。如果把这个问句细分,则可以保证所要的信息都能得到。

二是要注意舍弃概括,关注特定。问句中对时间、地点、人物、事件、频率等要问的界限都应该有一个特定的范围,而不应该只是概括地表示。

◆ 例如:你最近经常旅游吗?

这个问句中的"最近"和"经常"两个概念都不很明确,对其理解可能会有很大差别。

4. 过滤样本

问卷是针对全体被调查对象设计的,但有的问句并不适宜全体被调查对象,有的甚至是部分被调查对象无法回答的,若不将这部分被调查对象剔除出来,会影响结论的准确性。因此,必须要过滤样本,寻求适合回答的对象来进行询问。

◆ 例如:你每天抽多少支香烟?

由于并不是每个被调查对象都抽烟,因此,必须先过滤样本。可以事先设计一个问句:"您抽烟吗?"然后针对抽烟部分对象继续询问,不抽烟部分对象则跳过这一问句。这样才能得到准确的答案。

5. 尽量采用具体的事实性问题设问

人的意见和感觉通常很难具体地表述。涉及这类问题的问句设计要尽量用具体的或事实性的问题来设问。

一是避玄虚求具体。

◆ 例如:你认为××奶粉好吗?

本意是要询问消费者对这种奶粉的感觉如何。但是究竟什么叫好是一个弹性很大的概念。要尽量将这类问句询问得具体些,如分别询问营养、口味、溶解性等,这样被调查对象就容易判断了。

二是化意见为事实。许多意见性的问题都可以用事实来说明。

◆ 例如:你是否爱好旅游?

由于被调查对象对是否爱好旅游可能有自己不同的理解,得到的资料价值会受影响。可以将其改为"你平均一年旅游几次?"调查人员可事先定好标准,多少次以下属于不爱好,多少次属于比较爱好,多少次以上是爱好,这样就可以得出是否爱好旅游的比较可靠的资料。

6. 要避免引起偏差的设问

问句设计不当常会导致答案误差的产生。以下是常见的容易发生的偏差类型。

(1) 问句带有引导的含义,失去客观性。

◆ 例如:××啤酒泡沫丰富、口味清纯,你对它印象如何?

这种带有明显倾向性的问句容易引导被调查对象朝好的一面回答。因此,问句设计必须保持中立的态度,要客观、公正。

(2) 问句易引起反感。

◆ 例如:你家没有购买大屏幕彩电的原因是:
　　a. 买不起　b. 住房狭小　c. 不会使用

这种提问法会伤及调查对象的自尊,不易得到准确的答案。

可以将备选答案改成:a. 价格不合适　b. 住房不允许　c. 用处不大

(3) 问句没有给予应答者充分的答案选择。

◆ 例如:您在业余时间是下棋还是跳舞?

这种询问往往令既不下棋也不跳舞的应答者无从选择,或者下棋和跳舞都不是在业余时间常涉及的项目的应答者只能选择一个并非本意的答案。当然,如果调查项目是调查业余时间下棋或跳舞发生的概率时,可以这样询问。

五、问句的排列

问句的先后排序是一个相当重要的问题。排列是否合理,不但影响应答者的思路,还会影响其心理,进而影响其应答的意愿、正确性,并关系到调查是否能够顺利完成及其质量。所以,问句排列是问卷设计中的一个重要方面。问句排列除了必须做到有逻辑性,充分考虑被调查者的心理因素外,还必须遵循以下重要原则。

(1) 由易到难,由简单到复杂,由浅到深。询问开始时往往必须引起对方兴趣而且容易回答。通常可以用一个过滤问句开始。

(2) 由一个主题到另一个主题,需要有转接性的安排,保持问题的流畅,不要打断被调查者的思路。

(3) 对于过滤性问句或其他的"接问""跳问第几题"等都要有妥善的排列,跳跃要注意逻辑性。

(4) 一个主题或一个系列的问句要排列连贯,避免出现随意隔断后又回到主题的情况,否则,容易导致被调查者思路紊乱。

(5) 凡是有可能触及个人隐私或引起对方不愉快、困惑的问句,要放在后面提出,因为经过一段时间的交谈,双方有了一定的了解,这类问题就比较容易为被调查者接受。

第三节 态度量表

一、态度量表的概念

态度量表即对态度作定量测量的工具。态度作为一种潜在变量,无法直接被观察到,但可通过人的语言、行为以及对外界的反应等间接地进行测量。态度量表是常用的且较为客观的测量态度的工具。它能够测量出态度的方向和强弱程度,通过一套有关联的叙述句或项目,由个人对这些句子或项目作出反应,根据这些反应推断个人以至团体的态度。

态度量表可分为单维度量表(Simple attitude scales)和多维度量表(Category scales)两类。单维度量表根据其编制方法有李克特的累加评定法、格特曼的量表解析法、瑟斯顿的等距测量法等。其中,李克特量表是流行较广且具有影响的一种量表。多维度量表中以语义差异量表和社会距离量表较为常见。

二、态度量表的类型

(一) 项目评比量表

项目评比量表是市场调查中最常使用的量表之一。在评比事物的某一特性时,它要求被调查者在依序排列的几个水平或选项中选择一个最能代表其态度的。项目评比量表是一种基础性量表,将其组合或变化后,就可以变成其他量表。

(二) 等级量表

等级量表要求应答者根据某个标准或某种特性为问题中的事物排列顺序。在市场调查中,等级量表也非常普遍。它是一个标准的顺序量表,简便易行,容易设计和操作,指令易于理解,为事物排序的过程类似于购买决策过程。等级量表强迫应答者对各事务排序,且使用等级量表只能得到顺序数据,要把它转化为等差数据则比较困难。

(三) 配对比较量表

在通过比较事物的特性排序时,如果需要比较的事物不多,可以使用配对比较量表。使用时,应答者需要在给定的一对事物中根据特性比较优劣势。

调查结束之后,可以将受测者的回答整理成表格的形式,表 4-2 是根据某受访者的回答整理得到的结果。表中每一行列交叉点上的元素表示该行的品牌与该列的品牌进行比较的结果,其中,元素"1"表示受测者更喜欢这一列的品牌,"0"表示更喜欢这一行的品牌。将各列取值进行加总,得到表中合计栏,这表明各列的品牌比其他品牌更受偏爱的次数。

表 4-2 根据配对比较量表得到的品牌偏好矩阵

	华夏	靓妹	白珊瑚	两面针	洁齿灵
华夏	/	0	0	1	0
靓妹	1	/	0	1	0
白珊瑚	1	1	/	1	1
两面针	0	0	0	/	0
洁齿灵	1	1	0	1	/
合计	3	2	0	4	1

从表 4-2 中看到该受测者在华夏牙膏和靓妹牙膏中更偏爱前者(第二行第一列数字为1)。在"可传递性"的假设下,可将配对比较的数据转换成等级顺序。所谓"可传递性"是指,如果一个人喜欢 A 品牌甚于 B 品牌,喜欢 B 品牌甚于 C 品牌,那么他一定喜欢 A 品牌甚于 C 品。将表的各列数字分别加总,计算出每个品牌比其他品牌更受偏爱的次数,就得到该受测者对于 5 个牙膏品牌的偏好。假设调查样本容量为 100 人,将每个人的回答结果进行汇总,将得到表 4-3 的次数矩阵。

表 4-3 品牌偏好次数矩阵

	华夏	靓妹	白珊瑚	两面针	洁齿灵
华夏	/	20	35	15	20
靓妹	80	/	50	40	65
白珊瑚	70	50	/	60	45
两面针	85	60	40	/	75
洁齿灵	80	35	55	25	/
合计	315	165	180	140	205

从表 4-3 中的合计栏中,可以看出 5 个品牌中华夏牌牙膏被认为是最好的,洁齿灵次之,再次是白珊瑚和靓妹,两面针最差。但这是一个顺序量表,只能比较各品牌的相对位置,不能认为"华夏牙膏比洁齿灵要好 1.1,白珊瑚要比靓妹好 0.1"。要想衡量各品牌偏好间的差异程度,必须先将其转化为等距量表,这里就不再深入讨论了。

(四) 固定总数量表

在市场调查中,固定总数量表(constant sum scale)也经常被采用。固定总数量表要求应答者将一个固定的总数(一般为 100)按照他们认为事物在某个特性上的强弱进行分配。固定总数量表既可以表现为配对比较的形式,也可以表现为顺序排列的形式。(式 4-1)可以将配对比较的固定总数量表数据转化成等差量表数据。

$$S_i = \sum_{i=1}^{n} S_{ij} \div [n(n-1) \div 2] \qquad \text{(式 4-1)}$$

式中,S_i 为第 i 个事物(如品牌)在测量某种特性(如消费者喜爱程度)等差量表中的得分;S_{ij} 为第 i 个事物与第 j 个事物比较时的得分;n 为欲比较事的数量。比如,在表 4-3 给出的例子中,令配对比较的总数为 100,然后请消费者以其喜欢的程度为 5 个品牌打分。表 4-4 显示了每一个品牌相对于另一个品牌的平均得分,如相对于 B,A 得了 10;相对于 C,A 得了 36。根据上述公式,可以计算出每一个品牌在等差量表中的得分,如表 4-4 最后一列所示。由此,也可以看出 B>C>A>E>D 的顺序关系,但这里的数据是可以进行加减运算的等差数据。

表 4-4 每一个品牌相对于另一个品牌的平均得分

	A	B	C	D	E	S_i
A	n.a.	10	36	86	73	20.5
B	90	n.a.	68	98	79	33.5
C	64	32	n.a.	85	64	24.5
D	14	2	15	n.a.	48	7.9
E	27	21	36	52	n.a.	13.6

(五) 语义差异量表

语义差异量表是语义分化的一种测量工具。是由社会心理学家奥斯古德(Osgood, C. E.)和他的同事萨西(Suci, G. J.)、坦纳鲍姆(Tannenbaurn, P. H.)等于 20 世纪 50 年代编制的。此类量表由一系列两极性形容词词对组成,并被划分为 7 个等值的评定等级(有时也可以划分为 5 个或 9 个),主要含有 3 个基本维度,即评价的(如好的与坏的、美的与丑的、干净的与肮脏的)、能量的(如大的与小的、强的与弱的、重的与轻的)、活动的(如快的与慢的、积极的与消极的、主动的与被动的)。它们具有显示任何概念含义的语义空间的特质。研究者可以据此来描述任何概念及其相关问题性质或属性方面的根本意义。在投射研究中有一类描述法,语义差异法是描述法的一种,让被访者对句子的意义进行解释,从而投射出其消费心理。

（六）李克特量表

李克特量表在心理学上的读法相似于"lick-urt"与"lie-kurt"之间（虽然前者的读法取自建立此量表的人的姓氏），是一种心理反应量表，常在问卷中使用，而且是目前调查研究中使用最广泛的量表。当受测者回答此类问卷的项目时，他们具体地指出自己对该项陈述的认同程度。被试分布图如表 4-5 所示。

表 4-5 被试分布图

		市重点	区重点	普通	总计
初一	男	31	28	30	89
	女	34	33	29	96
初二	男	26	28	25	79
	女	28	32	26	86
合　计		119	121	110	350

李克特量表形式上与沙氏通量表相似，都要求受测者对一组与测量主题有关的陈述语句发表自己的看法。它们的区别是，沙氏通量表只要求受测者选出他同意的陈述语句，而李克特量表要求受测者对每一个与态度有关的陈述语句表明他同意或不同意的程度。另外，沙氏通量表中一组有关态度的语句按有利和不利的程度都有一个确定分值，而李克特量表仅仅需要对态度语句划分是有利还是不利。

本章小结

问卷，也叫调查表、访问表格或询问工具，它是一种以书面形式了解被调查对象的反应和看法，并以此获得资料和信息的载体；问卷是为了达到研究目的和收集必要数据而设计好的一系列问题，是收集来自于被调研对象信息的正式一览表；一般由身份数据、请求、说明、调查内容和分类数据等五部分构成；按问卷填答者的不同，分为自填式问卷和代填式问卷。

问卷设计是依据调研的目的，开列所需了解的项目，并以一定的格式，将其有序地排列组合成调查表（问卷）的活动过程。问卷设计的类型主要包括结构式问卷和非结构式问卷。问卷设计的要求主要包括：与所需资料相适应、便于调查人员调查工作、便于被调查者回答、便于问卷结果的处理等；总之，一份优秀的问卷，应该是简洁、有趣、具有逻辑性、内容明确。实现这一目标，要求它的设计人员既透彻了解调研计划的主题，又能拟出能从被调查者那里得到最多资料的问题，同时，要对整个调查表进行总体的优化。

问句，一般的理解是指询问的句子。市场调研中构成问卷基本要素的问句，不仅指一般意义上的提问用的句子，还包括将要记录的答案、计算机编号和说明怎样回答四个部分。调研问句可以按照其构造形式、所要收集资料的性质等方面不同分为不同类别。其中按照问句内容的结构来分，可以分为组织化—非伪装问句、组织化—伪装问句、非组织化—非伪装问句、非组织化—伪装问句等;按照问句要收集的资料性质来分,可以分为事实问句、意见问句、解释问句等;问句可以根据具体情况的不同而设计成开放式问句、封闭式问句、倾向偏差式问句、态度测量问句等不同形式。

态度量表,即对态度作定量测量的工具。态度作为一种潜在变量,无法直接被观察到,但可通过人的语言、行为以及对外界的反应等间接地进行测量。态度量表是常用的且较为客观的测量态度的工具。态度量表根据维度可分为单维度量表(Simple attitude scales)和多维度量表(Category scales)两类。其中单维度量表根据其编制方法有李克特的累加评定法、格特曼的量表解析法、瑟斯顿的等距测量法等;多维度量表中以语义差异量表和社会距离量表较为常见。态度量表根据形式也可以分为项目评比量表、等级量表、配对比较量表、固定总数量表、语义差别量表、李克特量表等。

思考题

1. 简述问卷设计的基本程序。
2. 简述问句的基本种类。
3. 简述问卷设计的基本结构。
4. 简述态度量表的类型。

第五章

抽样技术与方法

 学习目标

- 了解普查与抽样调查；
- 理解抽样技术的分类与特点；
- 掌握随机抽样技术及应用；
- 了解非随机抽样技术及应用；
- 掌握点值估计与区间估计的计算。

大部分市场调查都是对总体(调查对象的全部单位)中的某些样本元素或单位进行的,用样本的情况来推断总体的情况。这就涉及抽样问题。如果抽样方法不当或抽样设计有问题,可能导致样本缺乏代表性;再用缺乏代表性的调查结果来推断总体,就可能会使推断结果失准。

第一节 普查与抽样调查

按照是否覆盖所有的调查对象,调查被分为普查和抽样调查。普查是对调查对象的全部单位(总体)进行的逐一的、无遗漏的调查,抽样调查只对调查总体中的部分元素或单位(样本)进行调查。两者在获得数据的准确性上并无绝对的优劣之分。普查虽然不存在抽样误差,但存在非抽样误差。当普查工作组织得比较乱时,由于会出现较大的非抽样误差,获得的数据不一定比抽样调查获得的数据准确。

一、普查

(一)普查的概念

普查是指一个国家或者一个地区为详细调查某项重要的国情、国力,专门组织的一次性大规模的全面调查,其主要用来调查不能够或不适宜用定期全面的调查报表来收集的资料。普查是为了某种特定的目的而专门组织的一次性的全面调查。普查的目的在于获得了解某一事物比较全面、精确的数据或资料。虽然企业很少会进行某一方面的普查工作,但是它们却渴望获得一些普查数据,如人口普查、工业普查、商品库存普查、农业普查、消费者普查等。

大范围的普查主要由政府机构、行业团体和专业调研机构来进行。企业可以通过付费的方式获得这些数据或资料。当调查的范围不大时,企业也可以自己进行普查,获得相关的数据或资料。

第七次全国人口普查公报[1](第二号)
——全国人口情况

国家统计局

国务院第七次全国人口普查领导小组办公室

2021 年 5 月 11 日

根据第七次全国人口普查结果,现将 2020 年 11 月 1 日零时我国人口的基本情况公布如下:

一、总人口

全国总人口[2]为 1 443 497 378 人,其中:普查登记的大陆 31 个省、自治区、直辖市和现役军人的人口共 1 411 778 724 人;香港特别行政区人口[3]为 7 474 200 人;澳门特别行政区人口[4]为 683 218 人;台湾地区人口[5]为 23 561 236 人。

二、人口增长

全国人口[6]与 2010 年第六次全国人口普查的 1 339 724 852 人相比,增加 72 053 872 人,增长 5.38%,年平均增长率为 0.53%。历次人口普查全国人口及年均增长率如图 5-1 所示。

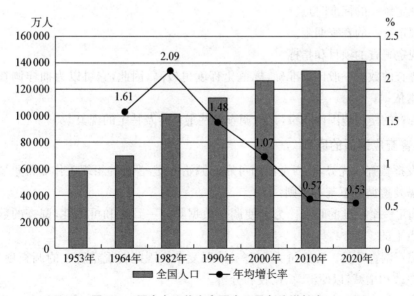

图 5-1 历次人口普查全国人口及年均增长率

三、户别人口

全国共有家庭户[7] 494 157 423 户,集体户 28 531 842 户,家庭户人口为 1 292 809 300 人,集体户人口为 118 969 424 人。平均每个家庭户的人口为 2.62 人,比 2010 年第六次全国人口普查的 3.10 人减少 0.48 人。

四、民族人口

全国人口中,汉族人口为 1 286 311 334 人,占 91.11%;各少数民族人口为 125 467 390 人,占 8.89%。与 2010 年第六次全国人口普查相比,汉族人口增加 60 378 693 人,增长 4.93%;各少数民族人口增加 11 675 179 人,增长 10.26%。

注释:

[1] 本公报数据均为初步汇总数据。

[2] 全国总人口包括大陆 31 个省、自治区、直辖市和现役军人的人口、香港特别行政区人口、澳门特别行政区人口和台湾地区人口。

[3] 香港特别行政区的人口数为香港特别行政区政府提供的 2020 年底的数据。

[4] 澳门特别行政区的人口数为澳门特别行政区政府提供的 2020 年底的数据。

[5] 台湾地区的人口数为台湾地区有关主管部门公布的 2020 年底的户籍登记人口数据。

[6] 全国人口是指大陆 31 个省、自治区、直辖市和现役军人的人口,不包括居住在 31 个省、自治区、直辖市的港澳台居民和外籍人员。

[7] 家庭户是指以家庭成员关系为主、居住一处共同生活的人组成的户。

(二) 普查的特点

普查既是一项技术性很强的专业工作,又是一项广泛性的群众工作。

普查作为一种特殊的数据搜集方式,具有以下特点:

(1) 普查通常是一次性的或周期性的。

(2) 规定统一的标准时点。

(3) 规定统一的普查期限。

(4) 规定普查的项目和指标。

(5) 普查的数据一般比较准确,规范化程度也较高,因此,它可以为抽样调查或其他调查提供基本依据。

(6) 普查的使用范围比较窄,只能调查一些最基本及特定的现象。

(三) 普查应遵循的原则

为了发挥普查的优势,获得全面而可靠的原始数据,普查的组织工作非常重要。普查的组织工作需要遵循以下基本原则:

(1) 确定一个标准的时点。为了使调查数据具有一致性和可比性,调查的数据应尽量是同一时点上的。

(2) 统一调查项目。普查量大、点多、情况复杂。因此要规定统一的调查项目,任何人不得任意更改和增减,以便汇总、比较和分析。

(3) 统一的步骤和方法。要保证调查材料的准确性和时效性,就需要参与调查的各个单位或调查点同时行动,并且在方法上、步调上保持一致。

（4）选择适当的时间。要根据普查的任务、条件和调查对象的特点，选择适当的调查时间。

二、抽样调查

（一）抽样调查的概念

抽样调查也称为抽样，是指从调研总体中抽选出一部分要素作为样本，对样本进行调查，并根据抽样所得的结果推断总体的一种专门性的调查活动。抽样调查是一种被广泛使用的调查方法。

（二）抽样调查的特点

抽样调查最主要的特点在于其应用科学的方法，在总体中抽取有代表性的调查对象进行调查，克服了普查的组织难和费用高、时间长的缺点，也克服了传统调查方法（如重点调查、典型调查）的主观随意性和样本代表性不强的弱点，具有较强的代表性和科学性，是比较科学和客观的一种调查方法。

（三）抽样调查的优点

1. 时间短、收效快

抽样调查涉及面较小，取得调查结果比较快，能在较短的时间内获得同市场普查大致相同的调查效果，还可以运用抽样调查技术来检验资料的正确性，并给予修正。

2. 质量高、可信度好

抽样调查是建立在数理统计之上的科学方法，只要由专门人员主持抽样调查，严格按抽样调查的要求进行抽样，就可以确保获取的信息资料具有较好的可靠性和准确性，对那些无法或没有必要进行普查的项目具有很好的适用性。

3. 费用省、易推广

由于抽样调查把调查的对象降低到较小的程度，又能保证调查的有效性，从而大大地减少工作量，降低费用，提高经济效益。同时，由于抽样调查需较少的人力、物力，企业容易承担、容易组织。

（四）抽样调查的不足

由于抽样调查所调查的对象是调查对象的一部分，抽样调查的结果是从抽取样本中获取的信息资料推断出来的，所以，抽样调查存在抽样误差。抽样误差是客观存在的，在一定范围内也是允许的。

（五）抽样误差的控制

抽样误差的客观性和不可避免性，并不意味着可以任其存在或对其无所作为，相反，对抽样误差的控制是十分必要的。减少抽样误差可以从以下三个方面入手。

1. 准确地选定抽样方法

选择正确的抽样方法，有利于使抽取的样本能真正代表样本的总体，减少误差。抽样方法分为随机抽样和非随机抽样两大类，每一类又分为很多具体的方法。

2. 正确地确定样本数目

一般而言，样本数与抽样误差呈反比关系，即样本越大，抽样误差越小，反之亦然。

抽样误差又与调查总体的有关特征差异有关。总体中的差异越大，在同样样本数的条件下，误差越大；总体中的差异越小，在同样样本数的条件下，误差越小。因此，在确保同样的差异误差的前提下，如果总体中的差异大，则需抽取的样本数应该大一些，反之亦然。

3. 加强对抽样调查的组织领导

要以科学的态度对待抽样，特别是要由专门人员或经过严格培训的人员承担抽样调查工作。抽样方法要适当，工作程序要规范，严格按照选用的抽样方法的要求进行操作，确保整个抽样工作科学合理。

（六）抽样调查的一般程序

抽样过程包含五个步骤：

1. 确定调查总体

调查总体即调查的全部对象及其范围。确定调查总体是抽样调查的第一个步骤，是抽样调查的前提和基础。只有对象明确，才能有的放矢，取得真实、可靠、全面的信息资料。只有明确调查总体，才能从中进行正确的抽样，并保证抽取的样本符合要求。

2. 个体编号

个体编号即对调查总体中的个体进行编号。在采用随机调查总体的情况下，需要对总体中的每一个个体进行编号，以使抽样选出的个体更具代表性。

如果调查的范围过大，总体中的个体过多，编号的工作量太大，则要尽量压缩调查范围，以利于编号工作。如范围无法压缩，则可以将分层使用和分群抽样的方法结合使用，以减少编号工作量。

3. 选择调查样本和抽样方法

在调查总体中选定具体的需对其实施调查的个体即为样本。选择调查样本，首先需确定抽样调查的方法，即确定采用随机抽样还是非随机抽样；在总的方法确定后，要确定具体的抽样方法，如是分层抽样还是分群抽样等。其次还要确定样本的数量。

在上述问题确定后，按预定的要求选择调查的样本，并确定合适的样本容量。就随机抽样而言，需要在允许误差的目标水平和置信水平下计算样本容量。

4. 实施调查

运用不同的调查方法对样本进行逐个调查，取得第一手资料。对随机抽样而言，一般不允许随意改变样本或减少样本数，以保证样本资料的准确性与客观性。对非随机抽样而言，如原定调查对象不在或拒访，调查人员可以根据主观标准改变访问对象，以达到样本数。

5. 测算结果

用样本的调查结果推断总体是调查的最后一个步骤，也是调查的目的所在，具体的做法可以是按百分比推算法进行推算。

第二节　抽样技术的分类与特点

抽样方式是指样本的具体抽取过程。它规定了不同的抽样程度和规则。从抽样的效率角度来看,对不同的总体和不同的调查内容应采用不同的抽样方式,这样既可以抽出有代表性的样本,使抽样过程方便、快捷、组织高效率等,而且能节省费用。熟悉和准确把握抽样方法非常重要。

一、抽样技术

(一)抽样技术的概念

抽样技术指在抽样调查时采用的一定的方法,抽选具有代表性的样本,以及各种抽样操作技巧和工作程序等的总称。为了使抽选的样本具有代表性,必须借助于各种抽样技术。

(二)抽样技术的分类

1. 随机抽样技术

随机抽样技术又称为概率抽样技术,是对总体中的每一个个体都给予平等的抽取机会的抽样技术。在随机抽样的条件下,每个个体抽中与不抽中完全随机,排除了人为主观因素的选择。

随机抽样技术具体可以分为简单随机抽样、分群随机抽样、分层随机抽样、等比例抽样、不等比例抽样、等距随机抽样、多阶段随机抽样、固定样本连续抽样。

2. 非随机抽样技术

非随机抽样技术是对总体中的每一个个体不具有被平等抽取的机会,而是根据一定的标准来制造样本的抽样技术。由于主观标准的确定和判断力有不同及采用的具体方法、操作及技巧等不同又分为不同的非随机方法,如市场普查、任意抽样、重点抽样、典型抽样、判断抽样、配额抽样、独立控制配额抽样、相互控制配额抽样。

二、随机抽样技术

(一)随机抽样技术的分类

1. 简单随机抽样

(1)简单随机抽样的概念。简单随机抽样又称为单纯随机抽样,是在总体单位中不进行任何有目的的选择,而是按照随机原则,采用纯粹偶然的方法抽取样本。简单随机抽样一般采用抽签、查随机数字表、掷骰子、抛硬币的方法抽取样本。在实际工作中,因总体规模较大,主要采取前两种方法。在简单随机抽样条件下,抽样概率公式为:

$$抽样概率 = \frac{样本单位数}{总体单位数} \qquad (式5\text{-}1)$$

例如:总体单位数为 10 000,样本单位数为 400,抽样概率为 4%。计算过程为:

$$4\% = \frac{400}{10\ 000}$$

(2) 简单随机抽样的优缺点。简单随机抽样有以下几个优点:A. 简单,符合随机抽样原则;B. 可利用随机电话拨号;C. 可利用电脑资料进行抽选。但简单随机抽样也有缺点:A. 调查费用过高;B. 在市场调查中,不是切实可行的;C. 不能保证样本一定代表目标总体。

2. 分层随机抽样技术

(1) 分层随机抽样技术的概念。分层随机抽样技术又称为分类随机抽样技术,是把调查总体按属性不同分为若干层次(或类型),然后在各层中随机抽取样本。

分层随机抽样的具体做法可分为分层比例抽样法、分层最佳抽样法、分层最低成本抽样法三种。

A. 分层比例抽样法。是指按照各层单位数量占总体单位数量的比例抽取样本单位的方法。其计算公式为:

$$n_i = (N_i/N) \times n \qquad \text{(式 5-2)}$$

(式 5-2)中,n_i 为第 i 层应抽取的样本单位数;N_i 为第 i 层的总单位数;N 为总体单位数;n 为总体样本数。

B. 分层最佳抽样法。是指根据各层单位数量占比和各层样本标准差的大小,抽取样本单位的方法。其计算公式为:

$$n_i = (N_i S_i / \sum N_i S_i) \times n \qquad \text{(式 5-3)}$$

(式 5-3)中,n_i 为第 i 层应抽取的样本单位数;N_i 为第 i 层的总单位数;N 为总体单位数;n 为总体样本数;S_i 为第 i 层的标准差。

C. 分层最低成本抽样法。是指在分层最佳抽样法的基础上,考虑不同类型调查对象的抽样费用,来确定各层应抽取的样本数。其公式为:

$$n_i = [(N_i S_i / \sqrt{C_i}) / \sum (N_i S_i / \sqrt{C_i})] \times n \qquad \text{(式 5-4)}$$

(式 5-4)中,n_i 为第 i 层应抽取的样本单位数;N_i 为第 i 层的总单位数;N 为总体单位数;n 为总体样本数;S_i 为第 i 层的标准差;C_i 为第 i 层单位平均调查费用。

(2) 分层随机抽样技术的优缺点。分层随机抽样的优点有:A. 有较好的统计效果;B. 适当分层可以达到一个确定的抽样误差水平。分层随机抽样也有部分缺点:A. 将样本适当分层所需的信息常常是得不到的;B. 分层所需时间和费用不划算。

3. 等距随机抽样技术

(1) 等距随机抽样技术的概念。等距随机抽样技术又称为系统随机抽样技术或机械随机抽样技术,是在总体中先按一定的标志顺序排列,并根据总体单位数和样本单位数计算出抽样距离(相等的间隔),然后按相同的距离或间隔制造样本单位。样本距离可通过下面的公式确定：

$$样本距离 = \frac{总体单位数}{样本单位数} \quad (式5-5)$$

例如，一个居民区有 500 户居民，企业拟从中抽出 25 户进行某种耐用消费品需求的调查。如果按无关标志排列，可以利用居民户口名册，从 1 号排列到 500 号，并确定抽样距离为 500÷25＝20。先在第一组 1 到 20 号中随机抽出一个号码，假定抽出 8 号。然后，每隔 20 号抽一户，一直抽到 25 户，即抽出 8 号、28 号、48 号、68 号、88 号、108 号等。

(2) 等距随机抽样技术的优缺点。等距随机抽样的优点有：A. 有较好的经济性；B. 简便易行。

但它也有一定的缺点，如：在总体样本排列上，一些总体单位数可能包含隐蔽的形态或者是不合格样本，调查者可能疏忽，把它们抽选为样本。

4. 整群随机抽样技术

(1) 整群随机抽样技术的概念。整群随机抽样技术又称为分群随机抽样技术，是把调查总体区分成若干小群，然后用单纯随机抽样法，从中抽取某些群体进行全面调查。区域抽样是整群抽样的典型方式。

例如，调查某城市居民户的相关情况，拟抽出 1 000 个样本单位。假设该城市共有 600 个居民委员会，每一个居民委员会平均拥有 150 户居民。这样就可以先以居民委员会为单位，随机抽取 20 个居民委员会，然后从每个居民委员会中随机抽出 50 户居民进行调查。

(2) 整群随机抽样技术的优缺点。整群随机抽样技术的优点有：A. 可避免分层抽样可能有的一些问题；B. 样本单位集中，抽样简单。

但它也有其缺点：样本对总体的代表性不好，统计效率不高。

(二) 随机抽样技术的特点

1. 优点

(1) 调查范围和工作量较小。因为是在总体中随机地抽取一部分单位进行调查，调查范围和工作量小，又排除了人为的干扰，因此省时、省力、省费用，又能较快地取得调查的结果，且大致上代表总体。

(2) 可以计算调查结果的误差。可计算概率信息值与实际值的差异，即抽样误差，并将误差控制在一定范围内，抽样误差可分为平均误差和成数误差。

(3) 调研结果可以用来推断总体。

2. 不足

(1) 对所有调查样本都给予平等看待，难以突出重点。

(2) 抽样范围比较广，所需时间长，参加调查的人员和费用多。

(3) 比非随机抽样需要更多的策划和实施时间。

(4) 需要具有一定专业技术的专业人员进行抽样和资料分析，一般调查员难以胜任。

三、非随机抽样技术

(一) 非随机抽样技术的分类

1. 任意抽样

(1) 任意抽样的概念。任意抽样是一种根据调查者便利与否随意选取样本的方法,因此也叫便利抽样。一般用在非正式的市场调查中。

(2) 任意抽样的优缺点。任意抽样的优点是:它是一种最简便、最节省费用的抽样方式。但它也有抽样偏差大,不具代表性,用调查结果推断总体情况的可信度低的缺点。

2. 判断抽样

(1) 判断抽样的概念。判断抽样也叫目的抽样,是由研究者根据经验判断选择有代表性样本的一种非随机抽样方法。它适用于各类典型调查,通过样本中的典型(代表性样本)来了解总体。

(2) 判断抽样的优缺点。任意抽样有简便、易行、及时,与被调查者配合较好,回收率高的优点,但也存在易发生主观判断产生的抽样误差的缺点。

3. 配额抽样

(1) 配额抽样的概念。配额抽样是按照一定的标准和比例分配样本单位的数额,然后由调查者在分配的额度内任意(非随机)抽取样本的方法。

例如,一项城市居民家庭收支状况的调查,按照类型比例,计划在户均月生活费3 000元以下、3001—5 000元、5 001—10 000元和10 001元以上的家庭中分别抽取200、300、200、50户进行调查。

(2) 配额抽样的优缺点。配额抽样具有简便、易行、费用少的优点,但也存在有选择样本容易偏向某一类型而忽视其他类型等问题。

4. 滚雪球抽样

(1) 滚雪球抽样的概念。滚雪球抽样是在总体比较特殊、总体成员难以找到或接触时最适合的一种抽样方法。比如,对于无家可归者、流动劳工以及非法移民等人群的市场调查,就可以考虑采用滚雪球抽样。先收集目标群体少数成员的资料,然后向这些成员询问有关信息,找出他们认识的其他成员。所谓滚雪球,就是根据既有调查对象的建议找出其他调查对象的累积过程。寻找样本就像滚雪球,越滚越大。

(2) 滚雪球抽样的优缺点。滚雪球抽样费用较少,但存在许多不足:A. 费用减少可能要以调研质量降低为代价;B. 样本可能不能很好地代表整个总体;C. 被调查者不愿推荐别人,导致此方法受阻。

(二) 非随机抽样技术的特点

1. 优点

(1) 如果合理地运用非随机抽样,其能选择到较有代表性的样本。

(2) 可以缩小抽样范围,节省调查时间、调查人员及调查费用。

2. 不足
(1) 不能估计出抽样误差。
(2) 调查者不知道抽中的单位具有的代表程度。
(3) 非随机抽样的结果不能也不应该推及总体。

第三节　随机抽样技术及应用

一、简单随机抽样技术及应用

(一) 简单随机抽样技术的概念

简单随机抽样技术是随机抽样技术中最简单的一种。这种方法一般适用于调查总体中各单位之间差异较小的情况，或者调查对象不对，难以分组、分类的情况。如果市场调查范围较大，总体内部各单位之间的差异较大，则要同其他随机抽样技术结合使用。

(二) 简单随机抽样技术的应用

1. 掷骰子法

掷骰子法是利用骰子的转动来指明样本号码的方法。用于抽签法的骰子不能是普通的正六面体，必须是正十面体，每面分别刻上 0，1，2，…，9，10 个数。这是为了使 0，1，…，9 的数字都有同等出现的可能率。

2. 抽签法

用抽签法抽取样本，先将调查总体的每个单位编上号码，然后将号码写在卡上搅拌均匀，任意从中抽选，抽到一个号码，就对上一个单位，直到抽足预先规定的样本数目为止，这种方法适用于总体单位数目较少的情况。

(1) 人工抽签。是指利用人工，不加任何选择地从容器内和整体中任意摸拿样本的方法。

(2) 抽签机抽取法。抽签机是一种可以使放在里面的个体分子完全搅拌均匀的机器。

3. 乱数表法

乱数表又称随机数表，是指把 0—9 的数字随机排列形成的一张表。表内任何号码的出现都有同等的可能性，而且重复的概率很少。

二、分层随机抽样技术及应用

(一) 分层随机抽样技术的概念

分层随机抽样技术在市场调研中采用较多。分层时要注意样本之间要有明显的差异，不至于发生混淆；要知道各层中的单位数目的比例；层数不宜太多，每个层次内每个个体应保持一致性。只有这样,才能使抽取的样本反映总体的特征,提高样本的代表性,减少抽样误差。

(二) 分层随机抽样技术的应用

1. 等比例分层抽样

等比例分层抽样即按各个层中的单位数量占总体单位数量的比例分配各层的样本数量。

2. 分层最佳抽样法

分层最佳抽样法又称非比例抽样法,它不是按各层单位数占总体单位数的比例分配样本单位,而是根据因素(如各层平均数或成数标准差的大小、抽取样本工作量和费用大小等),调整各层的样本单位数。

(1) 标准差。标准差是指样本数据的差别程度。标准差大,样本数据间的差别大;标准差小,样本数据间的差别也小。其计算公式为:

$$样本标准差\ s = \sqrt{\frac{1}{n}\sum_{i=1}^{n}(x_i - \bar{x})^2} \qquad (式 5-6)$$

(2) 分层抽样的样本容量计算。分层抽样的样本容量计算公式为:

$$n_j = n \times \frac{N_j S_j}{\sum N_j S_j} \qquad (式 5-7)$$

(式 5-7)中: n_j 为各类型应抽选的样本单位数; n 为样本单位数; N_j 为各类型的调查单位数; S_j 为各调查单位平均数的样本标准差。

【例题】 某地有居民 20 000 户,按经济收入高低分类,高收入 4 000 户,占总体的 20%;中收入 12 000 户,占总体的 60%;低收入 4 000 户,占总体的 20%。各层标准差:高收入为 300 元,中收入为 200 元,低收入为 100 元。要从中抽取 200 户进行购买力调查,如果按照等比例分层抽样和分层最佳抽样,应该选择各种类型居民的样本数是多少?

【解】 (1) 等比例分层抽样:经济收入高的样本单位数目为:200×20%=40 户

经济收入中的样本单位数目为:200×60%=120 户

经济收入低的样本单位数目为:200×20%=40 户

(2) 分层最佳抽样:经济收入高的样本单位数目为:

20×(4 000×300/4 000 000)=60 户

经济收入中的样本单位数目为:200×(12 000×200/4 000 000)=120 户

经济收入低的样本单位数目为:200×(4 000×100/4 000 000)=20 户

【分析】 等比例分层抽样: $n_{高}=40$ 户, $n_{中}=120$ 户, $n_{低}=40$ 户

分层最佳抽样: $n_{高}=60$ 户, $n_{中}=120$ 户, $n_{低}=20$ 户

分层最佳抽样确定的样本数更合理,高收入组较为分散,因此,增加样本数;低收入组较为集中,因此,减少样本数,有利于提高抽样调查的准确性。

三、等距抽样技术及应用

(一) 等距抽样技术的概念

运用等距离抽样技术进行抽样,先在总体中按一定标志把个体顺序排列,并根据总体单位数和样本单位数计算出抽样距离,然后按相同的距离或间隔抽选样本单位。排列顺序可用与调查项目有关的标志为依据,如在购买力调查中,按收入多少由低至高排列,也可用与调查项目无关的标志为依据,如按户口册、姓氏笔划排列。

抽样间隔计算公式为:

$$抽样间隔 = \frac{总体数(N)}{样本数(n)} \qquad (式5-8)$$

优点:有较好的经济性;简便易行。
缺点:对总体样本进行排列,较烦琐。

(二) 等距抽样技术的应用

【案例】 某地区有零售店 110 户,采用等距离抽样方法抽选 11 户进行调查。
第一步:将总体对象进行编号,从 1 号至 110 号。
第二步:确定抽样间隔,$N=110$,$n=11$,故抽样间隔$=110/11=10$ 户。
第三步:确定起抽号数。用 10 张卡片从 1 号至 10 号编号,随机抽号。
第四步:确定被抽取单位。从起抽号起,按照抽样间隔选择样本。
例如:2、2+10、2+20、…、2+100。

【分析提示】 等距离抽样,方法简单,省却了一个个抽样的麻烦,适用于大规模调查。还能使样本均匀地分散在调查总体中,不会集中于某些层次,增加了样本的代表性。

四、整群抽样技术及应用

(一) 整群抽样技术的概念

运用整群抽样技术抽取样本,先要把调查总体区分为若干个群体,然后用单纯随机抽样法从中抽取某些群体进行全面调查。如果不是对所抽取的群体进行全面调查,而是进一步划分为若干个小群体,再按随机原则抽取一个或一部分小群体来调查,称为多段分群抽样。

优缺点:运用整群调查技术抽取样本,工作比较简易方便,抽中的单位比较集中,但是由于样本单位集中在群体,而不能均匀分布在总体中的单位,如果群与群之间差异较大,则抽样误差就会增大。

分层抽样组间差距大,组内差距小;分群抽样组间差距小,组内差距大。

(二) 整群抽样技术的应用

【案例】 按照整群抽样技术对上海市民生活状况进行调查。

第一步：按照区县划分，对目前上海16个区进行编号。
第二步：按照简单随机抽样原则，从16个已编号的区，假设抽取1个。
第三步：对被抽中的1个区进行全面调查。
第四步：全面调查结果代表上海市民生活状况。

第四节　非随机抽样技术及应用

一、任意抽样技术及应用

（一）任意抽样技术的概念

运用任意抽样技术进行抽样，一般由调查人员从工作方便出发，在调查对象范围内随意抽选一定数量的样本进行调查。例如现场访问。

任意抽样技术适用于非正式的探测性调查或调查前准备工作。一般在调查总体中每一个个体都是同质时，才能采用此类方法。

但在实践中并非所有总体中的每一个个体都是相同的，结果偏差较大，可信度较低，它的样本没有足够的代表性，所以在正式市场调查时，很少采用任意抽样法。

（二）任意抽样技术的应用

例如，在街头路口把行人作为调查对象，任选若干位行人进行访问调查；在商店柜台前把购买者当作调查对象，向他们中的任意部分人作市场调查；在剧院、车站、码头等公共场所，任意选择某些人进行调查。可见，任意调查完全是根据调查者的主观性任意选取样本。

二、判断抽样技术及应用

（一）判断抽样技术的概念

判断抽样法也叫目的抽样法、主观抽样法。是指按照市场调查者的主观经验选定调查样本单位的一种非随机抽样方法。适用于单体中的单位构成不同、样本数目不多的调查，很多特殊的案例、事件、经验等都采取这种方法。

（二）判断抽样技术的应用

（1）由专家选择样本。一般用平均型或多数型的样本为调查单位，通过对典型样本的研究，由专家来判断总体的状态。平均型是在调查总体中挑选代表平均水平的单位作为样本，以此为典型样本，再推断总体。多数型是在调查总体中挑选占多数的单位作为样本，以此为典型样本，再推断总体。

（2）利用统计判断选择样本。利用调查总体的全面统计资料，按照一定的标准选择样本。

三、配额抽样技术及应用

(一)配额抽样技术的概念

运用配额抽样技术进行抽样时,要按照一定的标准分配样本数额,并在规定数额内由调查人员任意抽选样本。

(二)配额抽样技术的应用

(1)独立控制配额抽样。它是对调查对象只规定具有一定控制特征的样本抽取数目并规定配额,而不是规定具有两种或两种以上控制特征的样本抽取数目并规定配额。

(2)非独立控制配额抽样。它同时对具有两种或两种以上控制特征的每一样本数目都作出具体规定,具体操作方法是借助于交叉控制表,又称相互控制配额抽样表。

四、固定样本连续调查法

(一)固定样本连续调查法的概念

固定样本连续调查法是把选定的样本单位固定,长期进行调查,如住房调查及用户调查等。其优点在于调查对象稳定,可以及时、全面地取得各种可靠的资料,费用低、效果好。缺点在于调查户登记、记账的工作量较大,长年累月地记帐,负担较重,难以长期坚持。

(二)固定样本连续调查法的应用

固定样本连续调查法的具体操作程序如下:
(1)按照调查目的的要求选定固定样本户。
(2)对固定的样本户进行培训,提出要求,并发给预先设计好的调查登记表。
(3)由各样本户按要求每天将需要调查的内容一一记下。
(4)由调查人员定期收集各个调查户记录的材料,并进行汇总、整理、分析,得出有关的结论。
(5)每隔一定时间,对固定调查户进行调查,了解调查对象的记录情况,并给予具体指导,发现问题及时纠正,保证资料的真实性。调查方式可定期也可不定期进行。

第五节 抽样误差及抽样数目的确定

一、抽样误差的概念和分类

(一)抽样误差的概念

1. 抽样误差

抽样误差是指抽样调查所得的结果与未知的总体指标之间的差异。因为抽样调查是以

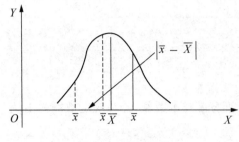

图 5-2 抽样误差

样本代表总体,以样本综合指标推断总体综合指标,所以抽样误差是不可避免的。

2. 抽样平均误差

抽样平均误差是指各种可能被抽中的样本数的综合指标(如平均数),同总体相应综合指标的平均离差,它通过一系列的抽样平均数或抽样成数的标准差来反映。如图 5-2 所示,它表明了样本指标同总体指标可能相关的范围,而不是确切的误差数值。

抽样平均误差反映了样本对于总体的代表性的大小。

(二)抽样误差的分类

(1) 技术性误差:指调研工作登记、汇总、计算的差错所引起的误差;

(2) 代表性误差:指样本结构与总体结构不一致,以样本综合指标推断总体综合指标所产生的误差;

(3) 系统性代表性误差:是在抽样过程中因违反随机抽样原则或抽样方式不妥而造成的误差;

(4) 偶然性代表性误差:由于样本不能完全代表总体所产生的误差。

在市场抽样调查中技术性误差和系统性代表性误差是可以避免的,因此,常常假设它们不存在。随机误差是不可避免的,但可以控制。

二、影响抽样误差大小的因素

(一)总体单位之间的标志变异程度

总体单位之间的标准差越大,抽样平均误差就越大;

总体单位之间的标准差越小,抽样平均误差就越小;

特别地,当标准差为零时,抽样平均误差也为零。

(二)样本单位的数目多少

抽取的单位数越多,抽样平均误差就越小;

抽取的单位数越少,抽样平均误差就越大;

特别地,当抽样单位数与总体单位数相同时,不存在抽样误差。

(三)抽样方法与抽样组织形式

一般说来,简单随机抽样比分层抽样、分群抽样的误差大,重复抽样比不重复抽样的误差大。

三、抽样平均误差的计算

(一)平均数重复抽样误差的计算

重复抽样是指样本抽出后再放回去,有可能被第二次抽中;不重复抽样是指样本抽出后

不再放回,每个单位只能被抽中一次。实践中大多采用不重复抽样。(数理统计学已经证明下列公式)

$$\mu_{\bar{x}} = \frac{\sigma}{\sqrt{n}}$$ (式 5-9)

(式 5-9)中,$\mu_{\bar{x}}$ 为抽样平均误差;σ^2 为总体方差;n 为样本单位数。

(二)平均数不重复抽样误差的计算

$$\mu_{\bar{x}} \approx \sqrt{\frac{\sigma^2}{n}\left(1 - \frac{n}{N}\right)} = \frac{\sigma}{\sqrt{n}}\sqrt{1 - \frac{n}{N}}$$ (式 5-10)

(式 5-10)中,N 为总体单位数。

(三)成数重复抽样误差的计算

$$\mu_p = \sqrt{\frac{p(1-p)}{n}}$$ (式 5-11)

(式 5-11)中,μ_p 为成数(相对数)抽样误差;p 为成数;n 为样本单位数。

(四)成数不重复抽样误差的计算

$$\mu_p \approx \sqrt{\frac{p(1-p)}{n}\left(1 - \frac{n}{N}\right)}$$ (式 5-12)

(式 5-12)中,μ_p 为成数(相对数)抽样误差;p 为成数;n 为样本单位数。

四、抽样极限误差

抽样极限误差是一定概率下抽样误差的可能范围,是样本指标与总体指标之间的离差的绝对值,其概念可以表示为:

$$|\bar{x} - \bar{X}| \leqslant \Delta\bar{x}$$
$$|p - P| \leqslant \Delta p$$

如果计算出抽样极限误差,就可以推断出在一定的概率条件下总体指标的数值范围,具体为:

$$\bar{x} - \Delta\bar{x} \leqslant \bar{X} \leqslant \bar{x} + \Delta x$$
$$p - \Delta p \leqslant P \leqslant p + \Delta p$$

抽样极限误差是样本指标和总体指标值的离差的绝对值,抽样平均误差是所有可能样本指标值与总体指标值之间的平均离差,所以,它们之间存在一定的联系。

五、抽样概率度

抽样概率度是用抽样极限误差除以抽样平均误差,以相对数的形式表明误差程度。

常用概率度与可信度 $F(t)$ 如表 5-1 所示。

$$t = \frac{\Delta \bar{x}}{\mu_{\bar{x}}} \quad 或 \quad t = \frac{\Delta p}{\mu_p} \quad \text{(式 5-13)}$$

表 5-1　常用概率度与可信度 $F(t)$ 对照表

概率度 t	误差范围 Δ	概率 $F(t)$	概率度 t	误差范围 Δ	概率 $F(t)$
0.500	$0.500\mu_{\bar{x}}$	0.382 9	1.96	$1.96\mu_{\bar{x}}$	0.950 0
1.000	$1.000\mu_{\bar{x}}$	0.682 7	2.00	$2.00\mu_{\bar{x}}$	0.954 5
1.500	$1.500\mu_{\bar{x}}$	0.866 4	2.50	$2.50\mu_{\bar{x}}$	0.987 6
1.645	$1.645\mu_{\bar{x}}$	0.900 0	3.00	$3.00\mu_{\bar{x}}$	0.997 3

六、抽样数目的确定

抽样数目是指抽样单位数,是在随机抽样时必须确定的必要样本数。样本数过多,浪费人力、物力、财力和时间;抽样数目过少,会影响调查结果的精确度,造成较大误差,所以确定必要的样本数目极为重要。

必要的样本数目是在事先给定的抽样误差范围内所确定的能够反映总体特征的样本单位数。

(一) 影响抽样数目的因素

1. 总体中各单位之间标志值的变异程度

标志变异程度越大,抽取的单位数应越多;标志变异程度越小,抽取的单位数应越少;标志变异程度为 0,抽取一个即可。

2. 抽样极限误差(允许的误差)值的大小

抽样极限误差越小,允许的误差范围越小,要多抽;

抽样极限误差越大,允许的误差范围越大,可少抽;

如不允许有误差,则要全面调查。

3. 抽样估计的概率保证度 $F(t)$ 的大小

如果其他条件不变,提高估计的把握程度会增大抽样极限误差,从而降低估计的精度;缩小抽样极限误差,即提高估计的精度,则会降低估计的把握程度。所以,在实际中要根据具体情况来对抽样估计的精度和把握程度进行统筹。

4. 抽样方法与组织形式

(二) 抽样数目的计算

1. 平均数指标重复抽样数目的计算

$$n = \frac{t^2 \sigma^2}{\Delta_{\bar{x}}^2} \quad \text{(式 5-14)}$$

(式 5-14)中,$\Delta_{\bar{x}}^2$ 为平均数允许误差平方;σ^2 为总体方差;n 为样本单位数;t^2 为概率度平方。

2. 平均数指标不重复抽样数目的计算

$$n=\frac{Nt^2\sigma^2}{\Delta_{\bar{x}}^2 N+t^2\sigma^2}$$ （式 5-15）

（式 5-15）中，$\Delta_{\bar{x}}^2$ 为平均数允许误差平方；σ^2 为总体方差；n 为样本单位数；t^2 为概率度平方；N 为总体单位数。

3. 成数指标重复抽样数目的计算

$$n=\frac{t^2 p(1-p)}{\mu_p^2}$$ （式 5-16）

（式 5-16）中，μ_p 为成数（相对数）抽样误差；p 为成数；n 为样本单位数。

4. 成数指标不重复抽样数目的计算

$$n=\frac{Nt^2 p(1-p)}{\Delta_p^2 N+t^2 p(1-p)}$$ （式 5-17）

（式 5-17）中，t 为概率度；p 为成数；n 为样本单位数；Δ_p 为成数允许误差。

在运用上述公式计算应该抽取的样本单位数时要注意，计算出的数值是最低的，也是必要的，如果计算结果是小数，只能进位取整。

第六节 点值估计与区间估计的计算

一、点值估计值的计算

（一）概念

点值估计是直接以样本指标作为总体指标的估计值，不考虑误差，仅作为近似的估计。如：

$$\bar{x}=\bar{X} \quad p=P \quad S^2=\sigma^2$$

例如：100 名大学生测得平均身高 $\bar{x}=170$ cm，则由此推断全部大学生的平均身高为 170 cm。

二、区间估计值的计算

（一）概念

区间估计值是在一定把握程度下，根据抽样指标（平均数指标或成数指标）和抽样误差范围，对指标估计值落入的区间范围作出估计。

(二) 计算

1. 总体平均数的区间估计

$$[\bar{x}-\Delta_{\bar{x}}, \bar{x}+\Delta_{\bar{x}}]=[\bar{x}-t\mu_{\bar{x}}, \bar{x}+t\mu_{\bar{x}}] \quad \text{(式 5-18)}$$

(式 5-18)中,$\mu_{\bar{x}}$ 为抽样平均误差;$\Delta_{\bar{x}}$ 为抽样极限误差;t 为概率度。

重复条件下:

$$\left[\bar{x}-t\frac{\sigma}{\sqrt{n}}, \bar{x}+t\frac{\sigma}{\sqrt{n}}\right]$$

不重复条件下:

$$\left[\bar{x}-t\frac{\sigma}{\sqrt{n}}\sqrt{1-\frac{n}{N}}, \bar{x}+t\frac{\sigma}{\sqrt{n}}\sqrt{1-\frac{n}{N}}\right]$$

2. 总体成数的区间估计

$$[p-\Delta_p, p+\Delta_p]=[p-t\mu_p, p+t\mu_p] \quad \text{(式 5-19)}$$

(式 5-19)中,μ_p 为成数抽样平均误差;Δ_p 为成数抽样极限误差;t 为概率度。

重复条件下:

$$\left[p-t\sqrt{\frac{p(1-p)}{n}}, p+t\sqrt{\frac{p(1-p)}{n}}\right]$$

不重复条件下:

$$\left[p-t\sqrt{\frac{p(1-p)}{n}\left(1-\frac{n}{N}\right)}, p+t\sqrt{\frac{p(1-p)}{n}\left(1-\frac{n}{N}\right)}\right]$$

【例题】 某学校进行一次英语测验,为了了解学生的考试情况,随机抽选部分学生进行调查,所得资料如下:

考试成绩(分)	60 以下	60—69	70—79	80—89	90—100
学生人数(人)	10	20	22	40	8

试以 95.45% 的可靠性估计该校学生英语考试的平均成绩的范围及该校学生成绩在 80 分以上的学生所占的比重的范围。

【解】 (1) 该校学生英语考试的平均成绩的范围:

$$\bar{x}=\frac{\sum xf}{\sum f}=\frac{7\,660}{100}=76.6$$

$$\sigma=\sqrt{\frac{f\times\sum(x-\bar{x})^2}{\sum f}}=\sqrt{\frac{12\,944}{100}}=11.377$$

$$\mu=\frac{\sigma}{\sqrt{n}}=\frac{11.377}{\sqrt{100}}=1.137\,7$$

$$\Delta x=t\mu_x=2\times 1.137\,7=2.275\,4$$

该校学生考试的平均成绩的区间范围：

$$\bar{x} - \Delta x \leqslant \bar{X} \leqslant \bar{x} + \Delta x$$
$$76.6 - 2.275\ 4 \leqslant \bar{X} \leqslant 76.6 + 2.275\ 4$$
$$74.32 \leqslant \bar{X} \leqslant 78.89$$

（2）该校学生成绩在 80 分以上的学生所占的比重的范围：

$$p = \frac{n_1}{n} = \frac{48}{100} = 48\%$$

$$\mu_p = \sqrt{\frac{p(1-p)}{n}} = \sqrt{\frac{0.48(1-0.48)}{100}} = 0.049\ 96$$

$$\Delta_p = t\mu_p = 2 \times 0.049\ 96 = 0.099\ 92$$

80 分以上学生所占的比重的范围：

$$P = p \pm \Delta_p = 0.48 \pm 0.099\ 92$$
$$0.380\ 1 \leqslant P \leqslant 0.579\ 9$$

在 95.45% 概率保证程度下，该校学生成绩在 80 分以上的学生所占的比重的范围在 38.01%—57.99%。

本章小结

按照是否覆盖所有的调查对象，调查被分为普查和抽样调查。普查是对调查对象的全部单位（总体）所进行的逐一的、无遗漏的调查，而抽样调查是指从调研总体中抽选出一部分要素作为样本，对样本进行调查，并根据抽样所得的结果推断总体的一种专门性的调查活动。

抽样调查最主要的特点在于其应用科学的方法，在总体中抽取有代表性的调查对象进行调查，克服了普查的组织难和费用高、时间长的缺点，也克服了传统调查方法（如重点调查、典型调查）的主观随意性和样本代表性不强的弱点，具有较强的代表性和科学性，是比较科学和客观的一种调查方法。其优点是时间短、收效快，质量高、可信度好，费用省、易推广；一般程序包括确定调查总体、个体编号、选择调查样本和抽样方法、实施调查和测算结果。

抽样技术指在抽样调查时采用的一定方法，抽选具有代表性的样本，以及各种抽样操作技巧和工作程序等的总称。可以分为随机抽样技术和非随机抽样技术，其中随机抽样技术又可分为简单随机抽样、分群随机抽样、分层随机抽样、等比例抽样、不等比例抽样、等距随机抽样、多阶段随机抽样、固定样本连续抽样等；非随机抽样技术可分为市场普查、任意抽样、重点抽样、典型抽样、判断抽样、配额抽样、独立控制配额抽样、相互控制配额抽样等。

抽样误差是指抽样调查所得的结果与未知的总体指标之间的差异。因为抽样调查是以样本代表总体，以样本综合指标推断总体综合指标，所以抽样误差是不可避免的。抽样误差又可分为技术性误差、代表性误差、系统性代表性误差、偶然性代表性误差；在市场抽样调查中技术性误差和系统性误差是可以避免的,因此常常假设它们不存在,而随机误差是不可避免的,但可以控制。影响抽样误差大小的因素主要包括总体单位之间的标志变异程度,样本单位的数目多少,抽样方法与抽样组织形式。

一、抽样平均误差的计算

（一）平均数重复抽样误差的计算

$$\mu_{\bar{x}} = \frac{\sigma}{\sqrt{n}}$$

（二）平均数不重复抽样误差的计算

$$\mu_{\bar{x}} \approx \sqrt{\frac{\sigma^2}{n}\left(1-\frac{n}{N}\right)} = \frac{\sigma}{\sqrt{n}}\sqrt{1-\frac{n}{N}}$$

（三）成数重复抽样误差的计算

$$\mu_p = \sqrt{\frac{p(1-p)}{n}}$$

（四）成数不重复抽样误差的计算

$$\mu_p \approx \sqrt{\frac{p(1-p)}{n}\left(1-\frac{n}{N}\right)}$$

二、抽样极限误差

（一）抽样极限误差:是一定概率下抽样误差的可能范围,是样本指标与总体指标之间的离差的绝对值,其概念可以表示为:

$$|\bar{x} - \bar{X}| \leqslant \Delta\bar{x}$$
$$|p - P| \leqslant \Delta p$$

（二）如果计算出抽样极限误差,就可以推断出在一定的概率条件下总体指标的数值范围,具体为:

$$\bar{x} - \Delta\bar{x} \leqslant \bar{X} \leqslant \bar{x} + \Delta x$$
$$p - \Delta p \leqslant P \leqslant p + \Delta p$$

三、抽样概率度

抽样极限误差是样本指标和总体指标值的离差的绝对值,而抽样平均误差是所有可能样本指标值与总体指标值之间的平均离差,所以它们之间存在一定的联系。

抽样概率度:是用抽样极限误差除以抽样平均误差,以相对数的形式表明误差程度。

$$t = \frac{\Delta\bar{x}}{\mu_{\bar{x}}} \quad 或 \quad t = \frac{\Delta p}{\mu_p}$$

四、抽样数目计算

抽样数目是指抽样单位数,在随机抽样时必须确定的必要样本数。样本数过多,浪费人力、物力、财力和时间;抽样数目过少,会影响调查结果的精确度,造成较大误差,所以确定必要的样本数目极为重要。

(一)平均数指标重复抽样数目的计算

$$n = \frac{t^2 \sigma^2}{\Delta_{\bar{x}}^2}$$

(二)平均数指标不重复抽样数目的计算

$$n = \frac{N t^2 \sigma^2}{\Delta_{\bar{x}}^2 N + t^2 \sigma^2}$$

(三)成数指标重复抽样数目的计算

$$n = \frac{t^2 p(1-p)}{\mu_p^2}$$

(四)成数指标不重复抽样数目的计算

$$n = \frac{N t^2 p(1-p)}{\Delta_p^2 N + t^2 p(1-p)}$$

思考题

1. 什么是普查和抽样调查?各有什么特点?
2. 随机抽样技术分哪几类?各有什么优缺点?
3. 非随机抽样技术分哪几类?各有什么优缺点?
4. 什么是分层随机抽样技术和整群抽样技术?两者有什么区别?
5. 什么是抽样误差?抽样误差主要分哪几类?
6. 什么是抽样概率度、抽样极限误差和抽样平均误差?三者间的关系如何?
7. 什么是点值估计与区间估计?

第六章

调查实施与数据整理

 学习目标

- 了解调查实施的内容和作用;
- 了解调查实施进行管理与控制的内容和步骤;
- 了解数据整理的内容和步骤;
- 理解校编的内容和重点;
- 理解对数据进行分类的方法;
- 理解编码的意义与编码明细表的编制;
- 掌握在 SPSS 系统下输入调查数据;
- 掌握制表和计算样本描述性统计值。

第一节 调查实施的控制方法

调查实施是指市场调查与预测的组织管理者,通过自己组织调查人员或雇请调查公司进行实际收集数据的工作。调查实施的管理与控制过程包括选择调查员、培训调查员、监控调查员、现场核实和评估调查员。

一、调查实施计划的确立

调查实施计划是整个调查研究活动的行动指南,是指调查研究开始前预先拟定的规划蓝图和行动方案。它的内容一般包括:

(1) 调查研究的目的和指导思想;
(2) 调查研究的项目和对象;
(3) 调查研究的方式和方法;
(4) 调查研究的步骤和时间安排;
(5) 调查研究的组织准备和分工;

(6) 调查研究的费用和经费来源；

(7) 调查研究的物资准备等。

如果没有一个科学、完整的调查计划，调查研究活动就可能陷入盲目性。调查计划是实施调查研究的依据，它必须符合下列要求：

(1) 实在、具体。所谓实在，是指计划本着实事求是的原则而制定，并能逐项落实；所谓具体，是指计划本身具有可操作性，能直接应用于实际的调研活动。

(2) 合理、可行。所谓合理，是指计划在程序安排方面具有逻辑性，时间、人力、物力安排符合经济原则；所谓可行，是指计划符合实际，能够按计划办事。

(3) 简洁明白。计划的表述忌冗长复杂、含混不清，可采用条款式表述。

(4) 讲求时效。要不失时机，抓住最佳调查时期；要当机立断，不拖延计划的制订；要恰当安排调查时间的长短。

(5) 留有余地。制定计划绝不能有缺口，要适当留有余地。

二、调查法的选择与应用

调查法是指有目的、有计划、有系统地搜集有关研究对象的社会现实或历史状况材料的方法，使调查者对调查对象形成客观、系统的了解。调查法主要包括：

(1) 定点统计调查法。在固定地点设立机构对某个项目进行统计调查。定点统计调查可以使收集的数据广泛、具有代表性。

(2) 现场调查法。经过培训的调查人员在现场（入户调查、拦截访问和观察法）或在办公室（电话调查、邮寄问卷、电子邮件调查和网上调查）最终完成的调查工作。它是一套完整、有效且全面的方法，用于了解在日常生活情景中细微的用户行为。需要在资源充足，且需要对调查对象有更深刻的理解时应用。

(3) 直接面谈法。面谈应注意访谈方法的权变性。根据研究主题的不同，可以采取结构性访谈、半结构性访谈和开放性访谈。因被访谈者个体特征的差异性（如理解差异、口头表达能力等），在具体访谈过程中应适当调整原先设定的方法，并对原先设计过程中可能出现的遗漏或失误进行修正。

(4) 检查表法。用于调查、收集、整理数据，为其他数据统计方法提供基础数据和质量分析原因的一种工具。如表 6-1 为工作检查表，状态栏的标识可以分为完成(O)：被检查的条目已执行完成；中止(C)：被检查的条目异常结束；继续(T)：被检查的条目将被转入下一阶段的检查表中。

表 6-1 检查表

序号	条目	状态	备注
填表人：		填表日期：	

三、问卷回收与回答偏斜估计

问卷回收是指在剔除废卷的同时,统计有效问卷的回收率,如表 6-2 所示。为保证结论的可靠性,可作小范围的跟踪调查,了解未回答部分被调查者的基本看法,以防止问卷结果分析的片面性。有效问卷回收情况如表 6-2 所示。

表 6-2 有效问卷回收情况

有效问卷回收率	30%左右	50%—69%	70%以上
结果	资料只能作为参考	可采纳建议	可作为研究结论的依据
	再次实施调查		

答案中的偏斜是指被调查者未真实地反映事情的客观情况。因此,对回收的问卷应作出偏斜估计。主要包括以下四种情形:

(1) 装假倾向。装假倾向通常分为两种情况:其一是提问涉及隐私,使回答者难以回答而作出不真实反映;其二是当问及有关社会不容忍的态度或行为时,回答者按社会认可的方式故意作出符合社会倾向的回答。

(2) 默认倾向。问卷中的所有选项为被调查者提供了一个预定的框架,无论提问内容如何,都只能回答"是"或"不是"。

(3) 道义理论与事实相悖。

(4) 无回答。分为所有项目不答与部分项目不答。此时需要分析具体原因(表示回避倾向、判断力不足、项目过多、内容过于复杂、问题不便于理解等)。若不回答者过多,则需修改栏目。

第二节 数 据 整 理

数据整理由数据的校编、分类、编码、录入以及制表和计算统计值等步骤组成。

一、校编

(一) 校编的定义

校编是对数据进行校对和筛选的过程,目的是消除数据中的错误或含糊不清之处,使数据更加清晰准确。校编工作一般在数据收集过程中或完成之后立即进行。

(二) 校编的分类

1. 实地校编

由现场管理人员在数据收集过程中随时执行,主要任务是发现数据中明显的错漏之处以及寻找解决错漏问题的方法。

2. 办公室校编

由调查组织者和指定专人在数据收集完成之后立即执行，主要目的是审查和校正收回的全部数据。

(三) 校编工作的重点

1. 数据的易读性

数据必须清晰易辨。一旦发现不清楚的答案应该立即校对，若不能核对，作为缺项处理。

2. 数据的完整性

问卷上的所有问题都应该有答案，如果存在大量未答现象，则数据就欠缺完整。部分未答的现象，若情况允许，可以再次向填写者询问；若情况不允许，则需要将遗漏的数据作为缺项处理。若占比太大，则会影响数据的完整性，这时有三种处理方法：第一，将这类答案按比例分配到其他答案下；第二，单独列为一项；第三，根据其他问题答案的百分比分布推断。

3. 数据的一致性

一份问卷中的各答案之间要前后一致，不能互相矛盾。

4. 数据的准确性

检查返还的问卷中是否存在询问者偏见和欺骗行为。一旦出现此类问题，为了保证数据的准确性，必须将其删除。

二、分类

分类是研究的基础。分类是否科学直接影响到研究结果是否真实。分类时应遵循以下原则：

(1) 类别之间应该有明显的区别。

(2) 在类别的内部某一特征的数据应该尽量保持相同或相近。

(3) 分类要详尽，不能漏掉重要的研究对象。

三、编码

(一) 编码的定义

编码是指在分类的基础上用数字代表类别。

(二) 编码的类型

1. 预先编码法

使用多项选择或二分法问题常常采用预先编码法为类编编码。

2. 事后编码法

一些无法预先编码的问题，采用事后编码法。

(三) 编码的步骤

以事后编码法为例：

(1) 列出所有答案。

(2) 将所有有意义的答案列成频数分布表。

(3) 从调查目的出发,确定可以接受的分组数。

(4) 根据拟定的组数,对整理出来的答案进行挑选归并。要保留频数多的答案,归并频数少的答案,以"其他"来概括那些难以归并的答案。

(5) 为最终确定的分组选择正式的描述词汇。

(6) 根据分组结果指定编码规则,进行编码。

编码范例:

A1. 您的性别:① 男　② 女
A2. 您的婚姻状况:
① 未婚　② 已婚　③ 离异　④ 丧偶
A3. 您是哪一年到该市打工的?＿＿年
A4. 您现在的工作是:＿＿＿＿＿＿

编码明细表:

Q1. 有无笔记本电脑

　　1＝有

　　2＝没有

Q2. 笔记本电脑的购买时间

　　1＝半年内

　　2＝半年至一年

　　3＝一年至两年

　　4＝两年以上

Q3. 笔记本电脑的品牌

　　1＝A品牌

　　2＝B品牌

　　3＝C品牌

　　4＝D品牌

　　5＝E品牌

　　6＝其他品牌

Q4. 品牌推荐人

　　1＝丈夫

　　2＝妻子

　　3＝孩子

　　4＝朋友

　　5＝计算机销售人员

　　6＝同学

　　7＝同事

　　8＝其他人

Q5. 购买品牌的原因
　　1＝质量好
　　2＝外形美观

四、录入

(一) 录入的定义

录入指调查人员按照某种计算机软件的格式将调查数据输入计算机的过程。

(二) 录入数据常用的计算机软件和数据格式

SPSS(C. sv)：SPSS for Windows 版本的数据格式；
SPSS/PC＋(＊.sys)：SPSS for DOS 版本的数据格式；
SPSS Portable(＊.por)：SPSS for Windows 版本的 ASCII 码数据格式；
Tadeimited(.dat)：用空格分割的 ASCII 码数据格式；
Fixed ASCII(＊.dat)：混合 ASCII 码数据格式；
Excel(＊.xls)：Excel 的数据格式；
1-2-3 Rel 3.0(＊.wk3)：Lotus 3.0 版本的数据格式；
1-2-3 Rel 2.0(＊.wkl)：Lotus 2.0 版本的数据格式；
1-2-3 Rel 1.0(＊.wks)：Lotus 1.0 版本的数据格式；
SYLK(＊.slk)：扩展方式电子表格的数据格式；
dBASE Ⅳ(＊.dbf)：dBASE Ⅳ 版本的数据格式；
dBASE Ⅲ(￥.dbf)：dBASE Ⅲ 版本的数据格式；
dBASE Ⅱ(＊.dbf)：dBASE I 版本的数据格式。

五、制表

(一) 制表的目的

制表的目的在于归纳和整理原始数据，使其成为一种适合分析和使用的表格形式。

(二) 常用的制表方法

1. 平行列表

平行列表旨在列出调查结果在某一些特性上单独呈现的状况，以某次学校调查为例，制作平行表如表 6-3 所示。

表 6-3　平行列表举例

统计指标及分类指标		人数(人)	占比(％)
性别	男	131	33.1
	女	265	66.9

(续表)

统计指标及分类指标		人数(人)	占比(%)
学生分类	本科生	354	89.4
	研究生	42	10.6
家庭住址	省会级城市	127	32.1
	地县级城市	167	42.2
	农村	102	25.8

2. 交叉列表

交叉列表表示两种或两种以上特性相互交叉的调查结果,根据学生对运动鞋、手机、饮用水的喜爱进行统计,结果如表 6-4 所示。

表 6-4 交叉列表举例

运动鞋			手机			饮用水		
品牌	喜爱	排序	品牌	喜爱	排序	品牌	喜爱	排序
双星	4.01	7	波导	4.17	6	娃哈哈	5.50	2
耐克	4.87	3	摩托罗拉	5.42	3	天与地	5.31	3
李宁	5.34	2	科健	3.90	7	乐百事	4.64	5
阿迪达斯	5.65	1	爱立信	4.40	5	雀巢	4.86	4
回力	3.93	8	东信	3.89	8	农夫山泉	5.56	1
锐步	4.44	4	诺基亚	5.89	1			
波特	4.36	6	TCL	4.53	4			
匡威	4.42	5	三星	5.46	2			
威廉	3.67	9						

六、计算统计值

(一) 计算统计值的定义

数据整理的最后一步就是计算调查数据的描述性统计值,这些统计值描述数据的基本特性是进行各种分析的基础。

(二) 描述性统计值的分类

1. 描述数据的中心趋势

(1) 平均值:描述等差量表数据或等比量表数据的中心趋势。简单随机样本的平均值等于样本各单位数值之和除以样本单位数。

(2) 中位数:描述顺序量表数据的中心趋势。按某种特性为样本各单位排序,中间单位的数值即为中位数。

（3）众数：描述类别量表数据的中心趋势，指样本各类别中出现频率最高的一个类别。若用来描述等差量表数据或等比量表数据的中心趋势，则指一组数字中出现最多的那个数值。

2. 描述数据的离散程度

（1）全距：一组数据中最大值与最小值之间的区间。标准差是方差的平方根，两者都可以用于描述等差量表数据或等比量表数据的离散程度。

（2）四分位差：顺序量表数据中处于75%位置上的数值与处于25%位置上的数值之差，用于描述顺序量表数据的离散程度。

（3）频率：一种类别的数据在全部数据中出现的百分比，可以用于描述类别量表数据的离散程度。

第三节　应用 SPSS 软件输入、调用和存储数据

SPSS 是英文 Statistics Package for Social Science 的缩写，是计算机在 Windows 系统下运行的社会科学统计软件包。作为当前国际最流行的三大统计分析软件之一，SPSS 被广泛运用于宏观与微观经济分析、管理决策制定、管理信息分析以及各种数据处理与分析工作之中。

一、SPSS 的特点

（1）操作简便。SPSS 除数据输入需要通过键盘完成外，其他绝大多数的操作都通过菜单、按钮、对话框等完成，操作起来非常简单。

（2）用户友好界面。因为使用完全的 Windows 界面，无须使用者编写程序，更便于使用者掌握统计分析的技能和进行统计分析。

（3）不断增强的统计分析和计算功能。随着 SPSS 版本的不断更新，各种统计分析功能不断加强，使得软件的分析功能越来越强大。

（4）丰富的图表表达功能。SPSS 除了具有强大的统计分析和计算功能以外，还有多种图表制作与表达的功能，可以使研究者撰写的调查与预测报告达到图文并茂的效果。

二、SPSS 的主菜单及其使用

在 Windows 的程序管理器中双击 SPSS 图标，打开 SPSS 程序组；选择 SPSS 图标并双击，即可启动 SPSS。SPSS 启动成功后，即出现 SPSS 的主画面，被称为数据编辑窗口。它是一个可扩展的平面二维表格，如图 6-1 所示。

SPSS 的 10 个主菜单的功能如下：

（1）文件（F），文件管理菜单，包括文件的调入、存储、显示和打印等功能；

（2）编辑（E），编辑菜单，包括文本内容的选择、拷贝、剪贴、寻找和替换等功能；

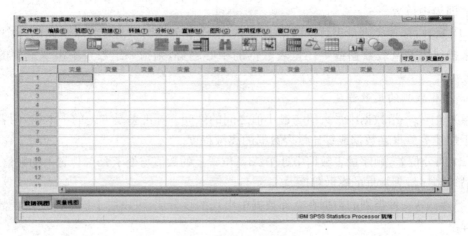

图 6-1　SPSS 的启动窗口

（3）视图（V），视图菜单，包括状态、工具、字体设置选择和变量值标识等功能；

（4）数据（D），数据管理菜单，包括数据变量定义、数据格式选定、观察对象的选择、排序、加权、数据文件的转换、连接、汇总等功能；

（5）转换（T），数据转换处理菜单，包括数值的计算、重新赋值、缺失值替代等功能；

（6）分析（A），统计分析菜单，包括统计报表、描述性统计分析、均值比较、一般线性模型、相关分析、回归分析、对数线性分析、分类分析、数据简化分析、量表分析、非参数检验等各种统计方法的应用功能；

（7）图形（G），制图菜单，包括绘制交互图、条形图、线图、面积图、饼图、帕累托图、箱型图、散点图、直方图和时间序列图等功能；

（8）实用程序（U），用户选项菜单，包括命令解释、字体选择、文件信息、定义输出标题、窗口设计等功能；

（9）窗口（W），窗口管理菜单，包括窗口的排列、选择、显示等功能；

（10）帮助，求助菜单，包括使用 SPSS 软件的各种信息和文件，以备使用者随时调用。

三、SPSS 的数据输入

（一）建立 SPSS 数据库

将调查获得的数据录入 SPSS 数据文件中，第一步是要建立 SPSS 数据文件。打开 SPSS，出现图 6-2 的画面。输入任何数据，然后点击图中"文件（F）"菜单，就可得到如图 6-2 所示的画面。点击"保存"或"另存为（A）…"，就会出现一个对话框，让使用者为文件命名。在文件命名完成并储存以后，这个 SPSS 数据文件就建立起来并随时可以调用了。

（二）定义变量和数据格式化

在正式录入数据之前，一般需要先逐个定义变量和将数据格式化。

具体的操作方法如下：首先，激活数据编辑窗口，出现图 6-2 的画面。然后，在画面的下部点击"变量视图"按钮，出现如图 6-3 所示的画面。其中，在二维表格的上边是 10 个键，d

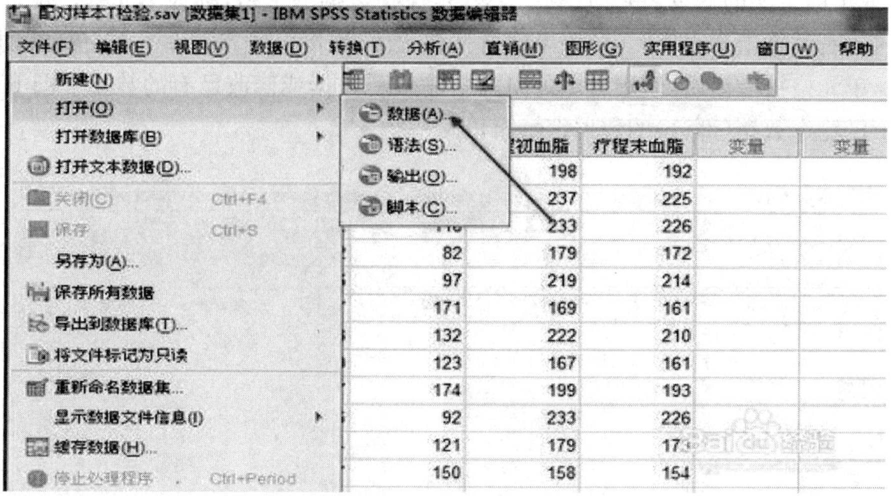

图 6-2 建立 SPSS 数据文件

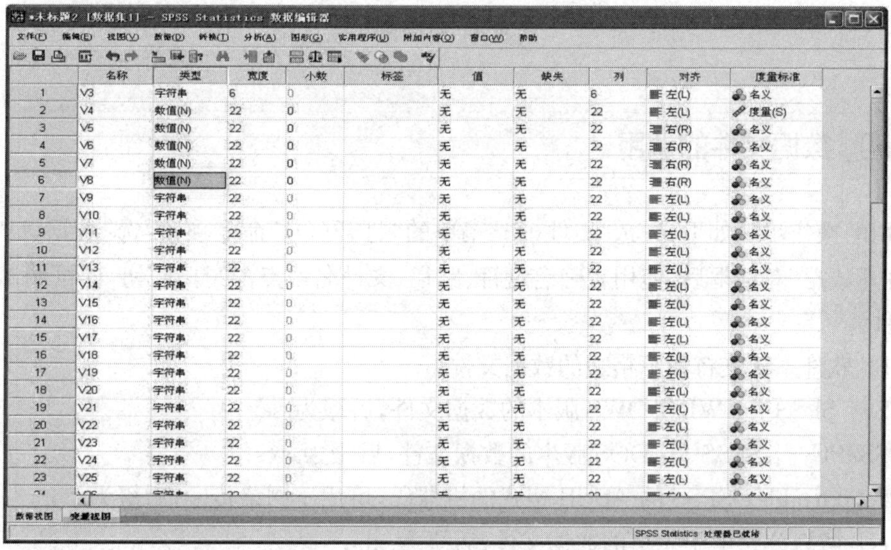

图 6-3 定义变量和数据格式化

用于定义变量和数据的格式化。它们分别是名称(定义变量名称)、类型(定义变量类别)、宽度(定义变量宽度)、小数(定义变量值的小数位数)、标签(定义变量标签)、值(定义变量的重要性)、缺失(定义缺失值)、列(定义数据排列方式)、对齐(定义对齐格式)和度量标准(定义量表种类)。最后,根据需要为变量命名、标签和对数据格式化。

(三) 数据输入

定义好变量并格式化数据之后,即可向数据编辑窗口键入原始数据。用鼠标点击图 6-3 中的"数据视图"键,回到图 6-1 所示的数据编辑窗口。数据编辑窗口的主要部分是一个电子表格,横方向以 1、2、3、……、n 表示第 1、2、3、…、n 行;纵方向表示第 1、2、3、……、m

个变量(或事前定义的变量名)。行列交叉处是保存数据的空格,称为单元格。鼠标移入电子表格内用右键点击某一单元格,该单元格就被激活;也可以按方向键上下左右移动来激活单元格。单元格被激活后,使用者即可向其中输入新数据或修改已有的数据。图 6-4 显示的是一个已输入数据(部分)的数据编辑窗口。

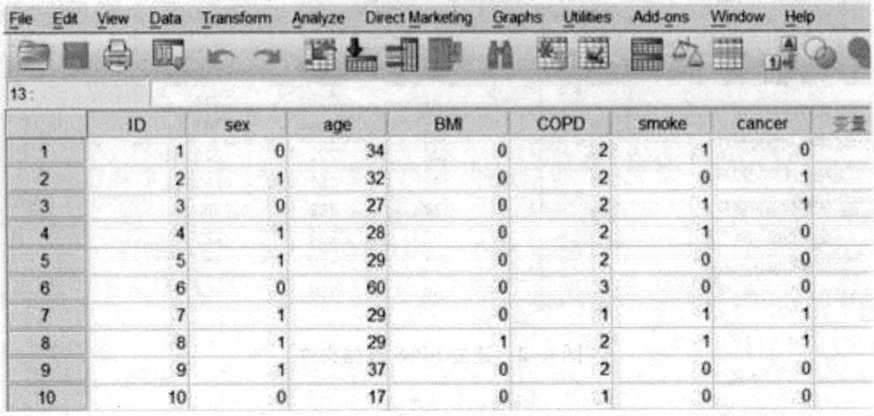

	ID	sex	age	BMI	COPD	smoke	cancer	变量
1	1	0	34	0	2	1	0	
2	2	1	32	0	2	0	1	
3	3	0	27	0	2	1	1	
4	4	1	28	0	2	1	0	
5	5	1	29	0	2	0	0	
6	6	0	60	0	3	0	0	
7	7	1	29	0	1	1	1	
8	8	1	29	1	2	1	1	
9	9	1	37	0	2	0	0	
10	10	0	17	0	1	0	0	

图 6-4　数据输入

四、数据文件的调用

调用的操作步骤如下:先选"文件(F)"菜单的"打开(O)"命令项,再选"数据(D)"项;在弹出"打开数据"对话框后,使用者确定盘符、路径、文件名后点击"打开"钮,即可调出需要的数据文件。

SPSS 软件系统支持如下格式的数据文件:

SPSS: SPSS for WINDOWS 版本的数据文件,后缀为.sav;

SPSS/PC+: SPSS for DOS 版本的数据文件,后缀为.sys;

SPSS portable: SPSS 的 ASCII 格式的机器码,可用于网络传输,后缀为.por;

Excel:微软公司电子表格的数据文件,后缀为.xls;

Lotus: 莲花公司电子表格的数据文件,后缀为.w*;

SYLK: 扩展格式电子表格的 ASCII 格式,后缀为.slk;

dBASE: 数据库的数据文件,后缀为.dbf;

Tab-delimited: 以空格为分隔的 ASCII 格式的数据文件,后为.dat。

五、数据文件的保存

在数据输入或分析的过程中,无论何时(如完成统计后、未做任何分析前或数据尚未输完之时),使用者均可将数据文件保存起来,以便再次使用。例如,可以用于下次追加数据,进行其他的统计分析,或者转成其他格式的数据文件供别的软件使用。

操作步骤如下：先选"文件(F)"菜单的"另存为(A)…"命令项，弹出"将数据另存为"对话框；使用者在确定盘符、路径、文件名以及文件格式后点击"保存"按钮，即可保存数据文件，如图 6-5 所示。通过点击"保存类型"框的下箭头，使用者可以选择确定完成下列格式数据文件的存放：

SPSS(*.sav)：SPSS for WINDOWS 版本的数据格式；
SPSS/PC+(*.sys)：SPSS for DOS 版本的数据格式；
SPSS Portable(*.por)：SPSS for WINDOWS 版本的 ASCII 码数据格式；
Tab-delimited(*.dat)：用空格分割的 ASCII 码数据格式；
Fixed ASCII(*.dat)：混合 ASCII 码数据格式；
Excel(*.xls)：Excel 的数据格式；
1-2-3 Rel 3.0(*.wk3)：Lotus 3.0 版本的数据格式；
1-2-3 Rel 2.0(*.wkl)：Lotus 2.0 版本的数据格式；
1-2-3 Rel 2.0(*.wks)：Lotus 1.0 版本的数据格式；
SYLK(*.slk)：扩展方式电子表格的数据格式；
dBASE Ⅳ(*.dbf)：dBASE Ⅳ 版本的数据格式；
dBASE Ⅲ(*.dbf)：dBASE Ⅲ 版本的数据格式；
dBASE Ⅱ(*.dbf)：dBASE Ⅱ 版本的数据格式。

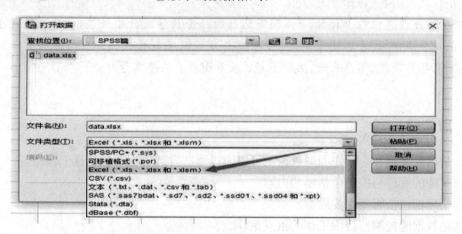

图 6-5　数据文件保存

本章小结

　　调查实施是正式的调查方案具体执行的过程。调查人员可以通过入户走访、商场拦截等方式，在现场完成调查工作，也可以通过电话访谈、邮寄问卷和发电子邮件等方法，在办公室完成调查工作。
　　对调查实施的管理与控制包括选择调查员、培训调查员、监控调查员、现场核实和评估调查员等内容。

数据整理由数据的校编、分类、编号和录入以及制表和计算统计值等步骤组成。校编是对数据进行校对和筛选的过程,目的是消除数据中的错误或含糊不清之处,使数据更加准确。校编工作的重点是数据资料的易读性、完整性、一致性和准确性。

分类是根据事物的特性对所研究的事物归类划分的活动。科学分类应遵循三个原则:(1)各类别之间有明显差异;(2)相同或近似的反应数据归于同一类;(3)分类详尽。

编号是指在分类的基础上用数字代表类别。使用多项选择或二分法时,多采用预先编号法;采用填空式问题或开放式问题时,只能用事后编号法。

编号明细表是一份说明问卷中各个问题的答案(变量)与计算机数据文件中的字段、数码位数及数码之间一一对应关系的文件。有了编号明细表,就可以方便地录入数据并在必要时查看计算机数据文件中符号与数字的含义。

录入指调查人员按照某种计算机软件的格式将调查数据输入计算机的过程。制表的目的在于归纳和整理原始数据,使其成为一种宜于分析和使用的表格形式。常用的制表方式有两种,一种叫平行列表,一种叫交叉列表。平行列表旨在列出调查结果在某一些特性上单独呈现的状况;交叉列表表示两种或两种以上特性相互交叉的调查结果。

计算统计值即计算调查数据的描述性统计值。描述性统计值有两类:一类是描述数据中心趋势的,如众数、平均值和中位数;另一类是描述数据离散程度的,如全距(最大最小值之间的差)和标准差(或方差)。

SPSS 是计算机在 Windows 系统下运行的社会科学统计软件包,被广泛运用于宏观与微观经济分析、管理决策制定、管理信息分析以及各种数据处理与分析的工作之中。它有操作简便、用户友好、功能不断扩展和图表表达丰富等特点。

思考题

1. 什么是调查实施?举例说明调查人员可以通过哪些方式进行现场调查工作?
2. 调查实施的管理与控制包括哪些内容?
3. 数据整理都包括哪些主要内容?
4. 什么是数据的校编?校编工作的重点是什么?
5. 找一份问卷,对问卷中问题的答案进行分类,并编写编号明细表。
6. 找一组数据,在 SPSS 系统下将其输入。
7. 用一组实际数据制作一个平行列表和一个交叉列表。
8. 在 SPSS 系统下建立、调用和存储一个数据文件。

第七章

市场预测方法

 学习目标

- 了解市场预测的内涵以及市场预测与市场调查的关系；
- 了解市场预测在企业营销决策中的作用；
- 理解定性市场预测与定量市场预测的主要区别；
- 掌握定性市场预测的主要方法；
- 掌握时间序列预测的主要方法；
- 掌握因果关系分析预测的主要方法。

预测是人们对未来的不确定事件进行推断和预见的一种认识活动,其目的是降低人们社会实践活动的决策风险,趋利避害。在第二章为市场调查与预测分类时曾经指出,市场调查与预测可以分为探测性调研、描述性调研、因果关系调研和预测性调研四种类型。其中,预测性调研的主要目的就是预测未来一定时期内某一因素变动的趋势及其对企业营销活动的影响。因此,预测性调研也就是这里所讲的市场预测。另外,市场预测本身就是数据分析的一个组成部分。它是用某事物现有的数据推断这一事物或与其相关的其他事物未来发展变化的趋势。因此,市场预测并不是独立于市场调查的一种活动,而是市场调查活动的延续,与市场调查共同组成一套为企业营销活动收集、加工和提供信息的程序。本章首先对市场预测做一个概述,然后分别介绍定性预测法、时间序列预测法和因果关系分析预测。

第一节 市场预测概述

一、市场预测的定义

市场预测就是在进行市场调研、掌握信息的基础上,运用科学的预测方法,对市场发展的未来趋势进行分析、预计、测算和判断,得出符合逻辑的结论的活动。

二、市场预测的类型

1. 按时间长短分类

主要分为短期预测、中期预测和长期预测。

2. 按预测目的分类

主要分为单项商品预测、同类商品预测、分消费对象的商品预测和商品总量预测。

3. 按市场预测的空间区域分类

主要分为国际市场预测和国内市场预测。

4. 按预测主体分类

主要分为宏观预测和微观预测。

5. 按预测性质分类

主要分为定性预测和定量预测,其中,定性预测是一种直观预测,是以逻辑判断为主的预测方法;定量预测是根据足够的统计数据,并假定这些数据资料所描述的趋势或现象间的关系在未来仍然适用的基础上,运用各种数学模型预测未来的一种方法。定量预测按方法的性质不同可分为时间序列预测和回归预测。

第二节 定性预测法

一、定性预测法概述

(一)定性预测法的内涵

定性预测法又称判断预测法,是指预测者依靠熟悉业务知识、具有丰富经验和综合分析能力的人员与专家,根据已掌握的历史资料和直观材料,运用个人的经验和分析判断能力,综合各方面的意见,对某种市场现象的未来发展状况或运动变化趋势进行预见和推断。

(二)定性预测法的优缺点

1. 定性预测法特点

(1)着重对事物发展的性质进行预测,主要凭借人的经验以及分析能力。

(2)着重对事物发展的趋势、方向和重大转折点进行预测。

2. 定性预测法的优缺点

(1)优点:注重于事物发展在性质方面的预测,具有较大的灵活性、科学性,适用范围广且直接可靠,易于充分发挥人的主观能动作用,市场预测快速敏捷,预测费用低,时效性强,对市场行情变化错综复杂、缺乏数据资料或市场现象模糊不清难于进行定量分析等情况,做出独特推测功能的经验判断。

(2)缺点:易受主观因素的影响,比较注重人的经验和主观判断能力,从而易受人的知识、经验和能力的束缚和限制，尤其是缺乏对事物发展做数量上的精确描述，从而产生主观片面性。

（三）定性预测法应注意的问题

由于定性预测法主要靠预测者的经验和判断能力，易受主观因素的影响。

（1）应加强调查研究，努力掌握影响事物发展的有利条件、不利因素和各种情况，从而使对事物或经济发展前景的分析判断更加接近实际。

（2）在进行搜集资料时，应做到数据和情况并重，使定性分析定量化，也就是通过质的分析进行量的估计，进行有数据、有情况的分析判断，提高定性预测的说服力。

在掌握的数据不多、不够精确或主要影响因素难以用数字描述，无法进行定量分析时，定性预测法就是一种行之有效的预测方法。定性预测的主要方法有指标法、图形法、个人直观判断法、集体经验判断法、专家判断法等。

二、领先指标法

指标法又称朴素预测法，是通过一些通俗的统计指标，利用最简单的统计处理方法和有限的数据资料进行预测的一种方法。这些统计指标包括平均数、增减量、平均增减量等。这里只介绍领先指标法的预测运用。

（一）领先指标法的概念

领先指标法是指根据各种相互关联的经济现象或经济指标在时间序列上变化的先后顺序，以先行变化的经济现象或经济指标的发展趋势，来估计和推断另一后继变化的经济现象或经济指标的大致走向并做出预测结果的一种方法。领先指标法不仅可以预测经济的发展趋势，而且可以预测其转折点。

这些相互关联的经济指标按其在时间序列上变化的先后顺序可以分为领先指标、同步指标和滞后指标。

（1）领先指标是一系列相互关联的经济指标中首先发生转折性变化的指标。这类指标是进行市场预测的主要依据。例如，管道供应公司发现，它的销售额变化的时间总是在房屋开工指数变化大约4个月之后。于是，房屋开工指数就成为管道供应公司预测其市场需求的一个非常有用的领先指标。

（2）同步指标是一系列相互联系的指标中同时发生转折性变化的指标。例如，基本建设中钢材、水泥和木材3大材料的需求量是同步指标，各需求量之间有较为固定的比例关系。如果其中某种材料的生产或供应能力有限，则另外两种材料的需求也将受到限制。

（3）滞后指标是一系列相互联系的指标中最后发生转折性变化的指标。例如，某企业的业绩上升总是滞后于大量订货、工人加班加点、大量雇用工人的过程之后。

（二）领先指标法的预测步骤

如何运用领先指标法呢？下面以一个案例进行说明。

某市人均年收入为X，人均年生活资料消费额为Y，两者具有一定的函数关系，按时间序列排列的信息资料如表7-1所示，当2012年该市人均年收入达到30 000元的情况下，要求用领先指标法预测该市 2013 年人均年生活资料消费额。

表 7-1　某市人均年收入与人均年生活资料消费额汇总表

单位：元

年份 t	2007	2008	2009	2010	2011	2012
人均年收入 X_t	22 000	25 500	24 000	28 000	26 500	30 000
人均年生活资料消费额 Y_t	3 600	3 450	4 100	3 900	4 500	4 200

预测 2013 年人均年生活资料消费额的步骤如下：

(1) 确定关系和计算领先时间。通过画图（见图 7-1、图 7-2）分析 X 和 Y 6 年来的时间序列是否存在一定的关系。

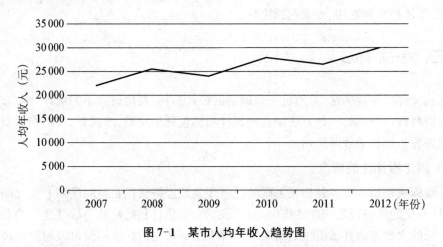

图 7-1　某市人均年收入趋势图

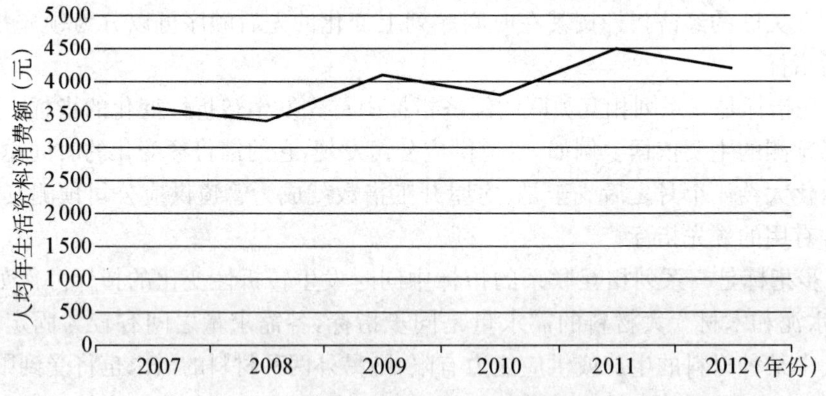

图 7-2　某市人均年生活资料消费额趋势图

可以看出，该市人均年收入 X 与人均年生活资料消费额 Y 在整体变化的趋势上比较一致。在 2007 年的时候，人均年收入处于最低点的位置，而人均年生活资料消费额在 2008 年时才达到最低点的位置。以后的几年中，人均年生活资料消费额表现出来的变化总是慢于人均年收入水平的变化，在时间上表现为延迟 1 年。

(2) 确定领先指标与预测对象之间的比率关系系数。本例采用简单的定性方法来确定两者之间的函数关系,因为领先指标领先的时间为 1 年,所以,可以通过计算人均年收入与人均年生活资料消费额之间的环比指数 k,来确定两者之间的比率关系系数。一般公式为:

$$k_t = \frac{Y_{t+T}}{X_t} \qquad (式\ 7\text{-}1)$$

(式 7-1)中,$t=1$ 为领先时间间隔;T 为 X_t 的领先时间。

可求得 $k_{2007} = Y_{2007+1} \div X_{2007} = 3\ 450 \div 22\ 000 = 0.156\ 8$,则:

$$\bar{k}_t = (0.156\ 8 + 0.160\ 8 + 0.162\ 5 + 0.160\ 7 + 0.158\ 5) \div 5 = 0.159\ 9$$

计算结果表明,该市居民平均每有 100 元的收入,其中就有 16 元用于生活资料的消费。

(3) 进行预测。在 2012 年人均年收入 30 000 元的情况下,2013 年的人均年生活资料消费额为:

$$\hat{Y}_{2013} = X_{2012} \bar{k}_t = 30\ 000 \times 0.159\ 9 = 4\ 797(元)$$

(三) 领先指标法的局限性

领先指标法是建立在领先指标和滞后指标之间变化趋势相似,在发展的过程中没有大幅度的、无规律的变动以及两者处在呈正比例的关系的基础上,然后用环比指数进行预测的。其实,在变化莫测的市场中,并不是每一组领先指标和滞后指标的关系都表现为上述情况,而且这种时间上的继起关系不是一成不变的,一般来说,用领先指标法进行预测有以下三个方面的局限性:

(1) 可预测行情的转折点,但至多只能指示未来变动方向,对变化幅度难以揭示。

(2) 只是时态上的领先,只能成为行情上升或下降的先兆,并不一定就是经济周期变动的信号,还有许多非周期性变化。

(3) 个别领先指标波动频繁,甚至会发生偏离,使观察分析产生困难;另外,用何种方法编制指数存在的主观分析具有任意性。

三、个人直观判断法

个人直观判断法又称个人经验判断法,是指凭借个人的经验、直觉、知识和综合分析能力,对预测目标的未来发展趋势做出判断。这种判断的准确性很大程度上取决于预测人员的逻辑推理能力和直觉准确性。推断的成功率或准确性往往取决于个人所掌握资料的情况和其分析、综合与逻辑推理能力。其优点是能利用专家个人的创造能力,不受外界影响,简单易行,费用也不多。但是,容易受专家的知识面、知识深度、占有资料是否充分以及对预测问题有无兴趣所左右,难免带有片面性。专家的个人意见往往容易忽略或贬低相邻部门或相邻学科的研究成果,专家之间的当面讨论又可能产生不和谐。因此,这种方法最好与其他方法结合使用,让被调查的专家之间不发生直接联系,并给时间让专家反复修改个人的见解,才能取得较好的效果。按照比较分析方法的不同,个人直观判断法可以划分为相关推断法和对比推断法。

(一) 相关推断法

相关推断法就是根据事物之间的相关关系,从已知现象的发展趋势推断预测对象的未来发展动向。在运用相关推断法时,首先要依据理论分析或实践经验,找出与预测对象相关的各种因素,然后根据事物之间内在的联系(如相关关系或因果关系),对预测对象进行推断。具体的方法有时间关系推断、相关变动方向推断和多因素综合推断。

1. 时间关系推断

利用事物变化在时间上的先行后行关系进行推断。人们常常根据事物变化在时间上的先后顺序,从已知领先指标的变化情况来推断相对滞后的预测对象的变化情况。例如,当农产品提价、职工工资提高以后,相隔一段时间城乡购买力就会随之提高,市场上对于某些消费品的需求就会增加;又如,婴儿出生人数增加,婴儿用品的市场需求量也会随之增加。

2. 相关变动方向推断

利用事物变化在变动方向上的相互关系进行推断。在两个相关事物之间的变动关系中,一个事物的数量增加会引起另一个事物的数量减少,则两者之间具有负相关关系。人们常常利用事物之间这种正向或反向变化的关系与强度,来预测对象的变动趋向。例如,劳动生产率的提高会使单位产品的成本下降;工业总产值增加,利税总额也会随之增加。

3. 多因素综合推断

在综合分析影响预测对象各个因素的基础上,对预测对象变化的趋势做出定性估计。运用这种方法进行推断时:首先,找出对预测对象有影响的各种因素;然后,对每个因素进行分析,了解它们对于预测对象作用力的大小和方向;最后,对各个因素的作用做出综合性推断,用各因素的"合力"来推测对象的变化趋势。

(二) 对比推断法

如图 7-3 所示,对比推断法就是把预测对象与其他相似的事物放在一起,通过相互对照,利用事物之间的相似特点,把先行事物的表现过程类推到后继事物上去,从而预测对象未来发展变化的趋势。

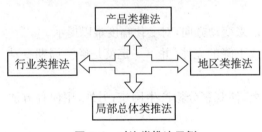

图 7-3　对比类推法示例

1. 产品类推法

以相近产品的发展变化情况来推断某种新产品的发展变化趋势。许多产品在功能、构造、技术等方面具有一定的相似性,因而这些产品的市场发展规律往往也会呈现出某种相似性,人们可以利用这些产品之间的相似性进行类推。

例如,彩电与电脑彩显的构造、功能都非常类似,因而可以根据电脑彩显的发展过程类推彩电的市场需求变化。可以通过产品所遵循的萌芽—成长—成熟—衰退的生命周期演变过程,来分析不同阶段的需求特征,如果我们掌握了电脑彩显的生命周期规律,就可以对彩电市场的需求演变作相应的预测。

2. 地区类推法

依据国家或地区曾经发生过的事件进行类推。同一产品在不同地区有领先滞后的时差,一般而言,发达国家(地区)的经济发展状况和生活方式对落后国家(地区)有着很大的影响;一旦条件许可,发达国家(地区)以前出现过的一些现象往往会在落后国家(地区)出现。因此,研究人员可以在国家(地区)之间将相关事物的发展过程或变动趋势进行对比,找出其中的变动规律,以此来预测对象的未来变化趋势。

例如,家电总是先进入城市家庭,然后再进入农村市场;预测我国轿车市场需求发展时,可以根据日本、巴西等国家的情况,对轿车的价格、人均 GDP 以及轿车消费特征之间的关系进行分析。一般而言,轿车价格与人均 GDP 之比为 2—3 时,轿车开始进入私人家庭消费,1.4 左右时,轿车需求进入高速发展时期,逐渐普及。根据我国的实际情况加以修正,就可对我国的轿车市场发展做出准确的预测。

3. 局部总体类推法

通过典型调查、抽样调查等方式进行一些调查,来分析局部市场的变化趋势与发展规律,以此预测和类推全局和总体的市场变化规律。这是一种运用最为广泛的类推预测方法,也是在方法上最为严谨、科学的一种。

例如,预测今后一段时期内全国汽车市场的需求发展状况,选取一些有代表性的城市和农村进行调查分析,从而来推断全国总需求发展情况。

4. 行业类推法

许多产品的发展是从一个行业市场开始,逐步向其他行业推广的。比如,铝合金材料最初是用于航天工业,现在已经广泛用于各个行业,甚至是家庭装潢。再如,预测者可以根据军工产品市场的发展预测民用产品市场的发展。因为军工行业往往都是在技术上领先的产品,军工行业就是民用行业产品的未来,密切注视军工产品的发展动向,可以预测民用产品的发展空间与动向。现在的民航、计算机等都是军用转向民用的典范。

四、集体经验判断法

集体经验判断法又称专家小组意见法,它是利用集体的经验、智慧,通过思考分析、判断综合,对事物未来的发展变化趋势做出估计。通过集体经验,集思广益,在一定程度上可以克服凭个人经验做出预测的局限性,提高预测的质量。集体经验判断法一般程序如图 7-4 所示。

图 7-4 集体经验判断法一般程序

集体经验判断法预测的步骤:

第一步,预测组织者根据企业经营管理的要求,向研究人员提出预测项目和预测期限的要求,并尽可能多地提供有关资料。

第二步,有关人员根据预测要求及掌握的资料,凭个人经验和分析判断能力,提出各自的预测方案。

第三步,预测组织者计算有关人员的预测方案的数学期望值。方案期望值等于各种可能状态主观概率与状态值乘积之和。

第四步,按人员类别,分别计算各类人员的综合期望值。综合方法一般是采用平均数、加权平均数统计法或中位数统计法。

第五步,确定最终的预测值。预测者可先给出各类人员的权值 V_1, V_2, V_3(如 5, 3, 2),然后计算加权平均值作为综合预测值。

预测方案期望值的计算公式为:

$$\hat{X}_i = \hat{X}_1 W_1 + \hat{X}_2 W_2 + \hat{X}_3 W_3 \quad (i = 1, 2, \cdots, n) \tag{式 7-2}$$

加权预测值的计算公式为:

$$\bar{X} = \frac{\hat{X}_1 V_1 + \hat{X}_2 V_2 + \hat{X}_3 V_3}{V_1 + V_2 + V_3} \tag{式 7-3}$$

(式 7-3)中,$\bar{X}_1$ 为各类人员的期望综合值。

定性预测法在销售预测中的应用

当今世界公司间的竞争越来越激烈,市场营销已成为公司经营与管理的重要环节,销售预测,即对预测期产品销售量、销售额所进行的预计和测算,是销售预测的起点和基础。

由于采用的手段和分析方法不同,销售预测可分为定性预测法和定量预测法。定性预测法不需要高度的统计方法计算而是以市场调查为基础,通过决策者的经验和价值判断进行预测,简单易行,适于基层企业。定量预测则是用各种变量构建的模型来表示需求和各种变量之间的关系。一般来说,量化程度较高的预测方法用于短期预测,长期预测中往往采用定性的分析,较少采用量化手段,因为一个好的长期的经营规划取决于对公司产品需求的预测。具体做法如下:

一、采用部门主管集体讨论法预测

这种方法是将销售主管集体讨论的看法和预测结果与统计模型相结合,形成对需求的集体预测。主要应用于新产品的研制开发期预测及公司发展的长期预测。虽然是以个人经验为基础,不如统计数字令人信服,但因为是新产品,无法依循时间系列预测未来。用这种方法凭借主管丰富的经验与敏锐的直觉预测市场,弥补了统计资料不足的遗憾。

二、采用销售人员意见征集法预测

销售员最接近消费者和用户,对商品是否畅销比较了解,熟悉消费者对所销商品规格、品种、式样的需求,所以公司在做年度销售计划时经常通过听取销售员的意见来预测市场需求。具体操作是:先让每个销售员对下年度的销售最高值、最可能值、最低值分别进行预测。提出书面意见,由管理部门算出不同人员的概率值,然后再据此求出平均销售预测值,预测计算如表 7-2 所示:

表 7-2 预算计算过程

销售员	预测项目	销售量(件)	出现概率	销量×概率
A	最高销量	1 000	0.3	300
A	最可能销量	800	0.5	400
A	最低销量	500	0.2	100
A	期望值			800
B	最高销量	1 000	0.2	200
B	最可能销量	700	0.5	350
B	最低销量	400	0.3	120
B	期望值			670
C	最高销量	900	0.2	180
C	最可能销量	600	0.6	360
C	最低销量	400	0.2	80
C	期望值			620

根据上表可算出销售量平均预测值为：

$$\bar{X} = \sum X/n = (800+670+620)/3 = 696.7$$

因为预测值源于市场,可靠性较大,能较实际地反映公司下一年销售需求并且简单易行。所以公司采用这种方法做年度销售预测。至于销售员过高或过低的预测偏差,预测中会相互抵消,总值仍较理想。另外,有些预测偏差可以预先识别并及时纠正。

案例二

下一年度销售额预测

某企业为使下一年度的销售计划制订得更为科学,组织了一次销售预测,由经理主持,参与预测的有销售处、财务处、计划处、信息处四位处长,他们的预测估计如表 7-3 所示。

表 7-3 销售额预测

预测人员	销售额估计值						预测期望值
	最高销售额	概率	最可能销售额	概率	最低销售额	概率	
销售处长	4 000	0.3	3 600	0.6	3 200	0.1	3 680
财务处长	4 200	0.2	3 700	0.7	3 200	0.1	3 750

(续表)

预测人员	销售额估计值						预测期望值
	最高销售额	概率	最可能销售额	概率	最低销售额	概率	
计划处长	3 900	0.1	3 500	0.7	3 000	0.2	3 440
信息处长	4 100	0.2	3 100	0.6	3 100	0.2	3 300

对销售处长而言，其预测期望值为：

$$4\,000 \times 0.3 + 3\,600 \times 0.6 + 3\,200 \times 0.1 = 3\,680(万元)$$

最后采用加权平均法获得最终预测结果。经理给各人的权数分别为：销售处长6，财务处长5，计划处长5，信息处长7，则该企业下一年度的销售额的最终预测值为3 680万元。

五、专家判断法

(一) 专家会议法

1. 专家会议法的概念

专家会议法就是邀请有关方面的专家，通过共同讨论的形式达成共识、做出预测。这种方法可以发挥专家的智慧，寻找预测的依据和逻辑，作出较为理性的判断。但是，由于是面对面的讨论，与会者的个性、心理状态、在组织中职位的高低以及说服能力等都影响预测效果。特别是一些"权威"人士往往会左右他人的意见，使专家会议法的效果打折扣。因此，会场上保持平等自由的氛围，是采用专家会议法进行预测的基本要求。

比如，一家企业即将向市场投放某种新产品。生产部门和营销部门对这种新产品的看法产生了分歧。生产部门认为这种新产品销售前景看好，可以进行批量生产；营销部门则认为这种新产品过去没有销售过，没有历史销售资料可以借鉴，对销售前景看不准，是否进行批量生产最好不要太早下结论。为了使大家统一认识，这家企业邀请了有关方面的专家，包括产品设计和生产方面的专家、营销方面的专家、经营管理专家以及市场调研机构的专家等开会讨论。为了使会议开得富有成效，企业准备了一些背景资料，如产品的质量、成本、价格、同类产品销售情况等。在会上，企业采用了各种方法以保证与会者畅所欲言，自由争辩。最后，该企业在广泛听取各方面意见的基础上，综合每位专家的意见整理出有关新产品的竞争能力与市场需求的材料，并对该产品市场未来的销售状况进行判断和推测。

2. 专家会议法的原则

(1) 挑选的专家应有一定的代表性、权威性。

(2) 在进行预测之前，首先应取得参加者的支持，确保他们能认真地进行每一次预测，以提高预测的有效性。同时,要向组织高层说明预测的意义和作用,取得决策层和其他高级管理人员的支持。

(3) 设计的问题表应该措辞准确,不能引起歧义;征询的问题一次不宜太多,不要问那些与预测目的无关的问题,列入征询的问题不应相互包含;所提的问题应是所有专家都能答复的问题,而且应尽可能保证所有专家都能从同一角度去理解。

(4) 进行统计分析时,应该区别对待不同的问题,对于不同专家的权威性应给予不同的权数,而不是一概而论。

(5) 提供给专家的信息应该尽可能地充分,以便其作出判断。

(6) 只要求专家作出粗略的数字估计,而不要求十分精确。

(7) 问题要集中,要有针对性,不要过分分散,以便使各个事件构成一个有机整体,问题要按等级排序,先简单后复杂,先综合后局部,这样易引起专家回答问题的兴趣。

(8) 调查单位或领导小组的意见不应强加于调查意见之中,要防止出现诱导现象,避免专家意见向领导小组靠拢,不致得出专家迎合领导小组观点的预测结果。

(9) 避免组合事件。如果一个事件包括专家同意的和专家不同意的两个方面,专家将难以作出回答。

3. 专家会议法的组织形式

(1) 头脑风暴法(也称非交锋式会议)。会议不带任何限制条件,鼓励与会专家独立、任意地发表意见,没有批评或评论,以激发灵感,产生创造性思维。

(2) 交锋式会议法。与会专家围绕一个主题,各自发表意见,并进行充分讨论,最后达成共识,取得比较一致的预测结论。

(3) 混合式会议法(也称质疑头脑风暴法)。它将会议分为两个阶段:第一阶段是非交锋式会议,产生各种思路和预测方案;第二阶段是交锋式会议,对上一阶段提出的各种设想进行质疑和讨论,也可提出新的设想,相互不断启发,最后取得一致的结论。

4. 专家会议法的优缺点

专家会议法有助于专家们交换意见,通过互相启发,弥补个人意见的不足;通过内外信息的交流与反馈,产生"思维共振",进而将产生的创造性思维活动集中于预测对象,在较短时间内得到富有成效的创造性成果,为决策提供预测依据。专家会议法也有不足之处:有时受心理因素的影响较大;易屈服于权威或大多数人意见;易受劝说性意见的影响;不愿意轻易改变自己已经发表过的意见;等等。

(二) 德尔菲法

1. 德尔菲法的概念

德尔菲法(Delphi method)是为了避免专家会议法容易被"权威"意见左右的不足而采用的一种预测方法。为了使不同专家的意见能够充分表达,这种方法要求专家们背靠背而不是面对面地作出集体判断。

德尔菲是古希腊的地名,相传太阳神阿波罗在此降服妖龙,后人用德尔菲比喻神的高超预见能力。20世纪40年代末,美国兰德公司借用这个地名作为替美国空军做某项预测的代号,德尔菲法由此得名。20世纪50年代以后,德尔菲法被用于市场预测。

运用德尔菲法的大致过程如下:第一,由预测组织者选出专家小组成员,一般10—15名;第二,用问卷向专家小组的每一位成员征求预测意见,并请他们说明预测的依据;第三,依据专家们的答复,对他们的意见进行归纳和整理;第四,将归纳和整理的结果以匿名的方式反馈给各位专家,进行第二轮意见征询,要求他们根据新的资料修改他们的预测和说明预测的依据。如此反复,直到获得比较一致的意见。

2. 德尔菲法的特点

(1) 匿名性。因为采用这种方法时所有专家组成员不直接见面,只是通过函件交流,这样就可以消除权威的影响。这是该方法的主要特征。匿名是德尔菲法极其重要的特点,从事预测的专家不知道其他有哪些人参加预测,他们是在完全匿名的情况下交流思想的。改进的德尔菲法允许专家开会进行专题讨论。

(2) 反馈性。该方法需要经过3—4轮的信息反馈,在每次反馈中调查组和专家组都可以进行深入研究,使得最终结果基本能够反映专家的基本想法和对信息的认识,所以,结果较为客观、可信。小组成员的交流是通过回答组织者的问题来实现的,一般要经过若干轮反馈才能完成预测。

(3) 统计性。最典型的小组预测结果是反映多数人的观点,少数派的观点至多概括地提及一下,但是这并没有表示出小组的不同意见的状况。统计回答却不是这样,它报告一个中位数和两个四分点,其中一半落在两个四分点之内,一半落在两个四分点之外。这样,每种观点都包括在这样的统计中,避免了专家会议法只反映多数人观点的缺点。

3. 德尔菲法的流程

在德尔菲法的实施过程中,始终有两方面的人在活动:一方面是预测的组织者,另一方面是被选出来的专家。其基本流程如图7-5所示。

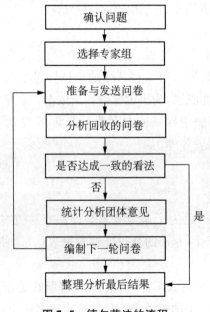

图7-5 德尔菲法的流程

德尔菲法中的调查表与通常的调查表有所不同,它除了有通常调查表向被调查者提出问题并要求回答的内容外,还兼有向被调查者提供信息的责任,它是专家们交流思想的工具。德尔菲法的工作流程大致可以分为四个步骤,在每一步中,组织者与专家都有各自不同的任务。

第一步:开放式的首轮调研。(1)由组织者发给专家的第一轮调查表是开放式的,不带任何框框,只提出预测问题,请专家围绕预测问题提出预测事件。如果限制太多,就会漏掉一些重要事件。(2)组织者汇总整理专家调查表,归并同类事件,排除次要事件,用准确术语提出一个预测事件一览表,并作为第二步的调查表发给专家。

第二步:评价式的第二轮调研。(1)专家对第二步调查表所列的每个事件作出评价。例如,说明事件发生的时间、争论问题和事件或迟或早发生的理由。(2)组织者统计处理第二步专家意见,整理出第三张调查表。第三张调查表包括事件、事件发生的中位数和上下四分点,以及事件发生时间在四分点外侧的理由。

第三步:重审式的第三轮调研。(1)发放第三张调查表,请专家重审争论。(2)对上下四分点外的对立意见作一个评价。(3)给出自己新的评价(尤其是在上下四分点外的专家,应重述自己的理由)。(4)如果修正自己的观点,也应叙述改变理由。(5)组织者回收专家们的新评论和新争论,与第二步类似地统计中位数和上下四分点。(6)总结专家观点,形成第四张调查表。其重点在争论双方的意见。

第四步:复核式的第四轮调研。(1)发放第四张调查表,专家再次评价和权衡,作出新的预测。是否要求作出新的论证与评价,取决于组织者的要求。(2)回收第四张调查表,计算每个事件的中位数和上下四分点,归纳总结各种意见的理由以及争论点。

值得注意的是,并不是所有被预测的事件都要经过四步。有的事件可能在第二步就达到统一,而不必在第三步中出现;有的事件可能在第四步结束后,专家对各事件的预测也不一定能达到统一。不统一也可以用中位数与上下四分点来作结论。事实上,总会有许多事件的预测结果是不统一的。

德尔菲法应用案例

某公司研制出一种新产品,现在市场上还没有相似产品出现,因此没有历史数据可以获得。公司需要对可能的销售量做出预测,以决定产量。于是,该公司成立专家小组,并聘请业务经理、市场专家和销售人员等8位专家,预测全年可能的销售量。8位专家提出个人判断,经过三次反馈得到的结果如表7-4所示。

表 7-4 德尔菲法应用案例

单位:件

专家编号	第一次判断			第二次判断			第三次判断		
	最低销售量	最可能销售量	最高销售量	最低销售量	最可能销售量	最高销售量	最低销售量	最可能销售量	最高销售量
1	150	750	900	600	750	900	550	750	900
2	200	450	600	300	500	650	400	500	650
3	400	600	800	500	700	800	500	700	800
4	750	900	1 500	600	750	1 500	500	600	1 250
5	100	200	350	220	400	500	300	500	600
6	300	500	750	300	500	750	300	600	750
7	250	300	400	250	400	500	400	500	600
8	260	300	500	350	400	600	370	410	610
平均数	301	500	725	390	550	775	415	570	770

在预测时,最终一次判断是综合前几次的反馈作出的,因此,在预测时一般以最后一次判断为主。如果按照 8 位专家第三次判断的平均值计算,预测这个新产品的平均销售量为:(415+570+770)/3=585(件)。

- 加权平均预测:

将最可能销售量、最低销售量和最高销售量分别按 0.5、0.2 和 0.3 的概率加权平均,则预测平均销售量为:570×0.5+415×0.2+770×0.3=599(件)。

中位数预测:

用中位数计算,可将第三次判断按预测值高低排列如下:

最低销售量:

300 370 400 500 550

最可能销售量:

410 500 600 700 750

最高销售量:

600 610 650 750 800 900 1 250

最高销售量的中位数为第四项的数字,即 750。

将最可能销售量、最低销售量和最高销售量分别按 0.5、0.2 和 0.3 的概率加权平均,则预测平均销售量为:600×0.5+400×0.2+750×0.3=605(件)。

第三节 时间序列预测法

一、简易平均数市场预测法

(一) 简易平均数市场预测法的概念

简易平均数市场预测法,是在对时间序列进行分析研究的基础上,计算时间序列观察值的某种平均数,并以此平均数为基础确定预测模型或预测值的市场预测方法。

(二) 简易平均数市场预测法的分类

简易平均数市场预测法由于所计算的平均数不同,可以具体分为以下四种方法。

1. *序时平均数预测法*

(1) 内容。序时平均数是对时间序列观察值计算的动态平均数。其平均数将现象在不同时间发展水平的差异抽象掉,表现某种现象在某段时期发展的一般水平。序时平均数预测法就是把这个动态平均数作为预测值的基础。

序时平均数的计算,是以市场现象观察值数据之和除以观察值的期数。其公式为:

$$\bar{Y} = \frac{\sum_{t=1}^{n} Y_t}{n} \quad \text{或简写为} \quad \bar{Y} = \frac{\sum Y}{n} \tag{式 7-4}$$

(式 7-4)中,$\bar{Y}$ 为序时平均数;Y_t 为各期观察值($t = 1, 2, \cdots, n$);$\sum Y_t$ 为各期观察值之和;n 为观察期数。

(2) 序时平均数预测法适用于两种情况。一种是市场现象时间序列呈水平型发展趋势,不规则变动即随机因素的影响较小。这种情况下应用此方法,实际上是进一步消除不规则变动的影响,将水平型变动规律更清楚地反映出来。

另一种是市场现象在一年中各月的观察值有明显的季节变动,而在几年间不存在明显的趋势变动,且不规则变动即偶然因素的影响很小。

序时平均数预测法具有计算简单、方便易行等特点,但其适用现象比较窄,如果市场现象有明显趋势变动,用序时平均数法就无法解决问题了。

2. *平均增减量预测法*

(1) 定义。平均增减量是时间序列各环比增减量的平均数。平均增减量市场预测法,就是在时间序列环比增减量相差不大的情况下,以平均增减量为依据,建立预测模型计算预测值的方法。

(2) 环比增减量的公式为:

$$Y_2 - Y_1, Y_3 - Y_2, \cdots, Y_{n-1} - Y_{n-2}, Y_n - Y_{n-1}$$

即:$Y_t - Y_{t-1}$

平均增减量的公式为：

$$\text{平均增减量} = \frac{\text{各环比增减量之和}}{\text{环比增减量个数}}$$

$$\frac{(Y_2 - Y_1) + (Y_3 - Y_2) + \cdots + (Y_n - Y_{n-1}) + (Y_{n-1} - Y_{n-2}) + (Y_n - Y_{n-1})}{n-1} = \frac{Y_n - Y_1}{n-1}$$

（式 7-5）

平均增减的预测模型为：

$$\hat{Y}_t = \hat{Y}_{t-1} + \frac{Y_n - Y_1}{n-1} \qquad \text{（式 7-6）}$$

（式 7-6）中，$\hat{Y}_t$ 为各期预测值或趋势值；$\frac{Y_n - Y_1}{n-1}$ 为平均增减量。

平均增减量预测法适用于有趋势变动的市场现象时间序列，其趋势变动规律与环比增减量基本相同，且随机因素的影响不大。

3. 平均发展速度预测法

（1）定义。平均发展速度是对时间序列环比发展速度的连乘积开高次方，求出市场现象在一定时期内发展速度的一般水平。平均发展速度一般用几何平均法计算。平均发展速度预测法，是在市场现象时间序列的环比发展速度基本一致情况下，以平均发展速度为依据建立预测模型，并对市场现象估计预测值的方法。

（2）公式。时间序列环比发展速度是各观察位与前一期观察值之比，其公式为：

$$\frac{Y_2}{Y_1}, \frac{Y_3}{Y_2}, \cdots, \frac{Y_{n-1}}{Y_{n-2}}, \frac{Y_n}{Y_{n-1}}, \text{即} \frac{Y_t}{Y_{t-1}}$$

平均发展速度的公式为：

$$\bar{X} = \sqrt[n]{X_1 \cdot X_2 \cdot X_n} = \sqrt[n]{\prod X_t} \qquad \text{（式 7-7）}$$

（式 7-7）中，X_t 为观察值的环比发展速度（$t = 1, 2, \cdots, n$）；$\prod X_t$ 为环比发展速度的连乘积。

平均发展速度的计算一般是用几何平均法，即对环比发展速度的连乘积开高次方。开高次方如使用计算器专门功能是很方便的，也可以用对数法来计算。

用对数法计算时，对平均发展速度计算公式两边同时取对数，即：

$$\lg \bar{X} = \lg \sqrt[n]{\prod X_t}$$

根据对数的运算原理，上式可变形为：

$$\lg \bar{X} = \frac{1}{n} \sum_{t=1}^{n} \ln X_t$$

若求 $\bar{X}$，还要取反对数，即：

$$\bar{X} = \text{antilg} \frac{\sum (t-1)^n \lg X_t}{n}$$

平均发展速度预测法适用于有明显趋势的市场现象时间序列。其趋势变动规律表现为发展速度大致相同，并且随机因素的影响不明显。此预测模型用于近期预测比较适合，若用于中期预测，必须充分考虑现象在预测期的变化情况，对预测值加以调整。

4. 加权平均预测法

采取时间序列预测法，时间序列中各期市场现象观察值都会对预测产生影响。但事实上各观察值并不是以相同的程度对预测值产生影响。一般说来，距预测期远的观察值对预测值的影响小一些；距预测期近的观察值对预测值的影响大些。基于这种考虑，预测者可以用不同的权数将市场现象观察值对预测期的影响程度加以量化。

(1) 定义。对影响大的近期观察值给予较大的权数，对影响小的远期观察值给予较小的权数。这种根据观察值的重要性不同分别给予相应的权数后，再计算加权平均数作为建立预测模型和计算预测值依据的方法，称加权平均预测法。

加权平均预测法通常采用加权算术平均法来计算平均值。

(2) 公式

$$\bar{Y} = \frac{\sum_{t=1}^{n} Y_t W_t}{\sum_{t=1}^{n} W_t} \quad \text{或} \quad \bar{Y} = \frac{\sum YW}{\sum W} \qquad (\text{式 7-8})$$

(式 7-8)中，Y_t 为各期实际观察值($t=1, 2, \cdots, n$)；W_t 为各期权数。

采用加权平均预测法，必须确定适当的权数，才能得到满意的预测值。权数的确定只能根据预测者对时间序列的观察分析而定，尚无科学的数学方法，一般考虑两点：首先是考虑距预测期的远近，远期观察值权数小些，近期观察值权数大些；其次是考虑时间序列本身的变动幅度大小，对于变动幅度较大的时间序列，给予的权数差异就大些，对于变动幅度小的时间序列，权数的差异就可以小些。权数的取法，可以取小数，并使 $\sum W_t = 1$，这样就使 $\bar{Y} = \sum Y_t W_t$，计算简便。也可以取等差、等比数列的权数。在预测者不能肯定如何分配权数最佳时，可以同时采用几个权数计算，最后视误差大小选择最适当的权数值。

例 7-1

某企业计划年产值 480 万元，已知前三个季度已完成 369 万元，年度内各月均衡生产，试预测年产值计划完成程度。

$$\bar{X} = \frac{X_1 + X_2 + \cdots + X_n}{n} = \frac{\sum_{i=1}^{n} X_i}{n}$$

(1) 推算第四季度实际产值

$$\frac{369}{9} \times 3 = 123(万元)$$

(2) 预测年产值计划完成程度

$$\frac{369 + 123}{480} \times 100\% = 102.5\%$$

例 7-2

2000—2006 年某地区财政收入资料如表 7-5 所示。

表 7-5 2000—2006 年某地区财政收入

年份	1985	1986	1987	1988	1989	1990	1991
财政收入(亿元)	1 866.4	2 260.3	2 368.9	2 628.0	2 947.9	3 312.6	3 610.9

试预测该地区 2007 年的财政收入。

解:(1) 确定权数。由远及近分别给以权数 1、2、3、4、5、6、7。

(2) 预测 2007 年财政收入

$$\hat{y}_{t+1} = (1\,866.4 \times 1 + 2\,260.3 \times 2 + 2\,368.9 \times 3 + 2\,628.0 \times 4 + 2\,947.9 \times 5 + 3\,312.6 \times 6 + 3\,610.9 \times 7)/(1+2+3+4+5+6+7)$$
$$= 2\,996.3(亿元)$$

二、移动平均数法

是指对时间序列的各项数值按照一定的时距进行逐期移动,计算出一系列的序时平均数从而进行预测的方法。

(一) 简单移动平均法

1. 简单移动平均法的计算公式

$$M = \frac{X_{t-1} + X_{t-2} + \cdots + X_{t-n}}{n} = \frac{1}{n}\sum_{i=t-n}^{t-1} X_i \tag{式 7-9}$$

2. 简单移动平均法的优缺点

优点:简单易行,容易掌握。

缺点:只在处理水平型历史数据时才有效,每计算一次移动平均需要最近的 n 个观测值。而在现实生活中,历史数据的类型远比水平型复杂,这就大大限制了简单移动平均法的应用范围。

只适用于短期预测,在大多数情况下只用于以月度或周为单位的近期预测。

3. 简单移动平均法的运用范围

(1) 用来预测呈曲线变化的事物。

(2) 能够部分地消除事物变化的随机波动,起到修匀历史数据和揭示事物变动趋势的作用。

 例 7-3

某纺织品公司近年棉布销售量如表 7-6 所示,请用简单移动平均法来预测 1999 年棉布销售量(单位:万平方米)。

表 7-6　简单移动平均法预测

年份	销售量 X_i(万平方米)	简单移动平均法
1992	984	
1993	1 022	
1994	1 040	
1995	1 020	1 015
1996	1 032	1 027
1997	1 015	1 031
1998	1 010	1 022
1999		1 019

$$\hat{x}_{t+1} = M_t^{(1)} = \frac{x_t + x_{t-1} + \cdots + x_{t-n}}{n}$$

$$\hat{x}_{1999} = M_{1998}^{(1)} = \frac{x_{1998} + x_{1997} + x_{1996}}{3}$$

$$= \frac{1\,010 + 1\,015 + 1\,032}{3}$$

$$= 1\,019(万平方米)$$

该纺织品公司 1999 年棉布销售量预测值为 1 019 万平方米。

从表中可以发现,这是一个水平型变动的时间序列,除了 1992 年不足 1 000 万平方米外,其余年份均在 1 020 万平方米左右变动。用简单移动平均法预测。

(二) 加权移动平均法

1. 加权移动平均法的计算公式

对观察值分别给予不同的权数,按不同权数求得移动平均值,并以最后的移动平均值为基础,确定预测值。计算公式为:

$$M_t = \frac{WX_{t-1} + W_{21}X_{t-2} + \cdots + W_n X_{t-n}}{W + W_{21} + \cdots + W_n} \quad \text{(式 7-10)}$$

2. 加权移动平均法的优缺点

优点:①同等对待移动期内的各个数据。对近期数据给予较大的权数,对较远的数据给予较小的权数,这样来弥补简单移动平均法的不足。②以不同的权数值调节各观察值对预测值所起的作用,使预测值能够更好地反映市场未来的发展趋势。

缺点:有明显的季节性变化因素存在时,最好不要加权。

例 7-4

本月有 300 件产品,单价为 2 万元/件,6 号出售 100 件,12 号购入 300 件,单价为 2.2 万元/件,15 号出售 200 件,请问用加权移动平均法计算的平均单位成本为多少?

加权移动平均:(300×2−100×2)+300×2.2/(300+300−100)=2.12(万元)

三、指数平滑法

(一) 指数平滑法的概念

指数平滑法是预测中广泛使用的一种预测方法,它是在移动平均法的基础上发展起来的一种时间序列平滑预测法,是加权移动平均法的延伸。

指数平滑法有一次指数平滑法、二次指数平滑法和三次指数平滑法。其中,一次指数平滑法可用来预测,也可用于估计预测模型的参数;而二次指数平滑法和三次指数平滑法主要用于估计预测模型的参数。其思路是:在预测研究中,近期数据较远期数据具有更大的作用,所以,离研究期越近的数据越应受到重视。

(二) 指数平滑法计算公式

$$\hat{y}_{t+1} = \alpha \cdot y_t + (1-\alpha) \cdot \hat{y}_t \quad (式 7-11)$$

(式 7-11)中,$\hat{y}_{t+1}$ 为第 $t+1$ 期的指数平滑预测值(也是第 t 期的一次指数平滑值);$\hat{y}_t$ 为第 t 期的指数平滑预测值(也是第 $t-1$ 期的一次指数平滑值);α 为平滑系数($0<\alpha<1$),也叫预测参数。

(三) 指数平滑法预测步骤

1. 模型的建立

指数平滑预测法模型构建,一般可根据原数列散点图呈现的趋势来确定。例如,若呈现直线趋势,选用二次指数平滑法;若呈现抛物线趋势,选用三次指数平滑法;若当时间序列的数据经二次指数平滑处理后,仍有曲率时,应用三次指数平滑法。

2. 初始值确定

一般原数列的项数较多时(大于 15 项),可以选用第一期的观察值作为初始值。如果原数列的项数较少时(小于 15 项),可以选取最初几期(一般为前三期)的平均数作为初始值。

3. 系数 α 的确定

进行指数平滑预测时,对于平滑系数 α 可给以不同的数值,这要根据所研究现象数列的波动情况来决定。当所研究现象的数列波动不大时,α 可以取较小的值(如 0.1—0.3),以加重第 t 期指数平滑预测值的权数;而如果所研究的数列波动较大,那么第 t 期实际观察值对

第 $t+1$ 期指数平滑预测值的影响应大一些,此时应给以 α 较大的值(0.6—0.9),以加重原数列观察值的权数。因此,通过对平滑系数 α 的控制,可以控制预测结果的准确性。

例 7-5

已知某种产品最近15个月的销售量如表7-7所示:

表 7-7　某种产品近 15 个月销售量数据

单位:个

时间序号	1	2	3	4	5	6	7	8	9	10	11	12	13	14	15
销售量	10	15	8	20	10	16	18	20	22	24	20	26	27	29	29

用一次指数平滑值预测下个月的销售量 y_{16}。为了分析加权系数 α 的不同取值的特点,分别取 $\alpha=0.1$,$\alpha=0.3$,$\alpha=0.5$ 计算一次指数平滑值,并设初始值为最早的三个数据的平均值,以 $\alpha=0.5$ 的一次指数平滑值计算为例,有:

$$S_0^{(1)} = \frac{y_1+y_2+y_3}{3} = 11.0$$

$$S_1^{(1)} = \alpha y_1 + (1-\alpha)S_0^{(1)} = 0.5 \times 10 + 0.5 \times 11.0 = 10.5$$

$$S_2^{(1)} = \alpha y_2 + (1-\alpha)S_1^{(1)} = 0.5 \times 15 + 0.5 \times 10.5 = 12.8$$

以此类推,求得 $\alpha=0.5$、$\alpha=0.1$ 和 $\alpha=0.3$ 时的一次指数平滑值数列,计算结果如下表:

表 7-8　一次指数平滑值计算结果

时间序号	1	2	3	4	5	6	7	8	9	10	11	12	13	14	15
销售量	10	15	8	20	10	16	18	20	22	24	20	26	27	29	29
$\alpha=0.1$	10.9	11.3	11.0	11.9	11.7	12.1	12.7	13.4	14.3	15.3	15.8	16.8	17.8	18.9	19.9
$\alpha=0.3$	10.7	12.0	10.8	13.6	12.5	13.6	14.3	16.0	17.8	19.7	19.8	21.7	23.3	25.0	26.2
$\alpha=0.5$	10.5	12.8	10.4	15.2	12.6	14.3	16.2	18.1	20.2	22.0	21.0	23.5	25.3	27.2	28.1

按上表可得第15个月对应的19.9、26.2、28.1,可以分别根据预测公式来预测第16个月的销售量。以 $\alpha=0.5$ 为例:

$$y_{16} = 0.5 \times 29 + (1-0.5) \times 28.1 = 28.55(万台)$$

由上述例题可得结论:

(1) 指数平滑法对实际序列具有平滑作用,权系数(平滑系数)α 越小,平滑作用越强,但对实际数据的变动反应较迟缓。

(2) 在实际序列的线性变动部分,指数平滑值序列出现一定的滞后偏差的程度随着权系数(平滑系数)α 的增大而减少,但当时间序列的变动出现直线趋势时,用一次指数平滑法来进行预测仍将存在明显的滞后偏差。因此,也需要进行修正。修正的方法是在一次指数平滑的基础上再进行二次指数平滑,利用滞后偏差的规律找出曲线的发展趋势,然后建立直线趋势预测模型,故称为二次指数平滑法。

四、趋势外推预测法

(一) 趋势外推预测法概念

趋势外推预测法是利用时间序列具有的直线或曲线趋势,通过建立预测模型进行预测的方法。常用的预测模型分为直线型和曲线型,其中,曲线型预测模型又分为很多种。在市场预测中常用的预测模型有

- 直线方程:$Y = a + bX$
- 二次曲线方程:$Y = a + bX + cX^2$
- 指数曲线方程:$Y = a \cdot b^X$
- 简单修正指数曲线方程:$Y = K + a \cdot b^X$
- 戈珀茨曲线方程:$Y = K \cdot a \cdot b^X$
- 三次曲线方程:$Y = a + bX + cX^2 + dX^3$
- 幂函数曲线方程:$Y = a \cdot X^n$

在这些方程中,a 和 b 是参数;X 为自变量,表现为按自然数顺序编码的时间序数;Y 为因变量,表现为预测对象按照时间排列的数据。趋势外推法,就是通过预测对象和时间的对应关系,用拟合方程的方法寻找 a 和 b,建立预测模型,进行预测。下面用拟合直线方程的方法说明其原理。

例如,已知某企业某种产品 2007—2020 年的销售额如表 7-9 所示,请用趋势外推预测法预测该企业此种产品 2021 年的销售额。

表 7-9 某企业某种产品 2007—2020 年的销售额

单位:百万元

年份	2007	2008	2009	2010	2011	2012	2013	2014	2015	2016	2017	2018	2019	2020
时间序数(X_i)	1	2	3	4	5	6	7	8	9	10	11	12	13	14
销售额(Y_i)	133	150	143	177	218	236	263	295	299	330	404	433	531	534

(二) 趋势外推预测法的步骤

趋势外推预测法的第一步,是作数据的散点图。横轴表示年份,纵轴表示销售额,将 2007—2020 年的销售额绘入图中,结果如图 7-6 所示。

第二步,判断散点图的线性特征,选择适当的预测模型。在本例中,散点图呈明显的直线特征,所以用直线方程,即 $Y = a + bX$。

第三步,求出参数 a 和 b 的值。求参数最常用的方法是最小二乘法。它依据最小二分学中的极值原理,通过建立联立标准方程,求解线性方程的参数。二乘原则为拟合直线方程所确定的理论值与对应各点的观察值之差的平方和最小,利用微直线方程中参数 a 和 b 的计算公式为:

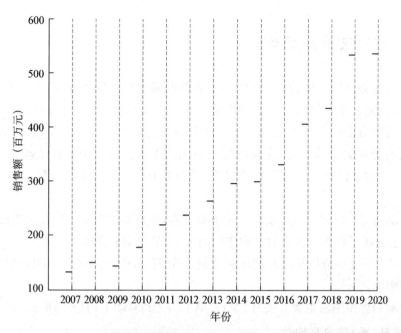

图 7-6 某企业某产品 2007—2020 年的销售额散点图

$$a = \frac{1}{n}\sum_{i=1}^{n}Y_i - b\frac{1}{n}\sum_{i=1}^{n}X_i = \bar{Y} - b\bar{X} \quad (式\ 7\text{-}12)$$

$$b = \frac{n\sum_{i=1}^{n}X_iY_i - (\sum_{i=1}^{n}X_i)(\sum_{i=1}^{n}Y_i)}{n\sum_{i=1}^{n}X_i^2 - (\sum_{i=1}^{n}X_i)^2} \quad (式\ 7\text{-}13)$$

(式 7-12)、(式 7-13)中,a 和 b 是参数;X_i 为第 i 个时期的时间序数(X 可以是 1,2,3,…,n 这样的时间序数,为了使其和为零,也可以是 $-7,-6,-5,…,5,6,7$ 这样的时间序数);Y_i 为预测对象第 i 个时期的观察值;n 为观察期数。经过计算得

$$a = 59.044$$
$$b = 31.613$$

第四步,将 a 和 b 代入直线方程 $Y = a + bX$ 中,得预测模型

$$Y = 59.044 + 31.613X$$

第五步,用预测模型预测该企业此种产品 2021 年的销售额。将 $X = 15$ 代入预测模型,有:

$$Y = 59.044 + 31.613 \times 15 = 533.239(百万元)$$

即该企业此种产品 2021 年的销售额大约为 53 323.9 万元。

曲线型预测模型进行趋势外推的步骤与直线型完全相同,只是计算参数的方法比较复杂。好在现在有计算机帮助,复杂的计算过程已经不是问题了。因此,使用趋势外推预测法的关键是判断好趋势,选出适当的预测模型。

五、季节变动趋势预测法

季节变动趋势预测法也称季节指数法,是指根据预测对象每年重复出现的周期性季节变动指数,预测其季节性或月度变动趋势。它可以用来预测生产、销售、原材料储备、资金周转需要量等方面的季节性变动。季节性变动的主要特点是,每年都重复出现,各年同季(或月)具有相同的变动方向,变动幅度一般相差不大。对呈季节性变动的预测对象进行预测时,要求收集的时间序列数据应以季(或月)为单位,并且至少需要有三年以上的观察数据。

季节变动是影响时间序列波动的一个主要因素,进行季节变动分析有两个目的:

(1) 通过分析了解季节因素的影响作用的大小,掌握季节变动的规律。

(2) 通过季节变动分析消除时间序列中的季节波动,使时间序列更明显地反映趋势及其他因素的影响。

季节变动趋势预测法主要有按月(季)简单平均法和移动平均趋势剔除法。

(一) 按月(季)简单平均法

在没有明显递增(或递减)长期趋势的时间序列中,可以直接利用已测定的季节变动模型进行外推预测。由于这种方法不考虑长期趋势的影响,因此,可采用按月(季)简单平均法计算各年同月(季)平均数,并与几年各月(季)总平均数进行对比,计算出各月(季)的季节比率,并根据已实现的月(季)资料对未来的月(季)指标进行预测。

$$\hat{y}_i = \bar{y}_t \cdot S_i \quad \hat{y}_i = y_k \left(\frac{S_{if}}{S_{ik}}\right) \tag{式 7-14}$$

(式 7-14)中,$\hat{y}_i$ 为第 i 月(季)预测值;$\bar{y}_t$ 为预测的第 t 年各月(季)总平均值;S_i 为第 i 季的季节指数。y_k 为第 k 月(季)的实际值;S_{ik} 为第 k 月(季)的季节指数;S_{if} 为预测月(季)的季节指数。

按月(季)简单平均法的计算过程如下:

(1) 将各年按月(季)排列的时间数列,按同月(季)编制表格。

(2) 计算历年同月(季)的算术平均数,以消除同一时间上可能存在的偶然因素的影响。

(3) 计算全年月(季)的总平均数,以消除数据中可能存在的趋势变动、偶然因素的综合影响。

(4) 计算各月(季)的季节指数,季节指数=历年同月(季)平均数/全年月(季)总平均数×100%。

(5) 调整各月(季)的季节指数。从理论上讲,各月的季节指数之和为 12,但是由于计算中出现的各种误差(如四舍五入)会使得季节指数之和小于或大于 12,应予以调整。

(6) 计算预测值。

$$\text{某月(季)的预测值} = \text{某月(季)实际值} \times \frac{\text{预测月(季)的季节指数}}{\text{实际月(季)的季节指数}} \tag{式 7-15}$$

（二）移动平均趋势剔除法

移动平均趋势剔除法是运用 12 个月（4 季）的移动平均数，计算出一个既能消除长期趋势，又消除不规则变动，能够比较正确地反映季节变动的季节指数，然后，利用这个季节指数，求得分月预测值的预测方法。

移动平均趋势剔除法的具体预测步骤如下：

（1）计算 12 个月的移动总数；

（2）计算 12 个月的移动平均数，修匀后的序列就是消除了随机变动的长期趋势；

（3）计算移动平均系数；

（4）计算季节指数；

（5）利用季节指数消除原时间序列的季节影响，并用最小二乘法对消除了季节影响的时间序列拟合直线趋势方程；

（6）根据趋势方程计算预测未来某月的趋势值，最后利用该月的季节指数加以修正。

第四节 回归分析法

市场的发展变化是由多种因素决定的，而许多经济现象除了受时间因素影响外，还可能受其他因素的影响。这些因素之间存在着相互影响、相互依存的关系，例如，人们的收入水平提高了，市场可能会进一步繁荣；广告的投入增加了，产品的销售量会有一定的增加；功能近似的新产品出现，会使相应商品的销售量下降等。回归分析就是描述一种变量的变化对另一种变量的影响程度，是寻找经济现象中因果关系的一种研究方法。

一、回归分析预测法的含义及分类

回归分析预测法是对具有相关关系的变量，在固定一个变量数值的基础上，利用回归方程测算另一个变量取值的平均数。

它是在相关分析的基础上，建立相当于函数关系式的回归方程，用以反映或预测相关关系变量的数量关系及数值。回归分析预测法主要类型，如图 7-7 所示。

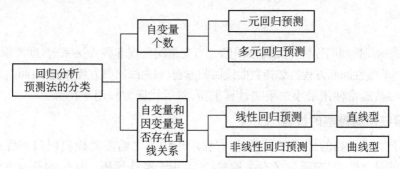

图 7-7　回归分析预测法主要类型

二、回归分析预测法的程序

(一) 确定预测目标和影响因素

通常情况下,预测的目标必定是因变量,研究者可根据预测的目的确定。要使用多种定性和定量分析方法对影响预测目标的因素进行分析,预测者既要对历史资料和现实调查资料进行分析,又要根据自己的理论水平、专业知识和实践经验进行科学性分析,必要时还要运用假设检验,先进行假设再进行检验,以确定主要的影响因素。

(二) 进行相关分析

所谓相关分析,就是对变量间的相关关系进行分析和研究,这一过程包括两方面:一是变量间有没有相关关系;二是相关关系的密切程度。相关关系指的是变量间的不完全确定的依存关系,即一个变量虽然受到另一个变量的影响,但并不由这个变量完全确定。换句话说,当自变量取确定值 x,因变量的对应值 y 并不确定,变量间的这种关系称为相关关系,它是回归分析的前提;相关关系的密切程度通常用相关系数来反映,相关系数的计算公式为:

$$r = \frac{\sum(x-\bar{x})(y-\bar{y})}{\sqrt{\sum(x-\bar{x})^2(y-\bar{y})^2}} = \frac{n\sum xy - \sum x \sum y}{\sqrt{n\sum x^2 - (\sum x)^2}\sqrt{n\sum y^2 - (\sum y)^2}}$$

(式 7-16)

(式 7-16)中,r 为相关系数;x 为自变量的值;$\bar{x}$ 为自变量的平均数;y 为因变量的值;$\bar{y}$ 为因变量的平均数。

(三) 建立回归预测模型

建立回归方程,依据变量间的相关关系,用恰当的数学表达式表示。线性回归方程的一般表达式为:

$$y = a + b_1 x_1 + b_2 x_2 + \cdots + b_n x_n$$

(式 7-17)

当线性回归只有一个自变量与一个因变量,称为一元线性回归或直线回归,回归方程为:

$$y = a + bx$$

(式 7-18)

其他形式的线性回归称为多元线性回归。当变量间呈现非线性关系时,则需根据曲线的性状建立相应的非线性回归方程。如指数曲线回归方程、双曲线回归方程、抛物线回归方程等。

方程的参数通常使用最小二乘法计算求得,然后代回方程用于预测。

(四) 回归预测模型的检验

建立回归方程的目的是用于预测,将方程用于预测之前需要检验回归方程的拟合优度和回归参数的显著性,只有通过了有关检验,才可用于经济预测。常用的检验方法有相关系数检验、F 检验和 t 检验等。

（五）进行预测

通过检验的回归方程，将已知的自变量 x 代入方程进行计算，即可得到所需要的预测值。预测通常有两种情况：一种是点预测，就是所求的预测值为一个数值；另一种是区间预测，所求的预测值有一个数值范围，并可通过正态分布原理测算出其估计标准差，求得预测值的置信区间。

三、一元线性回归预测法

（一）一元线性回归模型

设 x 为自变量，y 为因变量，y 与 x 之间存在某种线性关系，即一元线性回归模型为：

$$y = a + bx$$

其中，x 代表影响因素，我们往往认为它是可以控制或预先给定的，故称之为自变量；因变量 y 就是我们的预测对象；常数 a、b 是待定的参数。

（二）回归方程的检验

1. 相关系数检验法

（1）计算相关系数 R。相关系数 R 有两种计算方法：

① 根据总变差定义计算

$$R = \sqrt{\frac{\sum(\hat{y}_i - \bar{y})^2}{\sum(y_i - \bar{y})^2}} = \sqrt{1 - \frac{\sum(y_i - \hat{y})^2}{\sum(y_i - \bar{y})^2}} \qquad (式7-19)$$

② 根据积差法定义计算

$$R = \frac{\sum(x_i - \bar{x})(y_i - \bar{y})}{\sqrt{\sum(x_i - \bar{x})^2(y_i - \bar{y})^2}}$$

因此，根据平均数的数学性质可将其简化为：

$$R = \frac{n\sum x_i y_i - \sum x_i \sum y_i}{\sqrt{n\sum x_i^2 - (\sum x_i)^2}\sqrt{n\sum y_i^2 - (\sum y_i)^2}}$$

（2）查出临界值 $R_\alpha(n-2)$。根据回归模型的自由度 $(n-2)$ 和给定的显著性水平 α 值，从相关系数临界值表中查出临界值 $R_\alpha(n-2)$。

（3）判别。若 $|R| > R_\alpha(n-2)$，表明两变量之间线性相关关系显著，检验通过，这时回归模型可以用来预测；若 $|R| \leqslant R_\alpha(n-2)$，表明两变量之间线性相关关系不显著，检验未通过，在这种情况下，回归模型不能用来进行预测，这时应分析其原因，对回归模型重新调整。

2. F 检验法

构造 F 统计量：

$$F = \frac{\sum(\hat{y}_i - \bar{y})^2}{\frac{\sum(y_i - \hat{y}_i)^2}{n-2}} = \frac{Q_2}{\frac{Q_1}{n-2}}$$

可以证明 F 服从第一自由度为 1、第二自由度为 $n-2$ 的 F 分布。对给定的显著性水平 α，查 F 分布表可得临界值 $F_\alpha(1, n-2)$。

若 $F > F_\alpha$，则认为两变量之间线性相关关系显著；若 $F \leqslant F_\alpha$，则认为两变量之间线性相关关系不显著。

3. t 检验

t 检验法是检验 a、b 是否显著异于 0 的方法。下面以对 b 检验为例来说明 t 检验法的步骤。

（1）构造 t 统计量 $t = \dfrac{\hat{b}}{S_{\hat{b}}}$

其中：

$$S_{\hat{b}} = \sqrt{\frac{\sum(\hat{y}_i - y_i)^2}{(n-2)\sum x_i^2}} = \sqrt{\frac{Q_1}{(n-2)\sum x_i^2}}$$

$S_{\hat{b}}$ 称为 $\hat{b}$ 的样本标准差。

（2）查 t 分布表得临界值 $t_{\alpha/2}(n-2)$。

（3）判断。若 $t > t_{\alpha/2}(n-2)$，则认为 b 显著异于 0；若 $t \leqslant t_{\alpha/2}(n-2)$，则认为 b 不显著异于 0。

对于 a 是否显著异于 0 的检验过程与此完全相同。

四、多元线性回归预测法

多元线性回归分析是一元线性回归分析的扩展，是指两个或两个以上的自变量与一个因变量的变动分析。

（1）它要求在所有的观测变量中，有一个变量是因变量。

（2）作为因变量的变量，必须是等距量表或比率量表的资料。

（3）有两个或两个以上的自变量。

（一）多元线性回归方程

多元线性回归方程是用来描述因变量与多个自变量关系的数学表达式。即：

$$y = a + b_1 x_1 + b_2 x_2 + \cdots + b_n x_n$$

其中，y 为因变量观测值，a 为常数，b_i 为偏回归系数，x_i 为各自变量。

(二) 多元线性回归预测的步骤

第一步,筛选自变量。某个市场变量(预测对象)往往受到许多因素(解释变量)不同程度的影响,如果不加以鉴别,把所有自变量都选入回归预测模型,会出现自变量之间高度共线性问题,这会降低预测结果的准确性。因此,建立一个具有良好预测效果的多元回归方程,必须慎重地筛选自变量。筛选自变量应当注意以下几点:

- 自变量对因变量有显著影响,即它能提高回归方程的拟合优度。
- 自变量要可量化,不能量化的因素不能入选。分类数据可转化为 0-1 变量放入模型中。
- 入选的自变量与因变量之间应具有理论意义上的内在因果联系,而不仅仅是形式上的相关。
- 为了避免自变量之间的多重共线性。自变量之间的相关程度不能太高。

逐步回归分析法可用于自变量的筛选。这个方法的基本思路是:逐个引入偏回归平方和显著的自变量,每引入一个新的自变量,对原已选入的自变量逐个进行检验,发现偏回归平方和变为不显著的,应予剔除。这种方法筛选的过程比较复杂,一般要用计算机和相关的软件(如 SPSS)计算。

第二步,对统计数据进行多元回归分析,求解参数 b_0 和 b_i。这一过程的推导很复杂,这里不做介绍。参数的具体求解需要借助于计算机和统计软件(如 SPSS)进行。

第三步,对多元回归方程进行统计检验,最终选定用于预测的自变量。一是检验因变量与多个自变量之间是否线性相关,即进行回归方程的显著性检验;二是分别判定每个自变量对因变量的影响程度,也就是要对回归系数进行显著性检验。前者用 F 检验,后者用 t 检验。F 检验如果没有通过,则整个方程不能用于预测;t 检验不能通过的自变量,也要从预测方程中删除。

第四步,将最终选定的自变量的系数代入,建立预测方程,进行预测。

 示例 7-6

纸尿裤品牌偏好的影响因素分析

一、案例背景

宝洁公司是美国婴儿纸尿裤市场中的领导者。20 世纪 70—80 年代,宝洁公司的 Pampers 牌纸尿裤始终占据市场的主导地位。70 年代后期,宝洁公司推出新品牌 Luvs。即便是这样,宝洁公司的竞争对手 Kimberly-Clark 公司的品牌 Huggies 依然表现上乘,在 1985 年,Huggies 品牌的市场占有率达到 32.6%。为了改变竞争态势,宝洁公司更新了生产设备,先后推出 Ultra Pampers, Luvs Deluxe 等新产品,试图通过改变产品颜色、改善吸湿性、设计特别的胶带粘贴、采用新的包装等方法以吸引消费者。尤其要提到的是 Luvs Deluxe 品牌的纸尿裤,它首次对性别进行了区别,分别为男孩子和女孩子设计了符合其性别特点的纸尿裤产品,受到市场欢迎。但是 Kimberly-Clark 公司紧随其后改进产品,市场占有率逐年提高。结果,宝洁公司费尽力气做的种种产品改进虽然能够提高其中一个品牌的销量,但却是以侵袭自己公司另一品牌的市场份额为代价,Pampers 和 Luvs 占有率之和正在下降。

为了使产品改进更加针对竞争对手,而不是导致内部的市场份额蚕食,宝洁公司需要更加深入地洞察消费者。于是,公司对消费者进行了问卷调查。300位婴儿的母亲参加了这次调查,试验设计保证每个受试者随机地得到Pampers、Luvs或Huggies中的一个品牌,每个品牌有100位受试者。测量的变量包括品牌偏好、每包片数、价格、促销价值、不分性别、颜色设计、吸水性、防漏性、舒适感/尺寸、胶带设计,共计10个变量。受试者对每个变量按照七点利克特量表打分,其中,1=最差,7=最好,依此类推。

二、数据初步分析

300个数据均为有效数据,没有缺失值或异常值。它们的分布情况如表7-10所示:

表7-10 频数分布统计

		品牌偏好	每包片数	价格	促销价值	不分性别	颜色设计	吸水性	防漏性	舒适感	胶带设计
N	有效值	300	300	300	300	300	300	300	300	300	300
	缺省	0	0	0	0	0	0	0	0	0	0
平均数		4.020	4.793	4.743	4.817	4.127	4.023	3.910	3.873	3.830	3.343
中位数		4.000	5.000	5.000	5.000	4.000	4.000	4.000	4.000	4.000	3.000
众数		5.00	5.00	5.00	5.00	4.00	4.00	4.00	4.00	4.00	3.00
标准差		1.963	1.049	1.007	1.178	1.505	1.330	1.172	1.153	1.197	1.165
最小值		1.00	1.00	1.00	1.00	1.00	1.00	1.00	1.00	1.00	1.00
最大值		7.00	7.00	7.00	7.00	7.00	7.00	7.00	7.00	7.00	7.00

10个变量的频数分布表明,品牌偏好的平均分为4分,得分较高的有每包片数、价格、促销价值,接近4分的有颜色设计、不分性别、吸水性,得分较低的有防漏性、舒适感,得分最低的是胶带设计,平均分只有3.34。

图7-8显示:受试者对品牌的打分比较均匀地分布在1—7。其他自变量的分布呈抛物线形状,大部分的得分集中于3、4和5。

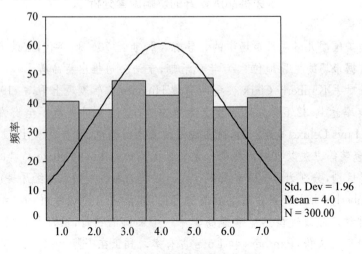

图7-8 品牌偏好的直方图

三、回归分析

1. Enter 法回归分析

a：因变量，品牌偏好 y。

b：自变量，每包片数 x_1、价格 x_2、价值 x_3、不分性别 x_4、颜色设计 x_5、吸水性 x_6、防漏性 x_7、舒适感/尺寸 x_8、胶带设计 x_9。

线性回归系数如表 7-11 所示。模型结论如表 7-12 所示。

表 7-11　线性回归系数

Model		非标准化系数		标准化系数	t	Sig.
		B	Std. Error	Beta		
1	常数	−3.458	0.320		−10.804	0.000
1	每包片数	0.504	0.119	0.269	4.245	0.000
	价格	0.109	0.129	0.056	0.843	0.400
	价值	0.016	0.076	0.010	0.215	0.830
	不分性别	0.472	0.093	0.362	5.088	0.000
	颜色设计	−0.065	0.102	−0.044	−0.643	0.521
	吸水性	0.341	0.157	0.204	2.170	0.031
	防漏性	0.253	0.165	0.148	1.533	0.126
	舒适感	0.106	0.085	0.065	1.253	0.211
	胶带设计	0.019 6	0.069	0.012	0.282	0.778

表 7-12　模型结论

Model	R	R Square	Adjusted R Square	Std. Error of the Estimate	Durbin-Watson
1	0.855	0.730	0.722	1.034 7	1.975

得到的线性回归模型为：$y = -3.46 + 0.504 \times x_1 + 0.109 \times x_2 + 0.016\ 4 \times x_3 + 0.472 \times x_4 + 0.065\ 4 \times x_5 + 0.341 \times x_6 + 0.253 \times x_7 + 0.106 \times x_8 + 0.019\ 6 \times x_9$

对品牌偏好影响最大的自变量有每包片数、不分性别、吸水性、价格和舒适感。其中，每包片数、不分性别和吸收性的 $P < 0.05$，影响显著。

这一模型可以解释品牌偏好总差异的 73%。D-W 检验显示自变量之间的自相关性不明显。

相关分析表明，一些自变量之间存在显著的相关性。例如，不分性别与颜色设计的相关系数为 0.894，$P < 0.01$；每包片数与价格的相关系数为 0.86，$P < 0.01$，价格与促销价值的相关系数为 0.73，$P < 0.01$。为了避免模型出现多重共线性，下一步使用逐步回归的方法。

2. Stepwise 回归分析

a：因变量，品牌偏好 y。

b：自变量，每包片数 x_1、价格 x_2、促销价值 x_3、不分性别 x_4、颜色设计 x_5、吸水性 x_6、防漏性 x_7、舒适感/尺寸 x_8、胶带设计 x_9。

c：进入标准 $P \leqslant 0.05$，移出标准 $P \geqslant 0.10$。

系数如表 7-13 所示。

表 7-13 系数

Model		Unstandardized Coefficients		Std. Coefficients	t	Sig.	Collinearity Statistics	
		B	Std. Error	Beta			容限度	VIF
1	(常数)	−0.566	0.283		−2.002	0.046		
	吸水性	1.173	0.069	0.700	16.931	0.000	1.000	1.000
2	(常数)	−1.574	0.250		−6.306	0.000		
	吸水性	0.799	0.066	0.477	12.162	0.000	0.764	1.310
	不分性别	0.599	0.051	0.459	11.702	0.000	0.764	1.310
3	(常数)	−3.256	0.294		−11.085	0.000		
	吸水性	0.657	0.061	0.392	10.805	0.000	0.709	1.409
	不分性别	0.438	0.049	0.336	8.911	0.000	0.658	1.520
	每包片数	0.605	0.069	0.323	8.782	0.000	0.689	1.450
4	(常数)	−3.350	0.296		−11.333	0.000		
	吸水性	0.360	0.155	0.215	2.319	0.021	0.108	9.294
	不分性别	0.427	0.049	0.327	8.671	0.000	0.650	1.539
	每包片数	0.615	0.069	0.329	8.954	0.000	0.686	1.458
	防漏性	0.324	0.156	0.190	2.076	0.039	0.110	9.067

依次进入模型的变量是吸水性、不分性别、每包片数和防漏性。在回归过程中没有自变量被移出。自变量防漏性的进入使得吸水性的显著性降低,两者之间的相关性较明显,但是模型总体的多重共线性并不显著,VIF<10。D-W 统计量为 1.97,不存在明显自相关。

得到的回归模型为:$y = -3.350 + 0.360 \times x_6 + 0.427 \times x_4 + 0.615 \times x_1 + 0.324 \times x_7$

最终模型的标准回归系数中,每包片数对品牌偏好的影响最大(0.615),其次为不分性别(0.427)、吸水性(0.360)和防漏性(0.324)。模型的拟合优度为 727。通过 VIF 检验,防漏性(v_7)与吸水性(v_8)之间存在一定的共线性,两者偏相关系数=0.83($P<0.001$)。

模型的 P-P 图如图 7-9 所示,残差接近正态分布。

散点图如图 7-10 所示,残差似乎呈现负的线性相关,这是由于因变量是不连续的、取值范围限制在 1—7 的定距变量。

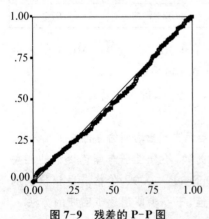

图 7-9 残差的 P-P 图

四、营销建议

(1) 通过以上回归分析,对消费者品牌偏好影响显著的 4 个变量分别是每包片数、不分性别、防漏性和吸水性。所以,这 4 个变量是公司营销的重点。

(2) 每包片数对品牌偏好的贡献最大。这显示出大包装更受消费者欢迎,这不仅因为

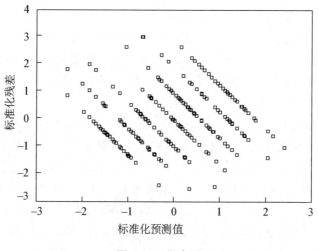

图 7-10 散点图

大包装往往和低单片价格相联系,而且可以节省消费者的精力和时间。因此,如果没有其他限制,消费者更愿意一次大量购买。建议宝洁公司的产品要有大包装,大包装的货架摆放数量应该更多,而且摆放在所有产品中最明显的位置。

3. 宝洁公司的 Luvs Deluxe 牌纸尿裤首次对性别进行了区别,分别为男性和女性设计了符合其性别特点的纸尿裤产品,提高了消费者的满意程度。

4. 吸水性和防漏性也是影响品牌偏好的重要变量,但由于吸水性和防漏性之间高度相关,因此,在多元回归模型中只有其中的一个变量显著,这并不意味在产品的设计中可以顾此失彼。

5. 虽然其他 5 个变量对品牌偏好的影响要逊色很多,但是这三个品牌在胶带设计、舒适感上的得分普遍偏低,例如,胶带设计的平均分只有三分,因此,宝洁公司在这些方面仍有提高的空间。

本章小结

市场预测是在市场调查的基础上,运用科学的方法分析调查数据,对未来一定时期影响市场变化的各种因素及其变化趋势作出的推测和估计。它的目的是为企业制订营销计划和进行营销决策提供依据。

企业对于宏观环境因素的变化所作出的预测以及据此所作出的关于企业营销关键影响变量可能发生变化的推断,是企业制定营销战略和营销战术的重要前提。一旦这个前提变了,企业的营销战略和营销战术以及整个营销管理工作都需要随之发生转变。

市场预测的程序可分为确定预测对象、制订预测方案、收集数据资料、选择预测方法、实施预测活动和评估预测结果等六个方面。

市场预测的方法按照使用的预测工具,可以分为定性预测法和定量预测法两大类。定性预测法就是预测者凭借自己的知识和经验,运用个人的逻辑推理和判断能力,对未来事物的发展状况或运动变化趋势作出推断。定量预测法是根据调查得来的数据,尤其是历史统计数据,运用统计工具对事物的发展变化作出定量推断。

定性预测法又可以分为个人直观判断法、集体经验判断法和专家判断法等五种。

个人直观判断法就是预测者凭借自己个人的经验、直觉、知识和洞见对事物的未来发展趋势作出判断。个人直观判断法可以划分为相关推断法和对比推断法。

集体经验判断法就是通过研讨会的机制，集合企业内外各方面人员的工作经验和智慧，共同对市场发展趋势进行预测。

专家判断法是根据市场预测的目的和要求，向有关专家提供一些背景资料，然后请他们就某事物未来发展变化的趋势作出判断。专家判断法有两种基本形式：一是专家会议法，二是德尔菲法。专家会议法就是邀请有关方面的专家，通过共同讨论的形式，达成共识，做出预测。德尔菲法是为了避免专家会议法容易被"权威"意见左右而采用的一种预测方法。运用德尔菲法的大致过程如下：第一，由预测组织者选出专家小组成员；第二，用问卷向专家小组的每一位成员征求预测意见，并请他们说明预测的依据；第三，依据专家们的答复，对他们的意见进行归纳和整理；第四，将归纳和整理的结果以匿名的方式反馈给各位专家，进行第二轮意见征询，要求他们根据新的资料，修改他们的预测和说明预测的依据。如此反复，直到获得比较一致的意见。

定量预测按方法的性质不同可分为时间序列预测和回归预测。

时间序列预测法是利用预测对象的时间序列，通过建立和拟合数学模型，找出事物发展变化的规律，并据此外推，作出定量估计的方法。根据分析方法的不同，时间序列预测法又可分为简易平均法、移动平均数法、指数平滑法、趋势外推预测法、季节变动趋势预测法。

移动平均数法是按相等的时间间隔和顺序对时间序列数据依次计算平均数，并把计算结果排成新的动态数列，以此反映预测对象的变化规律，进行定量预测，移动平均法能够部分地消除事物变化的随机波动，起到修正历史数据和揭示事物变动趋势的作用，根据移动的次数，移动平均法可分为简单移动平均法和加权移动平均法。

指数平滑法是根据历史资料的上期实际数值和预测值，用指数加权的办法进行预测，其实质是一种以特殊的等比数列为权数的加权移动平均法。根据平滑次数，指数平滑法可分为一次指数平滑法、二次指数平滑法与三次指数平滑法。

趋势外推预测法是利用时间序列具有的直线或曲线趋势，通过建立预测模型进行预测的方法。常用的预测模型分为直线型和曲线型，其中，曲线型预测模型又分为很多种，如二次曲线方程、指数曲线方程、简单修正指数曲线方程、戈珀茨曲线方程、三次曲线方程等。

季节变动趋势预测法是指根据预测对象每年重复出现的周期性季节变动指数，预测其季节性或月度变动趋势。

回归分析预测法是指利用统计分析，把两个或两个以上变量之间的相关关系模型化，建立起回归方程，用以推算因变量随自变量变动的数值、程度和方向。根据回归方程中自变量(元)的多少，它又可以分为一元线性回归预测法和多元线性回归预测法。

 思考题

1. 请用事例说明市场预测在企业营销决策中的作用。
2. 定性预测与定量预测有何区别？各适用于什么情况？
3. 定性预测常用的方法有哪些？各有什么特点？
4. 请描述如何用德尔菲法进行预测。
5. 根据表7-14的数据，分别用简单序时平均法、加权序时平均法、一次移动平均法、二次移动平均法和指数平滑法预测A企业的D产品2021年的销售额，并说明不同方法预测结果的特点。

表7-14 A企业的D产品2007—2020年的销售额

单位：百万元

年份	2007	2008	2009	2010	2011	2012	2013	2014	2015	2016	2017	2018	2019	2020
销售额	140	153	143	167	208	236	263	295	299	360	434	453	521	534

6. 查找××××年—2016年"中国社会消费品零售总额"的数据，用一次移动平均法、二次移动平均法和指数平滑法对2017年、2018年和2019年的中国社会消费品零售总额进行预测，并与实际数据进行比较，计算预测误差。

7. 根据表7-15提供的数据，绘出散点图，并选择一种适用的数学模型，预测该企业2021年的销售额。

表7-15 某企业2007—2020年销售额增长情况

单位：万元

年份	2007	2008	2009	2010	2011	2012	2013	2014	2015	2016	2017	2018	2019	2020
销售额	785	806	937	1 059	1 301	1 380	1 907	2 003	2 225	2 727	3 437	4 246	4 846	5 277

第八章

撰写市场调研报告

 学习目标

- 了解市场调研报告的内容构成,构思市场调研报告的框架;
- 学会撰写市场调研报告;
- 理解市场调研结果的沟通,掌握如何陈述和演示报告。

市场调查与预测报告也叫市场调研报告或市场研究报告,是市场调查与预测的最终研究成果。它根据调查的事实材料和数据对所研究的问题作出系统性的分析说明,得出结论性意见。它的重要性在于:第一,对于许多的决策者或决策执行者来说,市场调查与预测报告是他们与项目沟通的唯一途径,他们对于项目所研究问题的估价在很大程度上取决于他们所能看到或听到的报告内容;第二,研究报告是市场调查与预测工作的结果,市场调查与预测被重视的程度取决于研究报告能够帮助企业进行正确决策的程度。大部分决策者对于整个调查与预测过程的细节并不关心,他们所关心的是研究结果所提供的信息满足决策需要的程度。

第一节 市场调查报告的内容构成

一、市场调查报告的作用

市场调查报告是市场调查活动的直接结果,其目的在于展现市场调查的成果,把获得的市场信息传递给决策者和领导者。

(1) 市场调查报告能将市场信息传递给决策者。
(2) 市场调查报告可以完整地表述调查结果。
(3) 市场调查报告是衡量和反映市场调查活动质量高低的重要标志。
(4) 市场调查报告能够发挥参考文献的作用。
(5) 市场调查报告可被作为历史资料反复使用。

二、市场调查报告的结构

一份完整的市场调查与预测报告,应该包括标题、目录、摘要、前言、调查与预测方法、分析与预测结果、结论与建议、附件等内容。当然,根据报告对象(读者或听众)的不同,其中的一些内容可省略。

(一) 标题

市场调查与预测报告的标题是由调查与预测的目的、内容与范围来决定的。不同类型的报告标题,所强调的内容和重点不同。

1. 产品调查与预测

产品调查与预测的目的,是了解产品的供需情况,制定企业的产品策略。调查与预测内容包括:该项产品的供需总量;消费者对产品质量、性能、价格、交货期及技术服务的意见;该产品处于寿命周期的哪个阶段;现有产品扩展市场的可能性;市场对于创新产品的需求情况。报告标题应突出产品名称,并对产品某个方面的侧重点有所反映,比如"青岛啤酒国内市场的调查与预测""2023年中国钢铁市场预测报告""2013—2017年中国PE塑料颗粒市场发展前景预测报告"。

2. 消费者需求调查与预测

消费者需求调查与预测的内容主要是某类或某项产品的消费者需求总量、消费构成以及消费者的购买动机与购买行为等。例如,某一类产品的消费者属于哪种消费层次?他们的年龄特点、收入水平、地区分布、购买动机等情况如何?消费量有多大?有哪些消费习惯?拟定这类调查与预测报告的标题,通常采用直接叙述的方式,如"北京市居民消费结构的调查与预测""海尔小家电产品顾客满意度研究""移动电话市场规模的调查与预测""上海日用小商品短缺情况的调查与预测报告"。

3. 营销活动调查与预测

营销活动调查与预测的目的在于为企业制定营销策略提供依据。营销活动调查与预测的内容包括:企业产品的营销实绩与趋势分析;营销渠道、销售价格的分析预测;营销活动的费用和效率的分析预测;广告等促销活动的经济效果分析;售后服务的方式及其结果分析;消费者对营销活动的意见调查。拟定这类调查与预测报告的标题要突出重点,如"出口商品包装不容忽视""某公司广告促销活动的效果分析""市场导向对企业营销绩效的影响研究"。

4. 市场环境调查与预测

市场环境调查与预测的内容包括:对市场有重大影响的政治环境、经济环境、科技环境和竞争环境的调查与预测;涉及国家的经济政策、投资政策、能源政策、经济发展速度及能源、交通发展状况,新技术、新工艺、新材料的发展趋势及应用状况,竞争企业的生产能力、产品质量、生产成本、市场占有率及推销策略等。拟定这类调查与预测报告的标题要突出环境因素,如"加入WTO对中国零售业的影响""国家的新能源政策对电力企业发展的影响""网络环境下陕西省旅游业发展状况的分析与预测"。

(二) 目录

提交调查报告时,如果涉及的内容很多,页数很多,为了便于读者阅读,把各项内容用目录或索引形式标记出来。这使读者对报告的整体框架有一个具体的了解。目录的具体内容如下:

(1) 章节目录:标题和副标题及页码。

(2) 表格目录:标题及页码。

(3) 图形目录:标题及页码。

(4) 附录:标题及页码。

(三) 摘要

摘要是整个研究报告的一个概括性的介绍,目的是让相关人员可以迅速地了解研究报告的主要内容、主要的研究结论与建议。有时,为了给那些不愿意阅读全部细节的决策人员提供信息,报告撰写人需要写一个相对比较长的执行摘要。摘要由以下三个部分组成。

1. 调查目的

即为什么要开展调研?为什么公司要在这方面花费时间和金钱?想要通过调研得到些什么?

2. 调查对象和调查内容

如调查时间、地点、对象、范围、调查要点及要解答的问题等。

3. 调查研究的方法

如问卷设计、数据处理是由谁完成,问卷结构,有效问卷有多少,抽样的基本情况,研究方法的选择等。摘要写作时注意的问题:

(1) 摘要只给出最重要的内容,一般不要超过 2—3 页;

(2) 每段要有个小标题或关键词,每段内容应当非常简练;

(3) 摘要应当能够引起读者的兴趣和好奇心去进一步阅读报告的其余部分。

示例 8-1

以下是一个市场调查报告的摘要,其中概括性地说明了该项调查的目的、内容和运用的调查方式。

摘要: 本文通过问卷调查、专家访谈等形式,对复旦大学中国经济研究中心、上海交通大学协同创新中心、华东师范大学终身教育研究院等上海第一批 18 家高校智库以及上海应用技术大学香精香料研究所、华东理工大学华东社会发展研究所等高校研究机构进行调研,详细分析了高校智库建设与发展中存在的问题,并提出相应对策。调研结论对于高校新型智库如何健康持续发展具有重要的指导意义。

资料来源:引自田钦,赵倩,周正柱.上海高校新型智库建设现状与对策调查研究[J].高教学刊,2018(17):1-3+6.

(四) 前言

市场调查与预测报告的前言又称"引言",主要目的是说明研究问题(调查与预测要回答的核心问题)和研究意义(为什么要进行这一项调查与预测)。如果是学术研究,这里需要简要介绍研究的背景,并说明研究的理论意义和实际应用价值;如果是应用研究,这里则要扼要地介绍调查与预测的缘由、主旨,调查的时间、地点、范围以及预测的对象。

前言虽然不长,但是很难写。如果是应用型研究,这相当于基于决策问题界定调查与预测问题;如果是学术研究,这里就需要根据前人研究中存在的问题,界定自己的研究问题。若研究问题界定不清,后面的内容就失去了落脚点。因此,虽然放在报告的前面,但它往往是在研究完成以后经过反复推敲才能写出来的。

(五)调查与预测的方法

这部分的内容包括数据收集方法、抽样方法、分析方法和(或)预测方法。这是读者判断一项研究结果是否可靠和可信的主要依据,因此要写得尽量详细。当然,如果报告的对象(如那些只想知道研究结果的决策人员)对于研究方法没有兴趣,这一部分要写得简单一点。

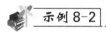
示例 8-2

品牌原产地困惑的影响作用研究:研究方法

(一)样本

本研究的调查对象是浙江大学在校学生。调查采用人员访问的方式进行。接受过短期培训的四对调查人员,分别在四个校区连续五个晚上走访学生宿舍,各负责向100名学生发放并收回问卷。根据便利原则而不是被调查者的特性(如男女或年龄)选择样本,被选中的学生当着调查人员的面填写问卷。为了鼓励学生认真填写问卷,我们为每一份合格问卷的填写者提供一个学生很喜欢的仿皮手机袋作为奖励。发出的400份问卷全部收回。

(二)产品种类和品牌的选择

为了选择合适的产品检验研究假设,在正式调查之前,我们先进行了一个小样本前期调查。让一组年轻人发表他们对于一些品牌的看法。这些品牌覆盖了7种产品类别:牙膏、洗发水、瓶装水、啤酒、休闲服、运动鞋和手机。之所以选择这些产品,是因为作为调查对象的大学生经常使用和购买这些产品。另外,在本调查进行之时,这些产品的每个类别中都有许多本土和境外品牌在中国市场上参与竞争。

按照此前一些相关研究的经验,调查中所用的品牌都经过下列步骤选出:首先,走访一些超市和百货店,记录下这些超市和百货店所经营的以上7种产品的所有品牌名称;然后,把写有每种品牌名称的清单交给商场经理,让他们帮助挑选出其中知名度相对较高的品牌。这是为了保证调查对象要知道被选中的品牌,否则,他们无法回答问卷中的问题。7种产品一共选择了67个品牌,每一类产品中都有5—14个品牌。

(三)问卷和量表

问卷有十页长,包含多种不同的量表和问题。以下,只说明与本研究有关的量表和问题。

首先,在问卷中,我们根据产品种类列出了前面确定好的67个品牌;然后,请被调查者针对其中的每一个品牌分别从知名度、性价比和喜好程度等方面用等级量表(1=非常低,7=非常高)进行评价;再次,请他们依次判断各品牌是否是本土品牌(1=本土品牌,2=境外品牌);最后,在每一类产品的品牌名单后面,请他们回忆并填写在过去六个月里购买过以上品牌中的哪些品牌。

在数据分析之前,我们先综合 400 个独立的观察值计算出每一个品牌在每一个指标上的平均值(知名度、性价比和喜好)、百分比(对于某一本土品牌或境外品牌的误判)与总和(在过去六个月里对于某一个品牌的购买)。对应于这 67 个品牌,我们得到 67 组数据。后面的分析就建立在这 67 组数据上。

本研究涉及品牌原产地困惑、品牌性价比、品牌知名度、品牌喜好以及消费者对本土品牌和境外品牌的购买状况等变量。品牌原产地困惑(WR)用被调查者在进行品牌原产地判断(判断各品牌是否是本土品牌)时出错的百分比来表示;被调查者在判断一个品牌原产地时出错的百分比越大,就说明他们对于这个品牌的原产地困惑越大。品牌性价比(VL)、品牌知名度(FM)和品牌喜好(LK)分别用 400 个被调查者关于 67 个品牌在性价比、知名度、喜好程度等方面评价的平均值来测量。消费者的购买状况(BUY)则用在过去六个月里,400 个被调查者购买过某一品牌的人数表示。比如,在过去六个月里,400 个被调查者中有 152 位购买过中华牌牙膏,消费者的购买状况(BUY)就记为 152;有 62 位购买过 Jasonwood 服装,消费者的购买状况就记为 62。

(四) 分析方法

我们先以消费者的品牌喜好程度(LK)为因变量,以品牌性价比(VL)、品牌知名度(FM)和品牌原产地困惑(WR)以及品牌知名度(FM)和品牌原产地困惑(WR)的交叉项(FM+WR)为自变量,分别对 34 个本土品牌和 33 个境外品牌的调查数据进行层次回归。在没有交叉项的模型中,品牌性价比(VL)和品牌知名度(FM)的 VIF 值均小于 10,说明多重共线性不是一个严重的问题。然后,再以消费者的品牌购买为因变量,以品牌喜好和品牌原产地困惑为自变量,分别对 34 个本土品牌和 33 个境外品牌的调查数据进行层次回归。

资料来源:庄贵军、周南、周连喜.品牌原产地困惑对于消费者喜爱与购买本土品牌和境外品牌的影响[J].财贸经济,2007(2):98—104+129.

(六) 分析与预测结果

这是调查与预测报告的核心部分,具体内容应视调查与预测的目的而定。比如,若调查与预测的是市场的一般供需状况,分析的内容就可能是:某种产品的市场总需求量和饱和点;有无替换产品存在或可供开拓;市场的销售发展趋势;产品市场地区划分;本企业产品在同行业中的市场占有率;本企业产品在各地区市场的占有情况;未被开发和占领的市场;不同地区可期望的销售量以及广告费用与销售力量的合理分配。

若进行产品调查,分析的内容可能就是:现有产品线的扩充或收缩;产品设计;产品的功能与用途;产品使用与操作安全;产品品牌和商标设计;产品外观与包装;产品系列与产品组合;产品生命周期;探索产品新用途;产品售前售后服务;保持适当库存。

若进行的是产品价格调查,分析的内容可能就是:影响价格变动的因素分析;产品需求弹性计算;不同价格政策对产品销售量的影响分析;产品的合理价格及新产品的定价策略;产品生命周期不同阶段的定价原则;类似产品的合理比价。

若进行广告效果调查,分析的内容如下:产品寿命周期不同阶段的广告目标;合理的广告计划与预算;最能激发消费者购买动机的广告媒体;广告效果的测定。

若进行营销渠道调查,分析的内容如下:各类中间商的选择与评价;各地区市场销售网点分析;销售成本分析;销售渠道的拓宽。

若进行市场竞争情况调查,分析的内容往往包括:竞争对手的产品设计性能、包装和售后服务等情况;竞争对手的产品生产成本与定价策略;竞争对手的产品广告费用与广告策略;竞争对手的销售渠道;未来的市场竞争情况。

总之,分析预测的结果是应用统计工具或定性分析技巧对于数据或资料处理结果的归纳和总结。它要与前面的研究问题和研究方法相匹配,整合为一个逻辑严密的整体。此外,在必要时,还要对一些分析和预测的结果作出合理的解释。

(七) 结论与建议

在分析与讨论(解释)的基础上,得出研究结论,并针对管理者的决策问题提出建议。根据前面的分析结果和对于分析结果的讨论或解释,研究报告要对整个项目的结果作一个总结,得出研究的主要结论。在总结中不要重复每一项研究结果,而要回顾主要的发现,并再一次说明这些发现的重要性。在研究结论部分,要特别注意与报告的前言部分相呼应:前面提出了什么问题,通过怎样的研究程序,研究者是否回答了前面的问题,如何回答的。

针对管理者的决策问题提出建议,是市场调查与预测的目的所在。因此,这里要对应前言部分的决策问题,提出解决决策问题可以采取的对策方案或者给出研究结果可能的使用方法。结论和建议应当采用简明扼要的语言。

(1) 概括全文。经过层层剖析后,综合说明调查报告的主要观点,深化文章的主题。

(2) 形成结论。在对真实资料进行深入细致的科学分析的基础上,得出报告的结论。

(3) 提出看法和建议。通过分析,形成对事物的看法,在此基础上,提出建议和可行性方案。

(4) 展望未来、说明意义。通过调查分析展望未来前景。

(八) 附件

市场调查与预测报告的真实可靠性,要依据调查与预测方法的科学性以及数据资料的可靠性来判断。研究者在撰写报告时,为了提高报告的真实性和可靠性,需要在报告中提供尽量多的研究细节和原始资料,即附件。

附件通常包括以下内容:

(1) 调查问卷;

(2) 技术细节说明,如对一种统计工具的详细阐释;

(3) 其他必要的附录,如调查所在地的地图等。

第二节 编写报告主要的问题

概括而言,编写调查与预测报告要注意以下四个方面的问题。

一、报告的对象

因为研究报告的主要目的是报告调查和分析预测的结果,为决策提供可靠的信息,所以,报告必须满足决策者对信息的要求。大多数决策者喜欢清晰而简短的研究报告。他们感兴趣的是研究结果能否帮助,以及在多大的程度上能够帮助他们进行决策。因此,在编写研究报告时,编写者必须始终围绕着研究目的,明确说明研究结果与决策者所需要的信息有怎样的关联。要尽量避免让读者或听者自己寻找信息与决策问题之间的联系,这就要求编写者不但知道研究的结果是什么,而且要理解研究结果的实际应用价值。因此,编写者要明确地了解研究的目的和意义,根据研究问题和决策问题来组织材料。

二、报告的简明性和全面性

报告的简明性指报告的内容简单明了,言之有物;报告的全面性指报告的内容包含整个研究项目的主要内容。一份好的研究报告,既要简明,又要全面;既要语言简练,又要重点突出。这在很大程度上取决于报告编写者的写作水平。全面性并不意味着研究报告必须包括研究项目发现的每一个细节,它只意味着研究报告应该包括那些重要的部分。一个部分是否重要,要看它与研究目的的关系。按照一个简单的方法:"先告诉人们你要说什么,然后说你要说的,最后再总结你刚刚说过的。"

当然,语言简练、言之有物、重点突出、繁简适当,是写好文章的共同要求。一般而言,在写研究报告时应该做到:紧扣主题,围绕着主题选择和使用材料;善于选材,与主题关系不大的材料,能简则简;善于运用统计数据和事实说话,少讲空话、大话、套话。

三、报告的客观性和有效性

研究报告必须客观地报告研究结果,任何歪曲或欺骗的行为都是不道德的,并且可能对企业的营销决策和营销管理产生恶劣的影响。不过,这并不意味着研究报告应该写得枯燥乏味;研究报告中的内容应该有效地组织在一起,用人们乐于接受的方式报告,使研究结果让人感觉有趣、有用。

为了使报告客观有效,在研究报告中应尽量使用客观的描述性的语句,避免使用生僻的专业术语和过分夸张的词汇。另外,还要尽量写得有趣。比如,用一两个有趣的事例或问题把研究的主题引出来。

有时,研究人员会遇到研究结果不易被接受的情况,比如当研究结果与决策者的经验和判断相矛盾的时候,或者研究结果暗指决策者以前的决策欠明智的时候。这时,不能为了迎合决策者而破坏报告的客观性,研究者有责任客观地报告研究结果,并使决策者相信这个研究结果是真实的。当然,这并不意味着研究者不能使用一些沟通技巧以决策者可以接受的方式报告研究结果,也不意味着决策者必须接受研究结果,彻底否定他们的经验判断。

四、避免抄袭

这是一个很重要的问题。研究需要参考和借鉴前人的文献、资料和方法,但是不能抄袭。否则,轻者违反业内的道德规范,被人发现后受到谴责;重者则可能因为侵权而发生版权纠纷,需要承担法律责任。因此,当引用别人的文字或观点时,一定要有清楚的标注,避免有意或无意的抄袭行为。

根据艾尔-巴比的描述(3),以下是有关避免抄袭的基本法则。第一,不能在不使用引号及给出完整出处的情况下,一字不漏地使用别人的文字。一般而言,不要照抄别人作品中超过连续的8个词而不注明出处。第二,重叙别人著作中的文字而不标明出处(让人感觉是他自己的东西)时,从严格意义上来讲也是抄袭。第三,把别人的观点当成自己的观点来使用,即使用了跟原作者完全不一样的文字来描述而不注明出处,也令人无法接受。

示例8-3是艾尔-巴比书中的例子3,很清楚地说明了什么是可以接受的引用,什么是不能接受的引用。

  示例 8-3

可以接受与不能接受的引用
原作品:增长的定律(Gall, 1975)

系统就如婴儿:一旦你们有了它,就永远拥有它,它们不会消失。相反,它们最显著的特征就是持续性,而且,它们不只是持续地存在,它们还会增长。在它们增长的同时,还会侵蚀。帕金森(Parkinson)用粗略的方法描述了系统的生长潜力,例如,一般行政系统的年平均增长率为5%—6%,且与完成工作的多寡无关。时至今日,帕金森的观点仍是对的,我们必须尊重的是他严肃地开辟了这个重要的研究领域。但是帕金森并没有认知到一般性系统定律,即帕金森定律。

系统本身倾向以5%—6%的比例增长。

同样,上述定律不过是一般性的宇宙起源式的系统理论基础而已。

系统倾向于扩张,以至于充满已知的宇宙空间。

以下是几种可以接受的引用。

(1)盖尔(Gall, 1975, p12)在他的作品中有趣地将系统比喻为婴儿:"系统就如婴儿:一旦你们有了它,就永远拥有它,它们不会消失。相反,它们最显著的特征就是持续性,而且,它们不只是持续地存在,它们还会增长。"

(2)盖尔(Gall, 1975)警告我们,系统就像婴儿,一经创造,就始终存在。更糟的是,他提醒我们,系统会持续地扩张,越来越大。

(3)有学者认为,系统会自然地倾向于持续存在、增长与侵蚀(Gall,1975)。

参考文献:

Gall, John. *Systematics: How System Work and Especially How They Fail*. New York: Quadrangle, 1975,12-14.

以下是几种不可接受的引用。

(1) 在本文中,我要探讨在组织中创造的社会系统的一些特征。第一,系统就如婴儿:一旦你们有了它,就永远拥有它,它们不会消失。相反,它们最显著的特征就是持续性,而且,它们不只是持续地存在,它们还会增长。(直接引用别人作品,而不使用引号或提供出处。)

(2) 在本文中,我要探讨在组织中创造的社会系统的一些特征。第一,系统十分像婴儿:一旦你们有它,它就属于你们了,它们不会消失。相反,它们会持续存在,它们不仅持续存在,实际上,它们还会增长。(重写别人著作中的文字,但将其视同自己的。)

(3) 在本文中,我要探讨在组织中创造的社会系统的一些特征。我注意到一旦你们创造了一个系统,它似乎就不会消失。恰恰相反,事实上,它们倾向于增长。从这个观点出发,我们可以说系统非常像孩童。(重述别人的观点,但视同自己的观点。)

资料来源:艾尔·巴比,《社会研究方法基础(第八版)》,邱泽奇译,北京:华夏出版社 2002 年版,第 398—400 页。文字有修改。

对抄袭的判断常常有一些灰色地带。比如,有的观点就像公共产品一样,不属于任何人。另外,有的观点确实是你自己的,但是不知道已经有人将其写成文字了。一般而言,如果研究报告只是一家公司内部使用而不拿出去发表,抄袭不是很严重的问题;如果拿出去发表,即使是一些灰色地带,也需要特别注意。避免在灰色地带出问题最好的办法,就是多掌握一些文献,在研究报告发表之前多让相关人员提意见。

第三节 报告中常用的统计图

好的图表胜过千言万语。因此,在研究报告中,只要需要就可以使用图标传达信息。这里介绍在研究报告中常用的饼形图、柱形图和线形图。

一、饼形图

饼形图(pie chart)是用以表示部分与整体关系以及数量比例的统计图。比如,表 8-1 中的数量关系可以表示成图 8-1。图 8-1 非常清楚、直观地表示了某公司所属的 6 个商店某月销售额之间的差异。

表 8-1 某公司 6 个商店某月的销售额 单位:百万元

商店名称	销售额	总销售额占比(%)
A	9	6.40
B	21	15

(续表)

商店名称	销售额	总销售额占比(%)
C	53	37.90
D	13	9.30
E	43	30.70
F	1	0.70
总计	140	100

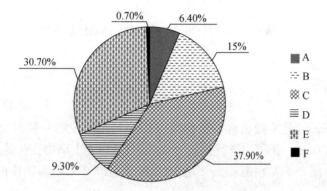

图 8-1 某公司 6 个商店某月的销售额占比

在饼形图中,各个部分的面积占总面积的比例等于各商店销售额在总销售额中所占的比例。因此,饼形图很直观地告诉了读者不同构成成分在总体中所占的比例,读者也很容易通过看图而了解一个事物的构成情况。不过,当要表示的事物构成很复杂,比如多于 7 个成分时,不宜使用饼形图,因为那样做,会把"饼"分得太小。另外,饼形图不能用于表示一个事物跨时期的变化情况,此时,可以选择柱形图或线形图。

二、柱形图

柱形图(bar chart)也叫直方图,是用竖直的柱子表示数据,如绝对数、相对数和差异。比如,表 8-2 显示的是 1997—2002 年中国软件市场的规模和增长速度,将其中的市场规模转换成柱形图就成为图 8-2。

表 8-2 1997—2002 年中国软件市场的规模和增长速度

年份	1997	1998	1999	2000	2001	2002
市场规模(亿元)	25.8	35.1	48	58.7	65	86.5
增长率(%)		36.05	36.75	22.29	10.73	33.08

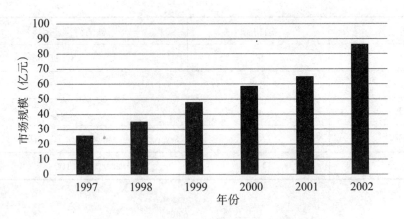

图 8-2　1997—2002 年中国软件市场的规模

三、线形图

线形图(line chart)是用线条将一组数据点连接起来形成的一种事物跨时期变化的图形。当把几条连线放在一张图中进行比较时，可以明显地看出事物变化的趋势，从而作出简单的预测和推断。图 8-3 是根据表 8-2 给出的 1997—2002 年中国软件市场的增长速度而绘制的线形图。

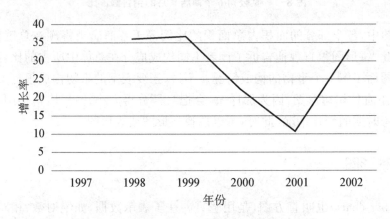

图 8-3　1997—2002 年中国软件市场的增长速度

线形图可以由柱形图经过转换得来。在下面几种情况下，一般使用线形图而不使用柱形图：第一，当数据的时间跨度比较大的时候；第二，当几方面的数据放在一起进行比较时；第三，当绘图的主要目的在于显示变化趋势时；第四，预测时。

实际上，线形图和柱形图可以结合使用。比如，图 8-4 就将线形图和柱形图结合起来，不仅使我们清楚地看出 1997—2002 年中国软件市场规模的变化趋势，也清楚地看出其变化速度。

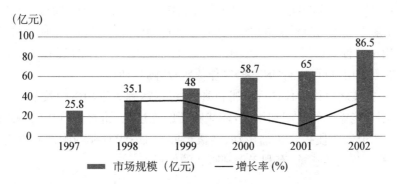

图 8-4　1997—2002 年中国软件市场的规模和增长速度

第四节　报告的陈述和演示

市场调查与预测报告,除了以书面的形式提交给委托人或企业管理层以外,还要向委托人或企业管理层进行口头报告,即陈述和演示。

一、陈述和演示应注意的特殊问题

做好陈述和演示的关键,在于充分的准备。因为陈述和演示要适合特定的受众,所以陈述人事先需要了解受众,确定受众的工作与教育背景、兴趣和对项目的关切程度。陈述人要了解陈述和演示的内容,根据报告内容,准备详细的陈述和演示提纲,并反复练习。陈述人还要能够熟练运用图表等视觉手段和各种媒体工具进行演示。此外,在陈述和演示之前,研究的组织者应该与委托人或企业管理层进行沟通,以得到他们的支持和理解。

以下是成功陈述和演示的要点:
(1) 熟练地掌握演示工具(如多媒体、投影仪)的操作;
(2) 陈述人一定要对报告内容非常熟悉,在报告之前要多练习,最好有人在旁指导;
(3) 要讲而不是念研究报告或相关的材料;
(4) 要遵循陈述和演示的规律,先概括地说明,然后具体介绍,最后进行总结;
(5) 多用图表进行说明,好的图表胜过千言万语;
(6) 可以使用动作、手势增加听众的注意力,但不宜过多、过大;
(7) 要注意陈述和演示的风度,穿着要显示职业化特征,不能太随意;
(8) 语言表达要清晰、生动和有逻辑性;
(9) 与听众沟通,而不是向听众灌输,这需要很好的演讲技巧。

二、用 PowerPoint 进行陈述与演示

PowerPoint(PPT)是微软公司推出的 Microsoft Office 办公软件中的一个组件,专门用

于制作和播放幻灯片形式的演示文稿。它能够制作出集文字、图形、图像、声音以及视频剪辑等多媒体元素于一体的演示文稿,把自己所要表达的信息组织在一组图文并茂的画面中。PPT 广泛运用于各种会议报告、产品演示和学校教学之中。制作的演示文稿不仅可以在投影仪或计算机上使用,也可以打印出来,制作成胶片,随处使用。

使用 PPT 再辅之以投影仪进行陈述和演示,可以达到事半功倍的效果。用这样的方法陈述和演示,不但能够节约时间和用纸,还能够帮助陈述人"讲报告"(用大纲式的文字提示内容)而不是"念报告",使报告更加生动、活泼(通过加一些有趣的画面)、直观和形象。此外,还给人一种职业化的感觉,有利于得到听者的信任。

本章小结

市场调查与预测报告是市场调查与预测工作的最终成果。它是许多决策者或执行者与项目沟通的唯一途径,是他们对于研究项目所研究问题进行估价的主要依据。

一份完整的市场调查与预测报告,包括标题、目录、摘要、前言、调查与预测方法、分析与预测结果、结论与建议等内容。

编写调查与预测报告要注意多方面的问题,概括而言,主要有四个方面的问题:报告的对象、报告的简明性和全局性、报告的客观性和有效性以及避免抄袭。

因为报告的主要目的是报告调查和分析预测的结果,为决策提供可靠的信息,所以,报告必须满足决策者对于信息的要求。在编写研究报告时,编写者要围绕着研究目的展开,明确说明研究结果与决策者所需要的信息有怎样的关联。

一份好的研究报告,要写得既简明又全面;语言既简练,又重点突出。先告诉人们你要说什么,然后说你要说的,最后总结你说过的。

研究报告必须客观地报告研究结果,同时有效地将内容组织在一起,用人们乐于接受的方式报告,使研究结果让人感觉有趣、有用。

要避免抄袭。其中的关键:一是自觉遵守研究的道德规范;二是明确正确引用与不当引用的区别,并严格执行。

在研究报告中,只要需要就可以使用图表来传达信息。好的图表胜过千言万语。在研究报告中经常使用的统计图有饼形图、柱形图和线形图。

对于市场调查与预测报告的陈述和演示,有助于委托人或管理层理解和接受书面报告的内容和结果,也可以使研究者有机会对书面报告中的一些不太清楚的内容加以说明。做好陈述和演示的关键,在于充分的准备。另外,还要把握陈述和演示的要点。

PowerPoint(PPT)是微软公司推出的 Microsoft Office 办公软件中的一个组件,是专门用于制作和播放幻灯片形式的演示文稿。使用 PPT 和投影仪进行陈述和演示,可以达到事半功倍的效果。

思考题

1. 市场调查报告的作用是什么？一份完整的市场调查与预测报告，应该包括哪些内容？
2. 编写市场调查与预测报告要注意哪些问题？
3. 市场调查与预测报告中常用的统计图有哪些？
4. 在陈述和演示市场调查与预测报告时应注意哪些问题？

第九章

市 场 分 析

 学习目标

- 理解市场宏观与微观环境；
- 理解消费者购买行为的影响因素；
- 理解竞争者分析；
- 理解定位方法。

市场调查与预测的数据主要用于对市场进行分析。市场分析主要包括环境分析、消费者购买行为分析、竞争者分析、定位分析。

第一节 市场环境分析

企业总是在一定的外界环境条件下开展市场营销活动。外界环境的变化既能给企业带来机会，也可能带来潜在的威胁。因此，企业的市场分析首先需要分析宏观环境，并结合自身的优势、劣势，扬长避短，趋利弊害，适应变化，抓住机会，从而实现自己的市场营销目标。

一、企业内部环境分析

企业的组织结构包括市场营销管理部门、其他职能部门和最高管理层。企业为实现其目标，各个部门分别进行着不同的业务活动，如制造、采购、研究与开发、财务管理、市场营销等。对于市场营销部门而言，不仅要考虑其他各部门（如制造部门、采购部门、研究与开发部门、财务部门）的情况，妥善处理好同各部门之间的关系，同时要与这些部门密切协作共同研究制定年度及长期计划，而且要为最高管理层的决策及时提供相关的市场信息，并以最高管理层制定的企业任务、目标、战略和政策为依据，制定市场营销计划。

企业内部环境对企业营销活动有着十分重要的影响。

（一）营销计划目标必须服从企业的整体战略目标

一般来说，企业的高层管理部门负责制定企业的使命、目标、总体战略和政策。营销部门必须依据高层管理部门的规划来作决策,而且营销计划必须经由高层管理部门的同意方可实施。

(二) 营销决策与执行必须有各部门的密切合作

单靠一个营销部门是无法进行营销决策和执行活动的。营销部门需要与其他职能部门的通力合作:财务部门负责寻找和使用实施营销计划所需的资金;研究与开发部门研制安全而吸引人的产品;采购部门负责供给原材料;生产部门生产品质和数量都合格的产品;会计部门核算收入与成本,以便管理部门了解是否实现预期目标。可见,这些部门都对营销部门的计划和行动产生影响。

企业对营销内涵与作用的认识是随着市场竞争状况不断加剧而逐步提高的。在卖方市场中,营销功能最多也只是被看作几个具有同等重要性的商业功能之一。然而今天,许多企业都意识到:市场营销不能只看作营销部门的事。企业不仅要协调好营销部门与其他职能部门的关系,更需要将营销文化深入每一个员工的心中,全体动员起来,随时有效地对顾客需要的各种变化作出反应。这种整合营销、全员营销的理念为营销活动的开展创造了极佳的内部环境。

二、企业外部环境分析

(一) 宏观环境分析

市场营销宏观环境包括政治法律环境、经济环境、社会文化环境和科学技术环境。

1. 政治法律环境

企业的市场营销决策受政治法律环境的影响。政治法律环境是那些强制和影响社会上各种组织和个人的法律、政府机构和压力集团。这里着重阐述以下两个方面。

(1) 与企业市场营销有关的经济立法。

企业必须懂得本国和有关国家的法律和法规,才能做好国内和国际市场营销管理工作,否则,就会受到法律制裁。美国等发达国家的经济立法,有些是为了保护竞争,有些是为了保护广大消费者的利益,还有些是为了防止环境污染,保护社会利益。我国的经济立法尤其是涉外经济立法还不完备。近几年来,为了健全法制,加强法制,适应经济体制改革和对外开放的需要,我国陆续制定和颁布了一些经济法律和法规,如《中华人民共和国产品质量法》《中华人民共和国食品卫生法》《中华人民共和国商标法》《中华人民共和国价格法》《中华人民共和国反不正当竞争法》《中华人民共和国广告法》《中华人民共和国消费者权益保护法》《中华人民共和国专利法》等。

(2) 群众利益团体发展情况。

群众利益团体是一种压力集团。在发达国家,影响企业市场营销决策的群众利益团体主要是保护消费者利益的群众团体以及保护环境的群众利益团体等。这些群众团体疏通政府官员,给企业施加压力,使消费者利益和社会利益等得到保护。因此,这些国家的许多公司都设立法律和公共关系部门,负责研究和处理与这些群众利益团体的关系问题。

世界各国都陆续成立了消费者联盟,它们监视企业的活动,发动群众与企业主的欺骗行为做斗争,给企业施加压力,以保护消费者的利益。目前,消费者运动已经成为一种强大的社会力量,企业的最高管理层做市场营销决策时必须认真考虑这种政治动向。

经国务院批准,中国消费者协会于1985年1月在北京成立。其任务是:宣传国家的经济(特别是有关消费方面的)方针政策;协助政府主管部门研究和制定保护消费者权益的立法;调查消费者对商品和服务的意见与要求;接受消费者对商品和服务的质量、价格、卫生、安全、规格、计量、说明、包装、商标、广告等方面的投诉。中国消费者协会及相继成立的地方协会认真受理广大消费者的投诉,积极开展对商品和服务质量、价格的监督检查,并采取多种形式指导消费,保护消费者利益,受到广大消费者的好评。

2021年,中国消费者协会的主题是"守护安全,畅通消费"。2021年度主题含义:一是依法履职,筑牢消费市场健康发展的基础;二是找准痛点,满足消费升级安全新需要;三是打通堵点,畅通消费,助力经济循环。年度主题目标:一是凝聚社会力量,推进协同共治,筑牢消费安全的社会基础;二是加强理论研究,推动制度完善,筑牢消费安全的法治基础;三是突出问题导向,提升维权效能,筑牢消费安全的救济基础;四是强化消费教育,加强消费引导,筑牢消费安全的市场基础。

2. 经济环境分析

企业的市场营销不仅受人口环境影响,而且受经济环境影响。进行经济环境分析时,要着重分析以下主要经济因素。

(1) 消费者收入的变化。

消费者收入包括消费者个人工资、红利、租金、退休金、馈赠等收入。消费者的购买力来自消费者收入,所以,消费者收入是影响社会购买力、市场规模大小以及消费者支出多少和支出模式的重要的因素。

(2) 消费者支出模式的变化。

消费者支出模式主要受消费者收入的影响。随着消费者收入的变化,消费者支出模式就会发生相应变化。这个问题涉及恩格尔定律。1857年,德国统计学家恩斯特·恩格尔(Ernest Engel,1821—1896)根据他对英国、法国、德国、比利时许多工人家庭收支预算的调查研究,发现了关于工人家庭收入变化与各方面支出变化之间比例关系的规律性,称为恩格尔定律。后来,恩格尔的追随者们对恩格尔定律的表述加以修改。

(3) 消费者储蓄和信贷情况的变化。

进行经济环境分析时还应看到,社会购买力、消费者支出不仅直接受消费者收入的影响,而且直接受消费者储蓄和信贷情况的影响。大多数家庭都有一些流动资产,即货币及其他能迅速变成现款的资产,包括银行储蓄存款、债券、股票等。储蓄来源于消费者的货币收入,其最终目的还是消费。但是在一定时期内,储蓄多少直接影响消费者的购买力和消费支出。在一定的时期内在货币收入不变的情况下,如果储蓄增加,购买力和消费支出便减少;如果储蓄减少,购买力和消费支出便增加。

在现代市场经济国家,消费者不仅以其货币收入购买他们需要的商品,而且可以用贷款来购买商品。所谓消费者信贷,就是消费者凭借信用先取得商品使用权,然后按期归还贷款。消费者信贷的历史由来已久。新中国成立以前有些商店平日赊销,逢年过节收账,这也是消费者信贷。

3. 社会文化环境

人类在某种社会中生活，久而久之，必然会形成某种特定的文化，包括一定的态度和看法、价值观念、道德规范以及世代相传的风俗习惯等。文化是影响人们欲望和行为（包括企业顾客的欲望和购买行为）的一个很重要的因素。例如，我国人们（包括侨居异国的华人）每逢农历新年都要进行大扫除，购买年货，有些人家门口贴上春联，有些地区举行庙会，人们互相拜年，欢度春节；西方人每逢12月25日就大量购买节日用品和各种食品、日用品、圣诞树、礼品，互送圣诞贺卡，欢度圣诞节。人们的这种行为受传统文化影响。企业的最高管理层做市场营销决策时必须调查研究这种文化动向。

4. 科学技术环境

企业的最高管理层还要密切注意技术环境的发展变化，了解技术环境和知识经济的发展变化对企业市场营销的影响，以便及时采取适当的对策。

21世纪以来，全球进入大数据时代，通过大数据来挖掘、细分和满足需求，结合大数据的精准化、智能化的营销，在企业经营管理改进方面发挥着越来越重要的作用。例如，通过大数据可以从市场中获取较以往更加全面和完整的消费者数据，企业通过分析这些数据，可以更真实地掌握消费者的信息，更准确地发现消费者的需求，根据数据来制定适合消费者需求的营销模式和营销组合。另外，大数据可以分析用户特征、消费行为、需求特点、平台、载体、人群的选择让营销更精准，从而促进各行业营销模式精准性的升级，改变行业内原本的营销战略和手段，提高企业的营销效率。

新的技术革命会影响零售商业的结构和消费者的购物习惯。随着网络的发展，现在越来越多的商家开始注重网络渠道的开发，越来越多的消费者习惯于网上购物，新技术大大地影响了零售商业的结构和消费者的购物习惯。大数据技术能够通过分析海量的相关数据，发现并总结出消费者的消费习惯，根据消费者的习惯来进行预测，设置特定的场景来激发消费者的购买行为。

（二）供应商分析

供应商是影响企业营销微观环境的重要因素之一。供应商是指向企业及其竞争者提供生产经营活动所需资源的企业或个人。供应商所提供的资源主要包括原材料、设备、劳务、资金等。如果没有这些资源作为保障，企业就无法正常运转，也就无法提供给市场所需要的产品。因此，社会生产活动的需要形成了企业与供应商之间的紧密联系，这种联系使得企业的所有供货单位构成了对企业营销活动最直接的营销和制约力量。

针对上述影响，企业在寻找和选择供应商时，应特别注意两点。第一，企业必须充分考虑供应商的资信状况。要选择那些能够提供品质优良、价格合理的资源，交货及时，有良好信用，在质量和效率方面都信得过的供应商，并且要与主要供应商建立长期稳定的合作关系，保证企业生产资源供应的稳定性。第二，企业必须使自己的供应商多样化。企业过分依赖一家或少数几家供货人，受到供应变化的影响和打击的可能性就大。为了减少对企业的影响和制约，企业就要尽可能多地联系供货人，向多个供应商采购，尽量注意避免过于依靠单一的供应商，以免当与供应商的关系发生变化时陷入困境。

（三）市场营销中介

市场营销中介是指协助企业促销、销售和配销其产品给最终购买者的企业或个人，包括中间商、实体分配机构、营销服务机构和财务中间机构。这些都是市场营销不可缺少的环节,大多数企业的营销活动必须通过它们的协助才能顺利进行。例如,生产集中与消费分散的矛盾,就必须通过中间商的分销来解决;资金周转不灵,则须求助于银行或信托机构等。正因为有了营销中介所提供的服务,才使得企业的产品能够顺利地到达目标顾客的手中。随着市场经济的发展,社会分工越来越细,这些中介机构的影响和作用也就越来越大。因此,企业在市场营销的过程中,必须重视中介组织对企业营销活动的影响,并要处理好同它们的合作关系。

1. 中间商

中间商是协助企业寻找客户或直接与顾客进行交易的企业,包括商人中间商和代理中间商。其中,商人中间商是从事商品购销活动,并对所经营的商品拥有所有权的中间商,如批发商和零售商等;代理中间商是协助买卖成交,推销产品,但对所经营的商品没有所有权的中间商,如经纪人和制造商代表等。

2. 实体分配公司

实体分配公司是协助企业储存产品和把产品从原产地运往销售目的地,为商品交换和物流提供便利,但不直接经营商品的企业和机构,包括仓储公司和运输公司。其中,仓储公司是在货物运往下一个目的地前专门储存和保管商品的机构;运输公司是指从事铁路、公路、航空、海运等运输,负责把商品从一地运往另一地的机构。在现代市场经济条件下,生产企业一般都通过实体分配公司来进行储存产品、运输产品等工作,因为这样分工比较经济,且效率较高。

3. 市场营销服务机构

市场营销服务机构是指市场营销调研公司、市场营销咨询公司和广告公司等,他们协助企业选择最恰当的市场,并帮助企业向目标市场推销产品。

4. 金融机构

金融机构包括银行、信贷公司、信用社和保险公司以及其他对货物购销提供融资和保险的各种公司。

(四) 社会公众

社会公众是指对企业实现其市场营销目标构成实际或潜在影响的团体。每个企业周围通常有七类公众。

1. 金融公众

指那些关心和可能影响企业取得资金能力的组织或机构。如银行、投资公司、财务公司、证券公司等。

2. 媒体公众

主要指具有广泛影响的大众媒体。如报纸、杂志、广播、电视等,这些媒体对企业的声誉具有举足轻重的作用。

3. 政府公众

指与企业业务经营活动有关的政府机构。如行政主管部门、财政、税收、工商、物价、商检等部门。

4. 团体公众

指保护消费者权益组织、环境保护组织、少数民族组织及其他群众组织。这是企业不可忽视的力量。

5. 地方公众

也称当地公众,指企业所在地附近的居民群众、地方官员和社区组织。企业要协调好与当地公众的关系,避免与周围公众利益发生冲突,同时还应该对公益事业作出贡献。

6. 一般群众

指社会上的民众和消费者。企业需要了解一般群众对企业、企业活动及企业产品的印象和态度,力争在一般群众中建立起良好的形象,这对企业的长远发展有着重要的影响。

7. 企业内部公众

指企业内部的人员。包括董事会、经理、员工等。企业要经常对员工进行沟通和激励,因为企业内部公众的态度会影响企业与外部公众的关系。

社会公众与企业的市场营销活动有着直接或间接的关系,企业的营销活动会影响周围公众的利益,公众也能便利或妨碍企业实现其经营目标。所以,企业的市场营销活动不仅要针对目标市场的顾客,而且要考虑社会公众,采取适当的措施,与周围的公众保持互利互惠的良好关系。

第二节 消费者购买行为分析

一、影响消费者购买行为的主要因素

消费者购买行为的形成是一个复杂的过程,受到许多因素的影响。本书将这些因素归纳为个人因素、社会文化因素和企业营销因素。个人因素中,心理因素是极为重要的内容。企业营销因素在以后的产品策略、价格策略、分销策略、促销策略中将重点论述。所以,这里主要讨论个人因素(经济状况、年龄、性别、教育程度、职业、生活方式等)和社会文化因素(文化和亚文化、相关群体、社会阶层、家庭)对消费者购买行为的影响。

(一)个人因素

1. 经济状况

在影响购买行为的各种因素中,经济因素特别是消费者的购买力无疑是最为重要的,因为消费者的收入是消费活动的前提。所以,消费者收入的变化和收入分配制度的变化,必然影响购买行为的各个方面。一般而言,消费者收入与购买行为的联系是:收入增加,消费者支付能力提高,消费量随之增加,消费范围扩大,消费者自主选择的余地也越大。消费者实际收入和名义收入的变化会对消费者购买行为有影响。简而言之,名义收入就是用货币表现的收入;实际收入就是消费者绝对收入可以实际购买到的消费资料和劳务的数量。名义收入和实际收入提高的幅度是否一致,取决于物价上涨幅度。如果名义收入提高,实际收入也提高,消费水平自然也会提高;如果名义收入提高而实际收入下降(这种情况多出现在恶

性通货膨胀中),消费水平自然下降,甚至于会在广大消费者中引起恐慌,掀起抢购风潮。应该看到,处于同一收入水平的消费者,并不一定具有完全雷同的购买行为。例如,在中国,一个卡车司机和一位教师年收入可能都是十几万元,但他们的消费方式完全不同。这主要是受到了其他因素(如价值观等)的影响。

2. 年龄

不同年龄的消费者购买商品的种类和行为是不同的。例如,儿童主要购买糖果、玩具等,是一种情绪型购买;青少年主要购买文教体育用品、时装等,是一种冲动型购买;成年人主要购买家具、用具等,是一种习惯型购买;老年人主要购买保健品、助听器等,也是习惯型购买。

3. 性别

一般而言,男性在选择商品时果断、迅速,女性则仔细挑选。据美国调查,看电视,观看足球、拳击的观众中男性偏多,观看连续剧的观众中女性偏多。

4. 教育程度

一般说来,教育程度较高的消费者对书籍、报刊等文化用品的需求量较大,购买商品的理性程度较高,审美能力较强,购买决策过程较全面,更善于利用非商业性信息的来源。

5. 职业

不同职业的人的购买行为存在差异。在国外,蓝领工人需要午饭盒、烈性酒、专门的服装等;白领职员、教师一般需要图书、报刊杂志等文化用品。

6. 生活方式

一个人的生活方式是他根据个人的中心目标和价值观安排生活的模式,并通过他的活动、兴趣、意见表现出来。生活方式是影响个人行为的心理、社会、文化、经济等各种因素的综合反映。

(二) 社会文化因素

1. 文化和亚文化

文化是影响人们欲望和行为的基本因素。大部分人尊重他们的文化,接受他们文化中共同的价值观和态度,遵循他们文化的道德规范和风俗习惯。家用电脑只有在以先进技术为基础的文化环境中才能引起消费者的兴趣。标有老年人专用字样的商品在美国等西方国家并不受老人欢迎,因为这些宣传违背了这些国家中人们忌讳衰老的价值观。美国一家厂商开发出一种不需打蜡的塑料地板,这种地板只要用水洗刷一下,就可以保持清洁光亮。按常理,这与要打蜡的地板相比无疑更会刺激消费需求。可是习惯于给地板打蜡的美国顾客,不仅依然要给塑料地板打蜡,还要一再抱怨这种地板黯然无光。于是,厂商竭力用美国人喜爱的谚语:"试试,你会喜欢它的",通过各种媒介劝说消费者,但调查结果表明,收效甚微。这说明消费习惯对人们购买行为的影响,改变人们的习惯比改变产品设计更难。

在每一种文化中,往往存在许多在一定范围内具有文化同一性的群体,称为亚文化群。我国有三种亚文化群。①民族亚文化。不同民族的宗教信仰、语言、风俗、习惯和爱好等方面都有独到之处。会对该民族的购买行为产生深刻影响。②宗教亚文化。我国有信教和不信教的自由。佛教、伊斯兰教和天主教有不同的文化偏好和禁忌。③地理区域亚文化。不同地区会有不同的风俗习惯和爱好,使消费者在吃、穿、住、用、行方面带有明显的地方色彩。如我国南甜北咸、东酸西辣的饮食习惯。

2. 相关群体

群体是指在追求共同目标或兴趣中相互依赖的两个或两个以上的人的有机集合体。

个人的相关群体是对他的态度和行为具有直接或间接影响的群体,相关群体有两种基本形式:一是个人具有成员资格并且面对面地受到直接影响的群体,它又可分为首要群体和次要群体。首要群体是个人比较经常地受到影响的非正式群体,如家庭、朋友、邻居和同事等。次要群体是个人并不经常受到影响的比较正式的群体,如工会、职业协会、学生会等。二是个人并不具有成员资格,但间接地受到影响的群体。如"追星族",他们的行为受到某些歌星、影星、球星的影响。

人们往往愿意同相关群体保持某种相似的购买态度和行为。群体越紧密,对人们的影响越大。特别是对购买使用时十分显眼的摩托车、自行车、服装、香烟、小孩玩具等商品影响较大。相关群体不但对产品而且对品牌选择有影响,新产品介绍期的购买、成熟期产品品牌的选择都极易受到相关群体的影响。

在相关群体对购买行为有较强影响的情况下,企业应设法通过宣传、广告、赠送等来影响相关群体,特别是意见领导者,即所谓的意见领袖。例如,在中国,有大批的明星代言产品,刺激了消费者的购物欲,这就是意见领导者推销产品的方式。

3. 社会阶层

社会阶层是由具有相似的社会经济地位、利益、价值观倾向和兴趣的人形成的群体或集团。不同社会阶层有不同的购买行为。

4. 家庭

家庭购买决策类型有四种。

(1) 各自作主型。男女主人可以相对独立地作出同样多的不同购买决定。

(2) 丈夫作主型。家庭的购买决策,多由丈夫作出。该家庭男主人是"权威中心点"。

(3) 妻子支配型。家庭的购买决策多由妻子作出。该家庭女主人是"权威中心点"。

(4) 共同作主型。购买决策由男女主人协商作出。

不同的购买决策类型,受一个家庭的社会地位、文化背景、主要成员的教育程度和职业等影响。随着经济和教育水平的提高,妇女的作用在不断提高。企业在设计和宣传产品时,要注意这一趋势。

国外有学者提出这样的思路,将产品区分为几种类型,如男主人决定购买为主的产品、女主人决定购买为主的产品以及夫妻共同决定购买的产品等。这种以购买决定者为促销目标的思路对企业的营销是有启发的。

二、消费者购买行为的类型

关于消费者购买行为的类型有多种分法,下面主要介绍两种。

(一) 按个性心理划分

依据消费者个性因素划分,消费者购买行为可以分成以下六种。

1. 习惯型

消费者根据过去已形成的习惯而购买,大多为购买生活日用品。他们习惯于购买一定商店和一定品牌的产品。对这类顾客,企业应提供诚实、方便、迅速的服务,否则,将迫使他们改变习惯。

2. 理智型

指消费者在经过认真的比较、考虑后才进行购买的行为。主要是对耐用消费品的购买。对这类顾客,企业要耐心介绍产品性能和特点,并与同类产品进行比较,增强顾客的信任度。

3. 经济型

这类消费者对价格特别敏感,喜欢便宜商品和打折商品。这是低收入阶层和有节俭习惯的人的典型购买行为。

4. 冲动型

消费者在商品外观、售货员的推荐、其他顾客的态度(从众)等周围环境的影响刺激下,临时作出购买决策的行为。临时减价、热情服务等,常能促使顾客的冲动购买。

5. 想象型

这类消费者易受情感支配,喜欢赶时髦,注意商品的外表、色彩、品牌等,但他们的注意力极易转移。

6. 不定型

指某些消费者的尝试性购买、奉命购买、顺便购买。

一个消费者的购买行为往往不只属于一种,而是两种以上购买行为的综合。

(二) 按购买投入、品牌差异划分

这种划分主要考虑两项指标。第一,消费者投入购买的程度。指消费者购买该商品时投入的货币、时间、精力、人数的多少。一般而言,单位价值高的商品,如耐用消费品、高档商品等,消费者需花较多的钱,因而其购买较为谨慎,投入更多的时间和精力进行选择和思考,参与购买决策的人也较多。而购买日用品,花钱少,消费者投入的精力和时间少,往往是一个人作出购买决策。根据消费者投入购买的程度,可以把消费者的购买行为分为高投入的行为和低投入的行为。第二,所购商品不同品牌之间的差异程度。品牌差别小的商品大多是同质或相似的商品,品牌差别大的商品大多是在花色、品种、式样、型号等方面差异较大的异质商品。

依据投入程度的高低和品牌之间差异程度的大小,可以将消费者的购买行为划分为四种类型。

1. 复杂型购买行为

消费者购买比较贵重、不常购买、有一定风险或意义重大的商品时,需要全身心地投入到购买行为当中。并且这类商品品牌较多,有明显差别。此时,消费者就要经历一种复杂的购买行为。一般说来,复杂型购买中,消费者都需要一个"学习"过程。首先要熟悉产品的性能、特点,再建立对各种品牌的看法,最后谨慎地作出购买决定。

对这种类型的购买,企业必须了解消费者"学习"过程的规律,帮助消费者掌握与该产品有关的知识。还要设法让消费者知晓本企业产品的品牌特征及优势,使他们逐步建立对产品的信任感。

2. 和谐型购买行为

所购商品价值大,但商品品牌之间的差异不大,属高投入行为,没有多少比较选择的余地,一般来讲,购买决策形成迅速。价格较低,购买地点方便,都可能成为决定其很快购买的因素。但由于购买较为迅速,在购买以后,消费者在使用中可能感到某些不满意。对这种类型的购买,企业要注意应用各种营销策略,影响消费者迅速作出购买决定。还要多和消费者沟通,减轻他们的不满意感。

3. 多变型购买行为

所购商品价值小,但商品品牌之间的差异大,属低投入行为,因而消费者可以经常变换所购品牌。对这种类型的购买,名牌产品企业要多用提醒性广告,配合分销策略,鼓励消费者建立品牌偏好。其他品牌的企业则可利用低价格、试用、折扣等营销推广的办法,吸引消费者。

4. 习惯型购买行为

所购商品价值小,且商品品牌之间的差异很小,消费者多为习惯型购买,属低投入行为,顺便购买,对品牌不太关心。

对这种类型的购买,企业要突出产品的差异化,吸引更多消费者。有些糖果、牙膏、茶叶以及醋和面粉这类便利性商品,也通过产品差异化策略,在消费者中间建立起品牌偏好。如黑人牙膏、兰州市场上风行的雪花牌面粉等。针对习惯型购买,企业要注意布点销售,及时供货,方便购买。

第三节 竞争者分析

一、识别竞争者

一个企业识别竞争者相对容易,如福特汽车公司认为日本丰田汽车公司是主要竞争对手。然而,企业的现实与潜在竞争者的范围是很广泛的。一个企业很可能被新出现的竞争对手打败,而非当前竞争者。如柯达胶卷的更大威胁者不是日本富士公司,而是新出现的摄像机。

按照分类竞争观点,竞争者可以分为以下四类。

1. 愿望竞争者

指提供不同产品以满足不同需求的竞争者。现在只有 2 万元钱,是先买家具还是先买家电?还是要买辆车?这个时候,家具、家电、车就是竞争者。

2. 属类竞争者

指提供不同产品以满足同一种需求的竞争者。同样是满足吃的需求,我要吃些什么呢?各种食品就会出现在心头,如炸土豆片、糖果、软饮料、水果。这些能满足同一需要的不同的基本方式称为属类竞争者。

3. 产品形式竞争者

指满足同一需要的产品的各种形式间的竞争。"我要什么样的糖果呢?"于是就会想起各种糖果来,如巧克力块、甘草糖和水果糖,这些糖果都是满足吃糖欲望的不同形式,它们被称为产品形式竞争者。

4. 品牌竞争者

指满足同一需要的同种形式产品不同品牌之间的竞争。男装中的雅戈尔和杉杉就是品牌竞争者。

二、分析竞争者

（一）辨别竞争者的战略

公司最直接的竞争者是那些对相同目标市场推行相同战略的公司。战略群体指在某个特定行业中推行相同战略的一组企业。一个企业必须识别与其竞争的战略群体。

识别行业内战略群体不仅需要从质量形象与纵向一体化进行，还应从技术先进水平、地区范围、制造方法等方面了解每个竞争者的更详细信息，具体包括：竞争者的研究与开发；制造、营销、财务与人力资源管理；产品质量、特色及产品组合；顾客服务；定价策略；分销促销；等。

由于市场环境在不断地变化，因此，富有活力的竞争者将随着环境的变化而修订其战略，如通用汽车公司因适应了市场对汽车的多样化需求而超过福特汽车公司。

（二）判定竞争者的目标

企业不仅要识别主要竞争者的战略，还必须了解它们的目标。竞争者的最终目标是获取利润，但不同公司对于长期与短期利润的重视程度不同：有的公司注重长期利润，有的重视短期利润；有的公司重视利润最大化，有的公司只重视适度利润。

企业不仅应识别竞争者总的目标，还要了解其目标组合，诸如目前获利的可能性、市场份额增加、现金流量、技术领先和服务领先等，从中了解企业对各类竞争者的进攻应该作何种反应。

将美国与日本公司进行比较可看出竞争者目标的差异。美国公司的目标是追求较大限度地扩大短期利润，日本公司则以最大限度地扩大市场份额为目标。

竞争者的目标是由多种因素确定的，包括公司的规模、历史、目前的经营管理和经济状况。

（三）评估竞争者的优势和劣势

竞争者能否执行其战略和实现其目标，主要取决于每个竞争者的资源和能力。公司必须评估每个竞争者的优势和劣势。

1. 收集每个竞争者的信息

主要是收集有关竞争者最关键的数据，诸如销售量、市场份额、心理份额、情感份额、毛利、投资报酬率、现金流量、新投资、设备利用能力等。心理份额指回答"举出这个行业中你首先想到的一家公司"这个问题时，提名竞争者的顾客在全部顾客中的比例。情感份额指回答"举出你最喜欢购买其产品的一家公司"这一问题时，提名竞争者的顾客在全部顾客中的比例。

收集信息通常通过第二手资料进行，还可以通过向顾客、供应商和中间商进行直接营销调研来实现。

2. 分析评价

根据已收集的信息综合分析竞争者的优势与劣势。见表 9-1。

表 9-1 竞争者优势与劣势分析

	顾客知晓度	产品质量	产品利用率	技术服务	推销人员
A	优	优	差	差	良
B	良	良	优	良	优
C	中	差	良	中	中

表中,优劣分四个等级,即优、良、中、差。根据四个等级评估 A、B、C 三个竞争者的优劣势,可见:A 在顾客知晓度与产品质量方面是最好的,在产品利用率与技术服务方面最差,处于劣势;B 产品的顾客知晓度、产品质量及技术服务方面不如 A,产品利用率与推销人员优于 A;C 则无明显的优势,产品质量差,其他方面均处于不利地位。

3. 寻找标杆

指找出竞争者在管理和营销等方面较好的做法为标准,然后加以模仿、组合和改进,并力争超过标杆者。例如,施乐公司实行标杆法而缩短了其成为行业领导者的时间,柯达使用标杆法使其产品更可靠并成为行业的领头羊。

标杆法包括七个步骤:①确定标杆项目;②确定评估关键绩效的变量;③识别最佳级别的公司,即寻找出标杆公司;④衡量标杆公司的绩效;⑤衡量公司绩效;⑥制定缩小差距的计划与行动;⑦执行和监测结果。

(四) 评估竞争者的反应模式

由于每个竞争者的经营哲学、企业文化、价值观念不同,他们对竞争者的反应模式应不同。概括起来,大约有以下四种反应模式。

1. 从容型竞争者

指一个竞争者对某一特定竞争者的行动没有迅速反应或反应不强烈。其原因有多种,或者认为其顾客忠于他们,不会转移购买;或者他们实行短期收割榨取策略而不理睬竞争者;或者由于他们缺乏资金未对竞争者行动作出迅速反应。

2. 选择型竞争者

指竞争者只对某些类型的竞争攻击作出反应,而对其他竞争攻击无动于衷。竞争者经常对降价作出反应,而对广告费的增加可能不作出任何反应,因为它相信此因素对其威胁不大。了解主要竞争者在哪方面作出反应,可以为企业提供最为可行的攻击类型。

3. 凶狠型竞争者

指对所有竞争者的攻击行为作出迅速而强烈的反应。这类竞争者在警告其他企业最好停止任何攻击。

4. 随机型竞争者

指对竞争攻击的反应具有随机性,让人捉摸不定。许多小公司往往是随机型的竞争者。

第四节　市场定位分析

企业定位是一个整体过程,涉及市场细分、市场选择和市场定位三个步骤,下面依次阐述。

一、市场细分分析

(一) 确定产品的细分范围

企业决定了进入哪个行业之后,就要考虑其可能的产品市场范围。市场范围依据市场需求而定。例如,一家房地产公司打算建造一幢简朴的小公寓。从市场需求的角度分析,低收入家庭有较多的需求,同时,一些并非低收入的顾客也是潜在市场。比如,有的消费者,在市区拥有宽敞舒适的居室,但又希望在宁静的乡间再有一套住房,用作周末度假的去处。同时,确定市场细分的范围,企业也要考虑到自己的资源、已掌握的技术、企业的任务和目标等因素,以确定最佳范围。

(二) 确定市场细分的依据

生产消费者用品的企业可以从地理因素、人口因素、心理因素、行为因素、受益因素等方面,收集整理潜在顾客的需求。生产生产者用品的企业同样可以对用户需求进行收集。这一步主要是资料准备阶段。比如,这家房地产公司发现,顾客期望通过小公寓满足的需求,包括遮雨蔽风、停放车辆、安全、经济、设计良好、方便工作学习生活、不受外来干扰、足够的起居空间、满意的内部装修、公寓管理和维护等。

(三) 进行初步市场细分

企业可根据人口因素进行抽样调查。询问不同的潜在顾客上述基本要求中最重要的是哪些。这样,细分市场也就初步显示出来了。这一步骤进行到至少有三个分市场出现为止。比如,该房地产公司发现,在校外租房住宿的大学生,认为最重要的是遮雨蔽风、停放车辆、经济、方便上课和学习;新婚夫妇希望遮雨蔽风、停放车辆、不受外来干扰、满意的公寓管理等;较大的家庭住户要求遮雨蔽风、停放车辆、经济、有足够的儿童活动空间等。

(四) 筛选初步细分市场

在初步细分的基础上,移去潜在顾客的共同要求。这些共同要求无疑是重要的,但只能作为市场营销组合决策的参考,不能作为市场细分的基础。比如,遮雨蔽风、停放车辆和安全等项几乎是每一位顾客都要求的,在这里就必须移去。

(五) 命名细分市场

房地产公司对各个分市场剩下的不同要求进行分析,结合顾客群体的特点,暂时安排一个叫法。比如:

(1) 好动者。顾客年轻,未婚,爱玩好动。

(2) 老成者。比好动者稍年长,更成熟,收入及受教育程度更高,追求舒适与注重个性。

(3) 新婚者。暂住,将来希望另找住房。夫妻皆有工作,所以房租负担不重。

(4) 工作为主者。单身,希望住的离工作地点近,经济。

(5) 度假者。市区有住房,希望节假日过郊外生活。

(6) 向往城市者。乡间有住房,但希望能靠近城市生活。

(7) 家庭。

(六) 选定细分市场

进一步认识各潜在顾客群体的特点。企业要对各个分市场的顾客作更深入的考虑。明确各顾客群体的已知特点和待了解特点,以便决定各分市场是否需要再度细分,或加以合并。如果一个分市场内顾客还有明显的需求差异,就应再细分,如果几个分市场的需求特点有较多相似性,就应合并为一个分市场。最后根据自身的能力选定细分市场。

(七) 设计企业营销策略

企业根据细分市场的结果来制定各目标细分市场的具体营销目标,并分别制定营销组合策略。由于各目标细分市场的特征在通常情况下都是不相同的,相对的,产品策略、价格策略、渠道策略、促销策略应该有所区别。

二、市场选择分析

企业目标市场的选择,主要考虑以下因素:

(一) 企业的资源能力

一般来说,企业在人力、财力、物力及信息等方面实力雄厚,可根据产品的不同,考虑采用差异性或无差异性市场策略。资源有限的中小企业,因无力顾及整体市场或多个细分市场,则宜选择集中性市场策略。

(二) 产品性质

指产品是否同质以及能否改型变异。同质性产品,如大米、钢铁、食盐、小麦、煤炭等,产品本身差异小,适应消费的能力较强,竞争主要集中在价格和服务方面,因而这类产品适宜实行无差异营销。许多加工制造产品,如汽车、家用电器、服装、食品等,产品本身在规格、花色、品种、性能等方面变化大。消费者对这类产品的需求多样化、选择性强。因此,生产经营这类产品的企业宜采用差异性或集中性营销策略。

(三) 市场的同质性

市场的同质性是指所有顾客的需求、购买行为基本相同,对市场营销刺激的反应也基本一样。在这种情况下,企业可采取无差异策略。非同质性的市场,即顾客需求差别大的市场,宜采用差异性或集中性市场策略。

(四) 产品所处的生命周期阶段

处于介绍期或成长期前期的新产品,品种比较单一,竞争者少,宜采用无差异市场策略,以便探测市场需求和潜在顾客。当产品进入成长期后期和成熟期,市场竞争加剧,宜采用差异性营销,以利于开拓新的市场,扩大销售;或者实行集中性营销,以设法保持原有市场,延长产品的生命周期。

(五)竞争对手的市场策略

假如竞争对手采用无差异市场策略,企业就应采取差异性市场策略,以提高产品的竞争能力。假如竞争对手实行差异性市场策略,企业应进一步细分市场,实行更有效的差异性策略或集中性策略。但若竞争对手弱,也可考虑采用无差异营销。

三、市场定位分析

市场定位主要包括以下步骤:

(一)识别可能的竞争优势

在日益激烈的市场竞争中,牢固的定位不能光靠口头承诺,要避免直接的竞争,企业必须对产品和服务进行差异化,这样才能给消费者带来比竞争对手更大的价值。

1. 产品差异化

产品的差异化有两种情况,一种是高度标准化的产品,如药品、钢铁、鸡肉,其产品之间的差异很小,很难实行差异化,但也不是绝对的,同样是感冒药,百服宁以"日片不嗜睡,夜片可安睡"来解决感冒药嗜睡的问题,因而价格较高。另一种是高度差异化的产品,如汽车、服装、家具。企业可以在产品的性能、一致性、耐用性、可靠性、可维修性、风格、设计等方面来选择恰当的特色。

2. 服务差异化

除了对有形的实体产品进行差异化外,企业也可以对其所提供的服务(如订货、送货、安装、顾客咨询、维修等方面)进行差异化。盒马鲜生要求在接到顾客订单后30分钟内把送货上门,以保证产品品质,这个速度在行业中很有竞争力,赢得了良好的口碑。

3. 人员差异化

企业可以通过人员差异化来获得强大的竞争优势,也就是培养和聘用比竞争者更好的员工。IBM有专业人员负责确保顾客得到的解决方案正是其需要的"想问题的人,做事情的人,了解情况的人"给出的。上海航空公司率先招聘"空嫂",以更优质、更到位的服务在消费者中赢得了良好的口碑。

4. 渠道差异化

企业可以在渠道的覆盖、专业化和绩效方面获得竞争优势。戴尔电脑通过直销的方式实现渠道的差异化,通过与顾客一对一的方式,不仅可以提供更个性化的服务,也为企业获取大量的一手信息,取得了巨大的成功。

5. 形象差异化

如果企业的产品和服务等看起来都一样,企业还可以通过树立自己独特的企业形象来实现差异化。同样是高档轿车,宝马更注重宣传驾驶的乐趣,奔驰则更注重乘坐的舒适。"开宝马,坐奔驰"使两家企业都拥有各自偏好的顾客。企业可以利用一切可以利用的手段(如标志、文字、视听媒体、环境、事件等)不断强化自身的形象。

（二）确定适当的竞争优势

如果企业发现了自己的几个优势或潜在优势，就要确定哪些是其定位策略的基础，并加以推广。由于不是所有的差异都有意义，也不是所有的差异都能利用，企业必须仔细选择与竞争对手相区别的方法。如果满足下列条件，这种差异就是值得利用的。

(1) 重要性：差异对目标购买者来说是非常有价值的。
(2) 显著性：竞争对手没有，或者公司有明显优势。
(3) 优越性：消费者得到的利益相同，但比其他方法优越。
(4) 沟通性：差异可以沟通，购买者也能够看到。
(5) 专有性：竞争对手不能轻易模仿。
(6) 经济性：购买者能够买得起。
(7) 赢利性：公司宣传的这项差异可以带来利润。

本章小结

市场调查与预测主要是对市场进行分析。其中包括环境分析、消费者购买行为分析、竞争者分析和定位分析。

企业环境包括内部环境和外部环境。企业内部环境主要分析市场营销管理部门、其他职能部门和最高管理层。企业外部环境主要分析宏观环境、供应商、中介组织、外部公众。

消费者购买行为的形成是一个复杂的过程，受到许多因素的影响，主要包括个人因素、社会文化因素和企业营销因素。

竞争者分析的主要步骤包括：辨别竞争者的战略、判定竞争者的目标、评估竞争者的优势和劣势、评估竞争者的反应模式。

企业定位是一个整体过程，涉及市场细分、市场选择和市场定位三个步骤。

思考题

1. 企业外部营销环境包括哪些？
2. 依据消费者个性心理因素，消费者行为可以分为哪几种类型？
3. 如何开展竞争者分析？
3. 市场选择主要考虑哪些因素？
4. 市场定位分析的主要步骤有哪些？

第十章

市场管理

 学习目标

- 理解市场的组织类型;
- 理解市场的组织建设;
- 了解提高市场营销执行力的方法;
- 了解市场营销的控制方法。

在市场营销的逻辑体系中,顾客价值经过分析、选择、设计过程后,仍不会自动生成。顾客价值要真正实现,还需要有特定的组织去执行,并在执行过程中实施有效的控制。

第一节 市场组织

如果没有一个有效且符合顾客观念要求的组织,企业的市场营销工作就无法展开,企业的营销目标也会成为一句空话,顾客价值也不可能实现。营销组织是市场营销战略、策略实施的根本保证,其功能对营销工作有着重要意义。

> **名人名言**
> 营销实在太重要了,绝不只是营销部门的事。
> ——美国惠普公司创始人帕卡德

一、市场营销组织的特征

营销组织是指企业内部涉及市场营销活动的各个职位及其结构。一个有效的市场营销组织应具备三个特征:

(一) 具有适应市场变化而自我完善的能力

有效的市场营销组织,应能适应营销环境的变化而迅速调整自己,作出正确反应。

(二) 具有以顾客导向为原则,使各部门密切合作的系统化能力

现代企业要在市场竞争中立于不败之地,必须奉行顾客导向的观念,也就是把消费者利益放在第一位。企业一般由市场营销组织来承担代表消费者利益的职责,很多企业利用市场研究人员的民意测试、市场调研等来反映消费者的呼声,但仅此是不够的。营销组织内部的各部门(如市场调研、广告宣传、人员推销、销售物流等部门)要密切配合。而且市场营销部门还要同企业内部的其他部门(如研究与开发、生产、财务、人事部门等)相互配合,通过满足目标顾客的需求,共同完成企业的整体市场营销任务,成为一个整合系统。企业必须在管理的最高层面上强化市场营销组织,以确保消费者利益不致受到侵害。

(三) 具有迅速地传递信息的能力

企业内部的管理人员活动的进行,整个企业组织内部经营活动的安排,企业经营决策的提出与实施,都离不开企业管理组织的媒介——企业信息。信息是管理组织的神经系统,其完整、灵敏与否,会影响和决定管理组织的成效。企业营销组织迅速传递信息的能力,具体说来就是是否能够快速地把内部、外部信息传送到需要使用这些信息的地方去。

二、市场营销部门的组织模式

市场营销部门的组织模式在演变中形成了七种形式。

(一) 职能式组织

这是比较传统的组织形式。如图 10-1 所示,它按不同的职能设立部门,如广告、销售、市场研究、新产品开发等,营销活动由不同的专业人员担任,由市场营销副总经理统一领导。市场营销副总经理的工作就是协调各专业人员的活动。职能部门的数量可根据需要随时增减。

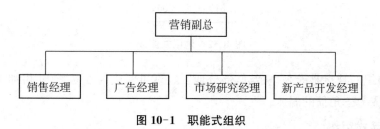

图 10-1 职能式组织

市场部的主要工作有:收集市场信息、确定目标市场;提出营销计划;制定商品价格;组织广告策划;开展营销公关;搞好客户服务;考评营销业绩等。销售部的主要职能有:建立销售网络;发展客户队伍;实现商品销售;回收商品货款等。市场部和销售部会出现如下分工:市场部负责销售前和销售后的工作,销售部负责销售中的工作。市场部主要确定市场机会,制订营销计划;销售部主要是执行这些计划。

职能式组织的主要优点是简单易行。若企业只有一种或少数几种产品,且市场营销方式大体相同,职能式组织形式是比较有效的。但企业产品增多,市场扩大时,这种组织的弊端就凸现出来。在这样的组织中,没有人对某个产品或者某个市场完全负责,因而所制定的

营销计划中可能会遗漏不被职能专业人员重视的产品或市场;同时,每个职能部门为了获得更多的预算和更重要的地位,容易发生摩擦,致使市场营销副总经理常常陷于难以调解的纠纷之中。

(二) 地区式组织

即根据地理区域的划分来设计、设置企业的营销机构。如果一个企业在全球性或全国性市场上开展市场营销活动,即可以按地区型模式设置市场营销组织。由于各地区的市场营销环境不同,许多公司采用了地区式的营销组织结构,如图10-2所示。该图表示所有营销职能由营销副总负责,设有1名全国销售经理,4名大区销售经理,20名省级销售经理,200名市级销售经理,下辖2 000名销售人员。这种组织的优点在于:构成一个分布全国的销售网络,该网络中自下而上的控制幅度逐步缩小,这样,高层主管人员有更多的时间管理其直接下属。为了使整个市场营销活动更有效,地区式营销组织都是与其他类型的营销组织形式组合起来用的。

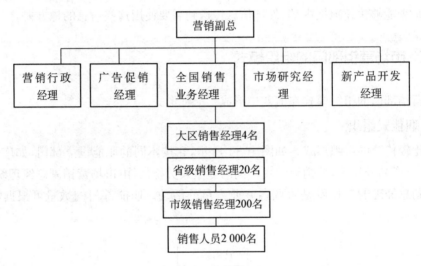

图10-2 地区式组织

地区式组织的缺点是天高皇帝远,部分地区经理可能成为独立王国,再加上地方保护主义,这些都会成为三角债的温床。

(三) 产品式组织

在企业生产的各种产品差异很大、产品品种多、品牌多的情况下,如按职能设置市场营销组织,则难以处理多品种品牌的市场营销问题。这时则应按产品系列或者品牌设置营销组织。这种组织形式并不是也不能代替职能式管理组织,而是在职能式组织的基础上增设一个产品管理层次。产品管理组织由一名产品市场营销经理负责,下设几个产品线经理,在产品线经理之下再设几个个体产品经理负责各具体产品。如图10-3所示。

产品经理的主要职责是:①制定产品长期发展战略;②制定产品销售计划和促销方案;③负责协调同企业其他职能部门的关系,如与广告、促销部门协作制定广告方案等;④注意发现新产品存在的问题,以便抓住机会,改进产品,满足市场需求。

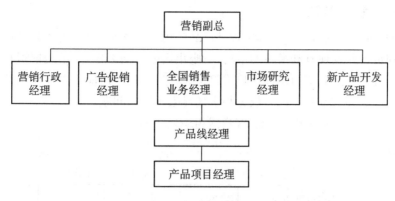

图 10-3 产品式组织

产品式组织的优点:产品有专人负责,而不致遭忽视;能对市场上产品出现的问题迅速作出反应;能为开发新产品提供信息、利于组织协调力量、及时进行决策。

产品式组织的缺点:产品经理要得到其他部门的支持协作比较困难,费时费力;这种组织结构层次多,费用较高。

(四) 客户(市场)式组织

有些企业将同类产品出售给不同的客户,或者说不同的细分市场,例如,钢铁公司将钢材分别卖给铁路企业、建筑企业、机械制造企业、家具制造商等顾客,这时可以采取客户式组织型式。如图 10-4 所示,这种组织把产品式组织中的产品类型改为客户类型来实施管理,客户式组织在职能型组织的基础上,增设市场管理机构,由一个主管经理负责监督和管理若干个细分市场。这种组织结构容易满足各细分市场对产品的不同需求,从而扩大销售。

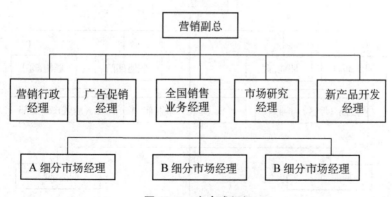

图 10-4 客户式组织

例如,在产品式组织下,一个食品公司的香肠部经理要负责对饭店、零售店、团体等销售。这样难以很好地满足需求各有差异的细分市场。在市场式组织下,饭店市场经理负责向饭店销售公司所有的产品。其对饭店比较了解,可根据饭店需求的变化而调整营销战略战术。

(五) 产品-客户式组织

这是一种矩阵式组织,产品经理负责某产品的销售利润和计划,为产品寻找更广泛的用途。客户经理负责开发现有和潜在的市场,着眼市场的长期需求,而不是推销眼前的某种产品。这种组织可弥补产品式组织和客户式组织的各自缺陷。适应于多样化经营的公司。但这种组织结构冲突多,费用大,时有权力和责任界限不清的问题。

图 10-5 是一家化纤公司的产品-客户式组织模式图。

	客户经理			
产品经理	男装	女装	家庭用户	工业用户
人造纤维				
醋酸纤维				
尼龙				
涤纶				

图 10-5　产品-客户式组织

(六) 事业部组织

随着企业规模和市场范围的扩大,营销队伍也随之壮大,一般的多职能部门的组织形式、单纯的产品组织形式或地区型组织形式已经不能满足企业经营的需要。在这种情况下,营销组织必然向纵向发展。这时,企业常为不同的产品(地区)设事业部。这些事业部各自独立,组织上也自成体系,设有自己的职能部门。如图 10-6 所示。

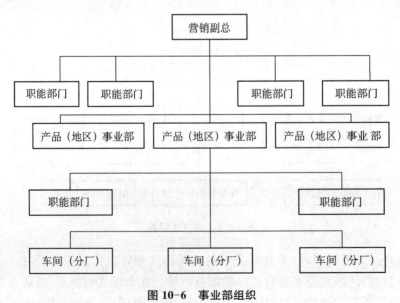

图 10-6　事业部组织

事业部是一种分权组织模式,一般都是按照产品或地区使每一事业部成为利润中心。其优点在于每类产品都作为一个利润中心进行管理,每个事业部经理经历广泛的职能活动,为培养高层管理者提供了很好的机会。缺点是各事业部间可能会出现恶性竞争,处理不好会影响企业形象和企业的整体利益。由于各事业部经理相当于一家单一产品的公司经理,因而可能增加总公司的控制难度。

海尔集团通过地区事业部和产品事业部的结合,较好地解决了分类事业部制存在的各种问题。例如,根据产品种类分为不同的产品本部,如电冰箱本部下设冰箱事业部、海外冰箱事业部、贵州海尔事业部、特种冰箱事业部、美国海尔;空调产品本部下设空调事业部、合肥空调、三菱重工海尔、武汉海尔公司;洗衣机产品本部则下设洗衣机事业部、合肥洗衣机、顺德海尔公司;信息产品本部下设电子事业部、合肥电子等。根据产品种类和产品生产与销售的区域特点综合进行组织结构的设计,使海尔公司能更好地面对国外复杂市场营销环境地需要。

(七) 虚拟组织

在信息通讯技术的推动下,这两年虚拟组织开始盛行,在营销管理中,虚拟组织是借助网络技术和现代通讯技术进行信息沟通,减少组织层次,尤其是中间层次,将组织中原来的大单位划分为多个有决策权的小单位,形成相互联结、具有决策分散化、结构扁平化和信息交互、共享的企业组织。这种组织对外界环境变化反应快,应变能力强,管理柔性大,"供-产-销"组织就是一种典型的虚拟组织。如图10-7所示。

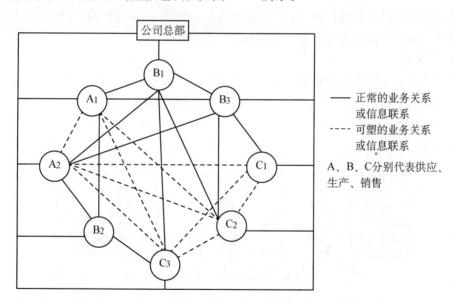

图10-7 "供-产-销"网络组织

采用以上虚拟组织有两个功能:其一,决策主体接近现场和顾客,信息流程短,反馈快,从而使决策更及时有效。其二,将市场机制引入企业内部,使单位间产生竞争和制约,不需要经过高层,仅在网络层面上就能出现自动创新和改进效果。

采用这种组织时,各单位经理人员必须具备好的决策能力、自觉性、专业技术和管理经验,同时,还必须重视权-利的机制效应,要使拥有决策权的人发挥创造性,必须赋之以动力,即综合性激励。

三、市场营销组织的设计

市场营销经理从事营销管理的前提是要有合理的组织机构和配备相应的人员,因此,设计市场营销组织是每位市场营销经理面临的重要任务。

(一) 营销组织设计的影响因素

市场营销组织模式的选择与设计都不是任意决定的,营销经理必须考虑各种影响因素。影响企业市场营销组织模式的因素大致有以下四个方面。

1. 企业规模

一般来讲,企业规模越大,担负的营销任务就大,工作量就多,营销职能部门就要求比较齐全,配备的人员就多,相应的营销组织层次就多,控制跨度和管理幅度就宽,营销组织结构就复杂;企业规模小,市场营销组织就相对简单。

2. 市场

一般说来,市场地理区域大、范围广,销售量大,就需要庞大的销售组织、众多的专职人员和部门,营销组织就复杂。反之,则简单。

3. 产品

生产者市场的产品依赖广告少,更多地依靠人员推销,需设置产品经理,营销部门较复杂。消费者市场的产品需做较多的广告,促销部门较简单。

4. 企业类型

不同行业的企业的市场营销组织构成也有所不同。如服务业、银行、商业等行业的营销重点是市场调研。而原材料行业等的市场营销重点是储存和运输。

(二) 营销组织的设计

市场营销组织的设计有一个一般的程序,该程序如图10-8所示。

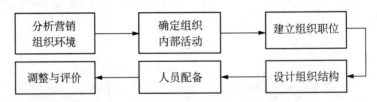

图10-8 市场营销组织的设计程序

1. 分析营销组织环境

任何一个营销组织都在不断变化着的社会经济环境中运行,并受这些环境因素的制约,营销组织必须随着外部环境的变化而不断调整、适应。

(1) 市场状况。

市场状况首先是指市场的稳定程度。对于有些市场而言,如食品和工业原料市场,在一个较长的时期内,消费者购买行为、分销渠道、产品供应等变化不大,它们显得十分稳定;而另外一些市场,例如儿童玩具和妇女流行用品市场,由于产品生命周期较短,技术和消费需求变化快,所以它们多变且不稳定,必须随着市场变化及时调整内部结构和资源配置方式。

(2) 竞争者状况。

竞争导向的营销组织必须随时关注竞争者状况。企业搜集竞争对手情报的方式多种多样，既可以设立专门的机构（市场研究部），也可以通过其他部门获得（如借助于销售人员）；既可依靠外部机构（咨询公司），也可要求企业全体职员为搜集情报而努力。不同的选择将直接影响营销组织的构成。究竟该选择哪种方式则取决于企业的需要，要直接、快速地根据竞争者的行为调整其营销战略。

(3) 企业状况。

高层管理者的经营思想对企业营销组织的设计有很大的影响，有的管理者强调稳定，有的则试图成为行业领导者。同时，企业处于不同的发展阶段，就相应地有不同的组织结构。

2. 确定组织内部活动

营销组织内部的活动主要有以下两种类型。一是职能性活动，它涉及营销组织的各个部门，范围相当宽泛。企业在制定战略时就会确立各个职能在营销组织中的地位，以便开展有效的竞争。二是管理性活动，涉及管理任务中的计划、协调和控制等方面。企业通常是在分析市场机会的基础上，制定营销战略，然后再确定相应的营销活动和组织的专业化类型。假定一个企业满足下述条件：企业年轻且易于控制成本，企业的几种产品都在相对稳定的市场上销售，竞争战略依赖于广告或人员推销等技巧性活动，那么，该企业就可能设计职能型组织；如果企业产品销售区域很广，并且每个区域的购买者行为与需求存在很大差异，企业就会建立地理型组织。不过，在实践中有时按照上述逻辑显得行不通，因为企业的营销战略可能被现有的组织机构制约。比如，一家公司通过对市场和竞争者状况的分析，决定实行系统销售战略。然而，由于该公司的原有组织机构是为不断开发新产品而设计的，采用这一新战略就显得困难重重。

3. 建立组织职位

企业在确定了营销组织活动之后，还要建立组织职位，使这些组织活动有所归附。职位决策时要弄清楚各个职位的权力和责任及其在组织中的相互关系，它考虑三个要素，即职位类型、职位层次和职位数量。

通常，对职位类型的划分有三种方法：一种方法是把职位划分为直线型和参谋型；另一种方法是把职位划分为专业型和协调型；还有一种方法是把职位划分成临时型和永久型。职位层次是指每个职位在组织中地位的高低。比如，公共关系和销售管理的地位孰高孰低，对于不同的企业其情况大不一样，它取决于这些职位所体现的营销活动与职能在企业整个营销战略中的重要程度。职位数量是指企业建立组织职位的合理数量，它同职位层次密切相关。一般地，职位层次越高，辅助性职位的数量就越多。很明显，市场营销经理在决策时就要依靠大批市场分析专家和数据处理专家的帮助。

职位的权力和责任的规定体现在岗位说明书上，岗位说明书包括岗位的名称、主要职能、职责、职权和此职位与组织中其他职位的关系及与外界人员的关系等。企业决定建立新的职位，有关部门主管就要会同人事专家拟出一份关于该职位的岗位说明书，以便于对应聘人员的考核和挑选。

4. 设计组织结构

组织结构的设计和选择同职位类型密切相关。企业如果采用矩阵型组织，就要建立大量的协调性职位；如果采用金字塔型组织，则要求有相应的职能性职位。因此，设计组织结构的首要问题是把各个职位与所要建立的组织结构相适应。

从这个意义上讲，对组织机构的分析要注重外部环境因素（包括市场和竞争状况），它强调组织的有效性。但是，营销经理总是希望节约成本和费用，考虑效率。通常，组织的效率表现为较少的人员和上下隶属关系及较高的专业化程度去实现组织的目标。这取决于两个因素：一是分权化程度，即权力分散到什么程度才能使上下级之间更好地沟通；二是管理宽度，即每一个上级所能控制的下级人数。人们普遍认为，假设每一个职员都是称职的，那么分权化越高，管理宽度越大，则组织效率也就越高。如果一个20人的销售队伍仅由1—2名经理来控制，这支队伍就有较大的决策自主权，从而可能会取得较好的销售效果。

5. 配备组织人员

在分析营销组织人员配备时，必须考虑两种组织情况，即新组织和再造组织在原组织基础上加以革新和调整。相比较而言，再造组织的人员配备要比新组织的人员配备更为复杂和困难。这是因为人们总是不愿意让原组织方式变化，他们视再造组织所提供的职位和工作是一种威胁。事实上，组织经过调整后，许多人在新的职位上从事原有的工作，这就大大损害了制造组织的功效。同时，企业解雇原有的职员或招聘新的职员也非易事。考虑到社会安定和员工个人生活等因素，许多企业不敢轻易裁员。

但是，不论哪种情况，企业配备组织人员时必须为每个职位制定详细的岗位说明书，从受教育程度、工作经验、个性特征及身体状况等方面进行全面考察。对再造组织来讲，还必须重新考核现有员工的水平，以确定他们在再造组织中的职位。

6. 检查和评价营销组织

没有尽善尽美的组织，它总是不同程度地存在摩擦和冲突。因此，从营销组织建立时，营销经理就要经常检查、监督组织的运行状况，并及时加以调整，使之不断地得到发展。

四、顾客导向型公司的建设

（一）市场营销在企业中的地位

市场营销究竟在企业中有多大作用，应该处于一个什么地位，对此有不同看法（如图10-9所示）。第一种看法认为，企业的所有职能都均衡地影响着企业战略的成功和消费者的满意程度，没有哪一个职能处于主导地位，如图10-9(A)。第二种看法认为，市场营销部门比其他部门（如生产、人事、财务等）略为重要。特别是在企业销售情况不佳时，持这种看法的人更多，如图10-9(B)。第三种看法认为，市场营销应该成为企业的中心职能，它规定着企业的任务、产品和其他部门的职能。这种看法在营销人员中非常流行，如图10-9(C)。第四种看法认为，顾客是企业各项职能的中心，企业的全部职能都应当围绕使顾客满意这个宗旨，如图10-9(D)。一般认为这是一种较为明智的看法。第五种看法认为，顾客满意是企业的最高目标，市场营销应在企业诸项职能中占据中心地位，因为要靠市场营销部门将顾客的需求传递到企业，并控制、协调其他部门，向顾客提供有效的服务。这一观点体现了现代市场营销的观念，如图10-9(E)，也是现在理论界、工商界最认同的观点。

(A) 营销作为同等重要的职能

(B) 营销作为比较重要的职能

(C) 营销作为主要职能

(D) 顾客作为控制职能

(E) 营销作为综合职能

图 10-9　企业各职能部门的地位与作用

（二）营销部门和相关部门关系

不管采取何种组织形式，市场营销部门仅仅是企业众多组织职能中的一个部门。在企业的实际运营中，由于各部门接触的工作、职能活动范围不同，难免对同一问题有不同的看法和不同的评价，加之部门利益的存在，部门之间的矛盾总是不可避免的，表 10-1 列举了市场营销部门和其他部门之间的主要分歧。

表 10-1　营销部门和相关部门的分歧

部门	其他部门的着重点	营销部门的着重点
研发	基础研究；内在质量；功能性特点	应用研究；认知质量；销售性特点
工程技术	较长的设计前置时间；型号较少；标准元件	较短的设计前置时间；型号较多；定制元件
采购	产品线窄；标准部件；材料价格；采购批量的经济性；采购次数少	产品线宽；非标准化部件；材料质量；大量采购以免断档；为满足顾客需求即时采购
制造	较长的生产前置时间；长期生产少数型号；型号不变化；标准订货；容易装配；一般控制质量	较短的生产前置时间；短期生产许多型号；型号经常变化；定制订货；造型美观；严格控制质量
财务	按严格、原则开支；硬性和固定的预算；定价着眼于回收成本	根据直观方法开支；能适应需求变化需要的灵活的预算定价；着眼于促进市场的进一步扩大
会计	标准化的交易；报告极少	特殊交易条件和折扣；报告很多
信贷	要求客户全面公开财务状况；信贷风险小；信贷条件严格；收款程序严格	对客户最低限度的信用审查；信贷风险适中；信贷条件宽厚；收款程序简便

1. 营销部门和研发部门的关系

公司希望开发新产品,但常因研究开发部门和营销部门关系不好而宣告失败。研究开发部门由科学技术人员组成,他们以对科学的好奇心和超然的地位而自豪,喜欢探讨前沿技术问题,而不关心眼前的销售利润,喜欢在较少人监督和较少谈及研究成本的情况下工作;营销部门与销售部门由具有商业头脑的人员构成,他们以对市场的深刻理解而感到自豪,希望看到更多的具有特色的新产品销售给顾客,有一种注重成本的紧迫感。双方都抱着鄙视、不理解的态度去看待对方,市场营销人员把研究开发人员看作不切实际的、书生气十足、不懂得怎样做生意的科学狂人;研究开发人员则把市场营销人员看作惯耍花招的、唯利是图的商贩,他们对销售的兴趣胜过对产品技术特点的兴趣。这些消极而顽固的框框,妨碍了双方之间有效的协同配合。

一般的公司或是技术驱动型的,或是营销驱动型的,或两者并重。在技术驱动型的公司里,研发人员热衷于研究各种基本问题,寻求重大技术突破,力求产品的技术性能尽善尽美。在这些公司里,研究与开发的费用颇高,虽然有时也会搞出一些重要的新产品,但新产品的成功率较低。

在营销驱动型的公司里,研发人员根据特定市场的需要去设计产品,因而主要是应用现有技术对现有产品进行技术改进,新产品的成功率较高,但产品生命周期较短。

在技术驱动、营销驱动两者并重的公司中,营销部与研究开发部已形成了有效的组织协调关系,他们共同负责进行卓有成效的以市场为导向的创新活动,研发人员不再为发明而发明,而是从事有实效的革新创造。销售人员也不再是只追求产品适合销售的特色,而是协调研究人员寻找能满足要求的创新途径。

2. 采购部门

采购人员负责以最低的成本采购质量、数量都合适的原材料与零配件。通常他们的购买量大而且种类较少,但营销经理通常会争取在一条生产线上推出几种型号的产品,这就需要采购量少而品种多的原材料与零配件。采购部门还认为营销部门对原材料及其零配件的要求过高,他们尤其反感销售人员不正确的预测,这将迫使他们不得不以较高的价格购进原材料,甚至还会造成库存过多而积压的现象。

3. 营销部门与工程技术部门

工程技术部门负责寻找设计新产品和生产新产品过程中所需要的实用方法。工程师们较为关心技术质量的保证、成本费用的节约以及制造工艺的简便化。如果营销人员要求生产多种型号的产品,特别是要求用定制配件而不是标准配件去生产特殊商品的时候,工程技术人员便会与之发生冲突。他们认为营销人员只要求外观美,而不注重产品内在质量。不过这种情况在那些懂得生产技术的人担任营销经理的公司里并不突出,因为他们能与工程技术人员较好地沟通。

4. 制造部门

生产人员负责工厂的正常运转,以达到用合适的成本、合适的时间生产合适数量产品的目的。他们认为,营销人员不了解工厂的经济情况和经济政策,却埋怨工厂生产能力不足、生产拖延、质量控制不严、售后服务不佳等,而且营销人员还经常作出不正确的销售预测,推荐难于制造的产品。营销人员看不到工厂可能遇到的困难,他们关注的只是顾客方面的要求,诸如要货迫切、到货有瑕疵和售后服务不足等事情。营销人员对为满足顾客需求而导致成本上升等问题却漠不关心。这个问题不仅反映了两个部门之间存在信息沟通不畅的问题,而且还反映了两个部门在实际利益方面有着冲突。公司可采用不同的方法解决这些问题。在生产驱动型的公司里,人们所做的任何一件事情都是为了保证生产顺利进行和降低成本。这种公司倾向于生产简单的产品,希望生产线窄一些,生产批量大一些。那些需要加速生产来配合促销活动的情况几乎没有,顾客在遇到延期交货时不得不耐心等待。

另一些公司是营销驱动型的。这种公司想尽一切办法来满足顾客需要。例如,在一家大型化妆品公司里,只要营销人员一声令下,要求生产什么东西,生产人员就立即行动,而不考虑加班费用、短期生产效益等。结果造成生产成本高昂,而且成本不固定,产品质量也欠稳定等问题。

公司应逐渐向生产驱动与营销驱动协调的方向发展。在这种协调的导向下,双方共同确定哪些是公司的最大利益。解决矛盾的途径可以是:举行研讨会以便互相了解对方的观点;设置联合委员会;互派联络员;制定人员交流计划;选定最为有利的行动方针。

公司的赢利能力很大程度上取决于营销部门与制造部门的良好协调关系。营销人员必须具备良好的了解制造部门的能力,如了解新生产策略——弹性工厂、自动化和机器人、准点生产、全面质量管理等的营销含义。制造人员也必须定期、不定期地到市场走一走,以便了解营销人员的甘苦。制造部门也可以成为一种有限的营销工具。当购买者去工厂了解生产管理质量状况时,生产人员和工厂部门无疑成了重要的营销工具。

5. 财务部门

财务经理以具备评估不同业务活动的赢利能力而骄傲,但每当涉及营销经理时就不得不喊"头疼"。营销主管人员将大量的预算用于宣传、促销活动和推销人员的开支的同时,却不能具体说明这些经费能带来多少销售利润。财务主管人员怀疑,营销人员所作的预测是自己随意编织的,并没有考虑经费与销售利润的关系,以便能把预算投向活力更多的领域。他们认为,营销人员急于大幅降价是为了获得订单而不是为了赢利。

营销经理认为,财务人员资金太紧,拒绝把资金用于长期的潜在市场的开发;他们把所有的营销经费看作一种浪费,而不是投资;财务人员过于保守,不愿意冒风险,从而使很多好的机遇失之交臂。财务主管人员要善于运用财务工具和理论支持对全局有影响的营销工作。

6. 会计部门

会计人员认为营销人员提交的销售报告拖拖拉拉,很不及时,他们尤其不喜欢销售人员与顾客达成的特殊交易,因为这些交易需要特殊的会计手续。反之,营销人员不喜欢会计人员把固定成本分摊到不同品牌上的做法。品牌经理可能认为,他们负责的品牌比预期的更能赢利,但问题在于分摊给产品的间接费用太多,而使得品牌利润率降低。他们还希望会计部门能按渠道、区域、订货规模等计算和编制各不相同的利润及销售额报表。

7. 信贷部门

信贷部门的职员负责评估潜在顾客的商品信用等级,拒绝或限制向信用不佳的顾客提供信贷。他们认为,营销人员对谁都做买卖,甚至对那些支付有困难的人也做买卖。营销人员则常常感到信贷标准定得太高。他们认为"完全没有坏账"的观念实际上会使公司在销售和赢利方面遭受更多损失。令他们伤心的是，自己好不容易找到了客户，听到的却是因这些顾客的信用不佳而不与之成交的消息。

8. 营运部门

用顾客导向观念去武装营运部门的员工是十分必要的，营运人员如果没有顾客导向观念，在工作中可能会倾向于他们自己的方便性，表现一般的态度和提供习惯性的服务，这将影响顾客对企业的评价，而服务行业在很大程度上是靠口碑来支撑的。营销人员希望营运部门将注意力集中于顾客的方便性，表现出积极和友好的态度并提供出色的服务。要实现这一目标，营销人员就必须了解这些提供服务的人的能力和心态，不断地帮助他们改进态度和提高能力。

(三) 顾客导向型公司的建设

市场营销部门和其他部门关心的重点是有差异的，这样各个部门都会强调自己工作的重要性，因而矛盾和摩擦在所难免。但过多的、无休止的争论会浪费时间，要解决这一矛盾，必须建立顾客导向型的公司。许多公司开始认识到他们并不是顾客导向的，但是要重组公司系统，使公司成为真正顾客导向的组织，这个任务并不容易。

1. 公司整体层面的措施

公司的主要负责人必须采取以下措施来推动顾客导向型组织的建设。

(1) 领导挂帅。

在这里，董事长的领导和承诺是关键因素，他必须说服公司的高级经理们将他们的工作转向以消费者为中心的轨道上来，他必须经常向雇员、供应商、分销商说明对消费者提供质量和价值的重要性，他还必须身体力行地示范强烈的顾客导向观念，并对那些在坚持顾客为导向方面成绩优异者进行奖励。

(2) 任命营销工作组。

公司应任命一个高层次营销工作组，负责制订计划，以便将现代营销思想和方法在公司中推广应用。该营销工作组的成员应包括总经理、销售、研究开发、采购、生产、财务、人事经理以及其他部门的关键人员。

(3) 获取外界指导和帮助。

在建立公司营销文化的过程中，营销工作组可从外界的咨询服务中获益。一些咨询公司的人员在推广营销思想方面富有经验且颇有办法，他们将在促进公司向市场导向型转变方面发挥重要作用。

(4) 改变公司薪酬结构。

公司如果期望各部门行为改变，就必须改变公司的薪酬结构。当采购和制造部门从成本降低中得到利益，他们就会拒绝接受因提高服务质量而要求的成本支出。当财务把重点放在短期利润绩效上时，他们就会反对为建立顾客满意和忠诚进行的营销投资。

(5) 聘用能干的市场专家。

公司应当考虑从外部聘用经过良好训练的营销人才，尤其从领先的公司中聘用。花旗银行面对市场营销工作出现的严重问题，从通用食品公司聘请了一位高级市场营销经理。现在，亚洲银行都聘请花旗银行的管理人员帮助创建银行的市场营销文化。

(6) 加强公司内部培训计划。

公司应当为高层管理人员、事业部高级经理、营销和销售人员、生产人员、研究开发人员等设计完善的培训计划,这些计划应把营销观念知识、技能灌输给公司的经理和雇员们。

(7) 建立现代化的营销企划工作体制。

应当培训经理们用营销思维进行工作,一个很好的办法就是建立一个现代市场导向型的计划体制,计划工作的程序要求经理们首先考虑营销环境、机会、竞争形势和营销的其他问题,然后经理们为某些具体产品和细分市场制定营销策略,预测销售利润并对这些活动负责。

(8) 建立年度优秀营销活动评奖制度。

公司应鼓励各业务单位递交他们该年度所进行的最好的一次营销活动的报告,通过对这些报告的评审,公司可评出其中的优胜者并用特别的形式予以奖励。

类似活动曾被杜邦公司所采用,该公司的几个事业部按市场营销职能进行了重组,还为高级管理人员召开市场营销研讨会,与会人员中有 300 多名高级经理、2 000 多名中层经理和 14 000 多名雇员。另外,公司还建立了优秀市场营销员工奖励制度,全公司有 32 名员工获此殊荣。

(9) 从以产品为中心的公司改组为以市场为中心的公司。

许多公司由产品部组成,每个产品在许多市场上销售。变为销售中心就意味着建立一个以该特定行业需要为核心的组织,为每种行业提供公司的各种产品。

例如,一家医疗器械供应商针对不同医院(各市场)设有不同的销售代表,这些代表的身后是各种医疗产品的专家,因而各科医生们并不需要在不同的时间咨询不同的产品专家,而只需为其各种产品设立一位可供咨询的销售代表。这既有利于节约医生的时间,也有利于销售代表和相关医生建立良好的关系。

2. 公司各部门的措施

要成为顾客导向型组织,公司各部门必须担负起在顾客导向下的职责,表 10-2 列出了顾客导向观念下的公司各部门应该采取的措施。

表 10-2　顾客导向观念下的各部门应该采取的措施

部门	措　施
研发部门	花费时间来会见顾客、倾听问题;对营销部门、制造部门和其他部门的每一新项目表示欢迎;以最好的竞争产品为基准和寻求"同行最佳"的解决方案;征求顾客反应和建议作为项目方案;在市场反馈的基础上不断改进和琢磨产品
采购部门	主动地寻找最好的供货商而不只是"守株待购";与少数值得信赖的高品质产品供货商建立长期合作关系;在价格优惠和高质量之间首选高质量
生产部门	邀请顾客对工厂进行参观访问;注意顾客如何使用企业产品;为满足已承诺的订单,宁愿超时工作;不断寻找提高生产速度和降低生产成本的方法;不断提高产品质量并致力于无质量缺陷
市场营销部门	研究每一细分市场的顾客需求,努力提供更为友善的服务,致力于获得长期潜在市场利润;经常收集和评估关于新产品、产品改进和服务的信息,以更好地满足顾客需要;积极影响企业所有部门的雇员,在思想上和实践中都以顾客为中心

(续表)

部门	措　施
销售部门	了解顾客,努力给顾客提供"最好的答案";只许下自己确实能做到的承诺;主动将顾客需要和意见反馈给负责产品改进的部门;尽量为每一位顾客服务更长的时间
后勤部门	建立提供服务的高标准,并长期不懈地坚持这一标准;运作一个富有知识且友善的顾客服务部门,负责回答顾客问题,处理抱怨,并用一种令人满意的态度及时解决问题
会计部门	定期提供产品市场、地理区域的盈利能力报告;随时备有不同发票,以满足顾客需要,并礼貌而迅速地回答顾客提出的各种咨询问题
财务部门	理解并支持市场营销费用支出,支持市场营销部门的长期市场营销计划;根据顾客的财务状况制定不同的财务标准;在顾客信用程度上很快作出决定
公关部门	宣传有利于企业的消息,控制损害企业形象的消息的传播;协调企业内部的顾客,并不断地倡导更佳的改善企业经营环境和形象的市场营销战略与实践
其他接触顾客者	极富能力,谦虚,精神愉快,值得信赖并很负责任

第二节　市场营销执行

营销执行是将营销计划转化为行动和任务的部署过程,并保证这种任务的完成,以实现营销计划所制定的目标。营销执行是研究营销方案由什么人、在什么地方、什么时候、如何做的问题。一个好的营销战略计划如果执行不当,是不会有成效的。

一、执行不力的原因

(一) 战略计划不具有执行性

企业的市场营销战略计划通常是由上层的专业计划人员制定的,他们的工作思路往往是自上而下的,他们制定的营销计划往往只有战略计划,没有具体的执行方案,另外,由于专业计划人员不了解执行过程中的具体问题,经常使计划脱离实际。

(二) 执行者的原因

方案的执行人员素质不均衡会导致对方案的理解不透彻,从而影响到方案的执行。一个没有接受过良好培训或没有接受过足够培训的方案执行人员不能作出理想的效果。这样,不但不可能很好地执行方案,还有可能使方案执行严重走样,其结果就是严重影响到营销问题的有效解决,甚至产生更多问题。

(三) 沟通协调问题

(1) 专业计划人员没有把战略计划系统、详细地给执行人员讲清楚,致使执行人员并不完全理解需要他们去执行的战略计划。

(2) 由于战略计划制定者和执行者的工作思路、工作方法不一样,出现问题后双方相互推诿,矛盾的积累导致战略计划人员和执行人员相互对立和不信任。

(四) 组织内部的问题

1. 组织内的因循守旧

企业当前的经营活动往往是为了实现既定的战略目标,新的战略如果不符合企业的传统和习惯就会遭到抵制。要想执行与旧战略截然不同的新战略,常常需要改变企业传统的组织机构和供销关系。

2. 组织长期目标与短期目标的矛盾

市场营销战略通常着眼于企业的长期目标,涉及今后 3—5 年的经营活动。但具体执行这些战略的市场营销人员通常是根据他们的短期工作绩效(如销售量、市场占有率或利润率等)指标来评估和奖励的。

3. 非营销部门的问题

一些好的营销方案由于没有考虑到企业内部问题或者一时不能改变企业盘根错节的内部问题,从而由内部问题给方案的执行带来相当大的困难。甚至导致方案无法执行。如企业内部责、权、利不明、机制不活、企业组织构架过于繁杂等。

4. 缺乏有效的监督机制

监督机制是控制方案执行效率和效果的有效保障。方案是否执行,执行得怎么样,企业管理部门应该做到实时监控,否则容易导致方案的执行失控。

5. 缺乏有效的激励机制

大多数员工需要激励和特殊的刺激才会努力工作,如果缺乏有效的激烈机制,方案的执行者看不到努力工作的回报和不工作的惩罚,这样会严重挫伤执行人员的工作积极性。

二、市场营销战略计划的执行过程

市场营销战略计划的执行过程主要有以下四个步骤。

(一) 细化方案

执行人员首先必须把战略计划细化为执行方案,明确执行的重点、难点,并将执行这些决策和任务的责任落实到个人或小组。另外,还应包含具体的时间表,定出行动的确切时间。

(二) 任务分配

再好的方案最终都要落实到具体的组织、具体的人员来执行。方案细化后的关键是把执行性方案分配给具体的部门和人员,规定明确的职权界限和信息沟通渠道,协调企业内部的各项决策和行动。

(三) 设计制度

为实施营销方案,企业必须设计相应的决策和报酬制度。这些制度直接关系到战略实施的成败。就企业对管理人员工作的评估和报酬制度而言,如果以短期的经营利润为标准,管理人员的行为必定趋于短期化,他们就不会有为实现长期战略目标而努力的积极性。

（四）开发人力资源

营销方案最终是由企业内部的工作人员来执行的,所有人力资源的开发至关重要。这涉及人员的考核、选拔、安置、培训和激励等问题。在考核、选拔管理人员时,要注意将适当的工作分配给适当的人,做到人尽其才;为了激励员工的积极性,必须建立完善的工资、福利和奖惩制度。此外,企业还必须决定行政人员、业务人员和一线工人之间的比例。

三、提高营销执行力的措施

一个公司要提高营销执行能力,大体可以从下面十个方面着手。

（一）可执行性营销计划是执行力的源泉

很多公司把营销执行不利都归因于销售人员缺乏正确的意识和专业技能,其实,可执行性营销计划是执行力的源泉,只有营销计划本身正确,并且是可以执行的,执行力才有意义。

企业在制定营销战略计划时,不仅仅要考虑整体层面的,还必须注重对策略的分解,要通过时间、产品、渠道、区域等各方面来丰富策略规划体系,同时,企业必须将营销计划转化为具体的执行方案,确立执行方案的具体步骤,以便于监控和考核。另外,企业必须定期对营销计划的执行状况进行总结、分析和调整,要不断检讨总部和区域市场的执行状况。

（二）树立明细的、可执行的目标,保证执行力的方向

确立目标建立在对企业内外部信息和各类资源的认真分析上,企业的营销目标必须具有系统性和层次性。企业每一名员工的工作职责和工作标准的达成,都会对总体目标作出贡献,企业目标、部门目标、员工目标、每月目标、每天目标等体现了目标的层次性。所以,企业的营销目标必须分解,以求更具体,操作性强。企业的目标明确了,执行力才有了前进的方向,不同部门才能在工作中形成一股合力,更好地发挥知识与技能的聚合作用,从而更好地促进目标的达成。

（三）执行性强的领导者是提高执行力的关键

管理者往往把缺乏执行力的原因归咎到各个方面,却忽略了分析自身。执行力是领导意志的体现,若领导者的领导风格不是雷厉风行,而是拖拖拉拉,其结果必然会出现组织内相互推诿、议而不决、决而不行、行而无效,最终方案无法落实,也没有绩效评估与考核。管理者决定了整个团队执行力的强弱,执行力是通过领导者与员工之间的沟通和示范来实现的。所以,作为领导者,其本身首先必须做到雷厉风行、身先士卒、百折不挠,由此产生巨大的示范作用,带动整个团队提高执行力。

（四）高效的业务流程是提升执行力的重要平台

很多企业的运作过程都是靠一级领导来推动,一项工作若没有领导过问,就没有人去处理,结果也没有人承担责任。这种靠领导推动的运作方式带来了很多企业病,诸如:领导应付事情过多,无暇考虑战略问题;管理人员缺乏锻炼,滋生依赖思想;各部门之间缺乏顺畅沟通,整体策略难以执行到位等。现代企业必须从靠领导推动转变到靠流程推动,简化工作决

策的环节,迅速提高各部门的执行能力。高效的业务流程需要把握以下五个关键要素:其一,提炼关键业务流程;其二,确定流程核心内容;其三,明确流程运作部门;其四,规定流程运作时间;其五,确定流程评估标准。

(五) 团队协作是执行力的保障

现代社会是一个分工越来越细的社会,企业要达成目标,必须要求企业各部门充分地协作。一个团队的执行力不仅取决于每一名成员的能力,更取决于成员间的相互协作、相互配合。培养团队协作可以从三个方面着手:其一,树立团队协作的企业文化,用企业的核心价值观去营造团结协作的工作环境。其二,培养员工的企业忠诚,只有当企业员工都与企业同舟共济,不同背景的员工才能产生团结协作的动力。其三,在企业内部培养团队精神,形成团队成员之间的尊重、信任、宽容、团结协作。

(六) 态度决定执行的程度

"态度决定一切"成了管理界的一句明言。执行的关键是人,而人的关键是心态,一个组织执行力的大小,往往和组织成员的态度有很大关联。如果你要去做一件事情,你会有一百个理由去做;如果你不愿意做一件事情,你同样可以找出一百个理由。所以,企业必须培养这样一种观念:没有任何借口,把营销执行当成一种纪律。企业各级领导首先必须具有这样的观念,然后影响教育全体员工,培养他们营销执行的心态。

(七) 团队执行技能是执行力的基础

营销方案靠人员来执行,人员的执行技能就成了执行力的基础。人员技能不仅体现在完成任务的能力要求上,还体现在完成任务的效率和质量上。对员工的技能培训不仅包括工作能力素质,还要包括对时间、费用、质量和周边环境把握等方面。尽量使执行人员用最短时间、最低费用去高质量地完成任务。

营销系统的领导者必须具有以下四种技能:(1)配置技能,指市场营销经理对于时间、资金和人员的配备能力;(2)调控技能,指建立和管理一个对市场营销活动效果进行追踪的控制系统;(3)组织技能,指组织下属开展有效地执行营销活动的能力;(4)互动技能,指经理影响他人把事情办好的能力。

(八) 跟进管理是执行力的保护神

人性的弱点中有一点是惰性,懒惰成了执行力的一块很大的绊脚石。要保证方案的按时、按质执行,企业应该建立完善的跟进管理机制,如督导小组、电话监督、路线拜访、承诺制等,对执行过程中的细节进行监督与跟踪,能有效地提高员工的执行力。

(九) 绩效考核是执行力的动力

绩效考核是营销体系执行力的动力来源,如果绩效考核体系没有建立起来,执行力是不会自动产生的。绩效考核是营销管理中的一个难点,企业需要把握三个重要原则。其一,营销绩效考核应该围绕营销战略计划方案而建立。很多企业从大到小、从定量到定性、从业绩到态度等方面制定了一大套考核指标,表面上很完善,其实根本无法执行下去。绩效考核的关键是要设计一套关键绩效指标(KPI),这种方法融合了目标管理和关键业务界定两种方法的优点,既有明确的目标导向,又可以抓住关键业务。其二,营销绩效考核应该在机会上创造平等。企业绩效考核所体现出来的根本点就是营造一种机会公平的环境,充分考虑到各类营销人员工作性质的差异性,确保大家在同样的平台下开展公平竞争,使大家能从企业的成长中获得价值,这样企业的营销执行力将是巨大的。其三,营销绩效考核应该体现个人与团队的平衡。在实际考核过程中,要做到因团队的成长而带动个人的成长,如果一个部门赢得了奖励,这个部门的所有人员都应该分享到这种奖励,对于贡献特别突出的人,部门应该给予其相应的激励,以区别于其他一般贡献的人员。

(十)建设执行性企业文化,培养执行的主动性

优良的团队执行力都是团队个体行为组成的,个体行为又是由其思想所支配,思想来源于良好的习惯,习惯的养成需要企业文化的长期熏陶。企业文化是指一个企业内部全体人员共同持有和遵循的价值标准、基本信念和行为准则。企业文化对企业经营思想和领导风格、对职工的工作态度和作风均起着决定性的作用。公司必须从企业环境、价值观念、模范人物、仪式、文化网络等方面来构筑执行性企业文化,把提高企业执行力全面渗透到企业的每一个角落,深深根植到企业员工的内心,培养员工良好的执行习惯和执行主动性。

第三节 市场营销控制

市场营销部门的核心工作就是规划和控制市场营销活动,由于在市场营销计划执行过程中会出现诸多意料不到的事情,所以,市场营销部门必须对市场营销活动实施控制。控制系统负责考察计划执行结果,诊断产生问题的原因,并反馈回来采取适当的纠正措施,包括改善实施过程,或调整计划使之更切合实际。

一、市场营销控制的基本问题

(一)市场营销控制的概念

控制是管理的重要职能之一。市场营销控制就是市场营销管理者据以跟踪市场营销活动过程的每一环节,确保其按计划目标运行而实施的一套工作程序或工作制度,以及为使实际结果与计划目标一致而采取的必要措施。

(二)市场营销控制的作用

(1) 通过控制对营销计划本身和计划的实施过程进行必要的调整。营销计划与实施过程中遇到的现实并不总能保持一致,在实施过程中会遇到各种各样的意外事件。通过控制,可以对计划本身及计划的实施过程进行必要的调整。

(2) 营销控制有助于及早发现问题,避免可能出现的事故以及寻求更好的管理方法,充分挖掘企业潜力。

(3) 营销控制能起到监督和激励作用。

(三) 市场营销控制的程序

1. 确定控制对象

确定应对哪些市场营销活动进行控制。由于控制活动要支付一定的费用，在确定控制内容、范围、额度时，应当注意使控制成本小于控制活动能带来的收益。最常见的控制指标是销售收入、销售成本和销售利润。但对市场调研、推销人员工作、顾客服务、新产品开发、广告等营销活动，也要加以控制和评价。

2. 设置控制目标

控制目标就是营销计划中设立的目标。没有目标就没有导向，营销控制就成为一句空话。

3. 建立衡量尺度

在很多情况下，企业的营销计划目标中就决定了它的控制衡量尺度。如前节所述的市场占有率、销售额、利润率、投资收益率等。

4. 确立控制标准

控制标准是对衡量尺度加以定量化。如规定某新产品上市半年后使市场占有率达到3%。控制标准一般应允许一个浮动范围。如上例中浮动范围可定为±0.3%，即市场占有率在2.7%—3.3%。设立控制标准还须考虑到产品、地区、竞争情况不同造成的差异，使控制标准有所区别，以更符合实际情况。

5. 比较实际与标准

将控制标准与计划实际执行情况相比较。比较结果若达到了预期标准，说明计划完成顺利；若未能达到预期标准，就需要进行下一步工作。

6. 分析偏差原因

产生偏差可能有两种情况：一是实施过程中的问题，这种偏差比较容易分析。比如，某种产品亏损影响了整个部门的获利水平；二是计划本身的问题，确认这种偏差通常比较困难。比如，某个推销员没有完成访问次数标准，可能是由于计划定额过高。通常情况下，这两种情况往往交织在一起，致使分析偏差的工作显得非常困难。要求管理者全面深入地了解实际情况，务必加以认真分析。

7. 采取改进措施

采取改进措施应尽快进行。如果在制订计划时制定了应急计划，此时可启动应急计划。如果企业没有应急计划，必须根据实际情况，迅速制定补救措施加以改进，或适当调整某些营销计划目标。

(四) 市场营销控制方法

如表10-3所示，营销控制方法有四种：年度计划控制、盈利能力控制、效率控制与战略控制。

(1) 年度计划控制。高层管理部门或中层管理部门通过销售分析、市场份额分析、销售收入与费用支出之比分析，目的是检查规定的计划效益是否达到。

(2) 赢利能力控制。由市场营销控制主管运用赢利分析的方法进行控制，如产品、地区、顾客群、细分片销售渠道、订单大小等，目的是检查公司的盈亏状况。

(3) 效率控制。直接与参谋管理部门和市场营销控制主管通过市场营销费用的效果及效率分析方法进行监控,如销售队伍、广告、促销和分销等,控制目的是评估企业内部各部门的效率情况。

(4) 战略控制。高层管理部门及市场营销审计员对企业所进行的控制,具体的方法有营销效益等级评核、营销审计、营销杰出表现、公司道德与社会责任评价等,目的是检查公司是否正在寻求市场、产品、渠道的最佳机会。

表 10-3　市场营销控制的方法

控制方法	主要负责人	控制目的	控制措施
年度计划控制	高层、中层管理者	检查计划目标实现情况	销售分析、市场份额分析、销售费用率分析、财务分析、市场基础评价卡分析
盈利能力控制	营销审计者	检查公司的盈亏情况	盈利情况、产品、地区、顾客群、细分市场、销售渠道
效率控制	直线和职能管理者	评价和提高营销经费利用效果	效率、销售队伍、广告、促销、分销
战略控制	高层管理者,营销审计者	检查公司是否在营销各方面寻求最佳机会	营销审计、营销杰出表现、公司道德与社会责任评价

二、年度计划控制

年度计划控制是指企业在本年度内采取控制步骤,检查实际绩效与计划之间是否有偏差,并采取改进措施,以确保市场营销计划的实现与完成。制定年度计划并付诸实施后,搞好控制工作也是一项极其重要的任务。

年度营销计划控制的目的是确保企业达到年度计划规定的销售额、利润指标及其他指标,是一种短期的及时控制,中心是目标管理。

年度营销控制的步骤包括:首先,管理者必须将年度计划分解为每季、每月的目标。其次,管理者随时跟踪掌握营销情况。再次,当营销实绩与计划发生偏差时,找出产生偏差的原因。最后,采取措施。有可能是改进措施,有可能是修正目标本身。

年度营销计划控制的方法主要有以下六种。

(一) 销售分析

销售分析主要用于衡量和评估经理人员制定的计划销售目标与实际销售之间的关系。

1. 销售差异分析

销售差异分析用于决定各个不同的因素对销售绩效的不同作用。假定年度计划要求第一季度按每件 1 元的价格销售某种商品 4 000 件,目标销售额为 4 000 元。但到季度末仅每件以 0.8 元的价格出售了 3 000 件,总销售额 2 400 元,比目标销售额减少了 1 600 元。那么,这 1 600 元的减少额有多少是由于销量未达目标造成? 有多少是由于价格降低造成? 计算方法如下:

由于价格下降造成的影响 $=(1.00-0.8)\times 3\,000=600$ 元,占 1 600 元的 37.5%。

由于销量下降造成的影响＝1.00×(4 000－3 000)＝1 000元,占1 600元的62.5%。

销售额下降的62.5%是由于销量未达到目标而致,故企业应密切注意它未达到预期销售目标的原因。

2. 微观销售分析

着眼于个别产品或地区销售额未能达到预期份额的分析。假定某企业分别在A、B、C三个地区出售某种产品,期望的销售目标分别是1 000单位、1 500单位和2 000单位。实际销售额分别达到1 300单位、1 400单位和1 500单位。地区A较期望销量高出20%;地区B较期望值低3.3%;地区Ⅲ则低25%。显然,地区C是造成销量下降的主要原因。营销经理应该检查该地区情况,找出原因。是推销人员玩忽职守?还时因为强大的竞争对手加入了市场?还是由于计划目标定得太高?

(二) 市场占有率分析

销售额的绝对值并不能完全说明企业经营的成功与否。因为这有可能是一个正在迅速成长的市场,该市场的销售额虽在上升,但其市场份额却有可能在绝对地下降。只有当企业的市场占有率上升时,才说明它的竞争地位在上升。

市场占有率有绝对市场占有率和相对市场占有率两种。

$$绝对市场占有率＝本企业销售量/本行业全部销售量\times100\%$$

在分析时要考虑:其一,严格限定行业范围。其二,要决定用销售的实物量计算还是用价值量来计算。价值量既能反映数量,也能反映价格。

$$相对市场占有率＝本企业的市场占有率/最大竞争者的市场占有率\times100\%$$

相对市场占有率为100%,意味着该企业与最大竞争对手平分秋色;相对市场占有率大于100%,说明该企业的市场份额大于竞争对手。相对市场占有率上升,说明该企业较之最大竞争对手干得更出色。

根据科特勒的研究,市场份额的变动可以用下面的公式来分析:

$$总的市场顾客＝顾客渗透率\times顾客忠诚度\times顾客选择性\times价格选择性$$

顾客渗透率是指购买组织产品的顾客与所有顾客的百分比;

顾客忠诚度是指顾客购买组织产品的数量占他们从其他竞争对手那里购买的产品数量的百分比;

顾客选择性是指顾客购买本组织产品的平均量与他们购买其他一般产品的平均量的百分比;

价格选择性是指组织产品的平均价格与所有公司产品的平均价格的百分比。

根据上面的公式,有四种可能的原因会导致市场份额的下降:(1)组织失去了一部分顾客(顾客渗透率下降了);(2)顾客的忠诚度下降了;(3)组织保留的顾客规模下降了(顾客选择性下降了);(4)组织的价格竞争力减弱了(价格选择性下降了)。

以上任何一种因素都会导致组织的市场份额下降,也有可能是几种因素的共同作用导致组织市场份额的下降。

（三）市场营销费用率分析

市场营销费用率是指市场营销费用与销售额之比。它包括五种费用对销售额的比率：销售人员与销售额之比；广告费用与销售额之比；促销费用与销售额之比；市场调查费用与销售额之比；销售管理费用与销售额之比。管理部门必须监控这些费用比率，它们可能出现一些容易被忽视的小波动，而这些小的波动往往就是某些管理问题的先兆，因此，一旦超过正常波动幅度就必须加以注意。当一种费用与销售额的比率失控时，就必须用综合的数据来调查这一问题。另外，费用与销售额的比率应在一个总的财务框架结构中分析，以确定公司在何处及如何获得收益，市场营销人员正在更多地运用财务分析来寻找赢利性策略，而不仅仅是加强销售策略。管理部门需要运用财务分析来鉴别影响公司净资产收益率的各种因素。

（四）财务分析

营销费用率分析应该放在组织总体财务框架之中进行分析，来帮助组织决定如何支出以及在什么方面投资。现在营销管理者经常使用财务分析来发现更有价值的利润增长点。管理者通过财务分析来研究影响组织资本净值报酬率的各种因素，资本净值报酬率与是资产报酬率和财务杠杆率有关。

（五）顾客满意追踪

在对企业的市场营销活动进行上述财务和定量性质控制的同时，还需要制定一些定性标准，以便向管理部门提供市场份额即将发生变化的早期警告。目前，有一些公司建立起顾客满意追踪系统来监控顾客、经销商及其他市场营销组织参与者的态度，在顾客偏好和满意的变化对销售产生影响之前就进行监控，可使管理部门及时掌握市场动态，以便较早地采取行动。该系统包括：

（1）顾客意见和建议系统。建立顾客意见反馈途径，可使企业对自己的产品、服务和在顾客心目中的地位有更全面的了解，及时采取对策。

（2）典型户调查。由那些同意定期通过电话或信函反映意见的顾客组成、能较全面、系统地反映市场情况，具有典型性。

（3）定期的用户意见调查。这是一种通过随机抽样了解顾客对本企业产品及服务质量满意程度的调查。调查结果通常要按一定程序递交有关部门及上级主管人员，从而促使整个企业改进工作。

（六）行为校正

当公司绩效偏离计划目标较多时，管理部门需要实施校正。通常，公司会采取一些小的校正行动，若无效，则采取更严厉的措施。例如，公司可以采取如下一套逐步加强的补救措施：削减产量；有选择性地减价；对销售人员施以更大的压力以完成定额；公司削减人员雇用与培训、广告、公共关系、研究开发的预算；通过解聘和提前退休解雇人员，将某些业务出售给其他公司；寻找欲购买本公司的买主等。

三、盈利性控制

除了年度营销计划控制外，企业还需要测算各类产品在不同地区、不同市场、不同分销渠道的实际获利能力。这一分析结果能帮助主管人员决策哪些产品、哪些市场应予以扩大，哪些应予缩减，以至放弃。

赢利能力的分析步骤如下：

（1）功能性费用。用于推销产品、广告、包装、送货及开账单和收款等费用，首先是测算每项活动需要的费用额度。

（2）将功能性费用指定给各市场营销实体。测定通过每种渠道销售产品各需多少功能性费用。

（3）为每个市场营销实体编制一份损益表或为每种渠道编制一份损益表。但应注意，通过每条渠道获得的总销售额并不直接反映每条渠道获得纯利。

在上述市场营销赢利能力分析的基础上，考察购买者对渠道的选择行为、渠道的发展趋势、公司针对各个渠道的市场营销策略是否为最佳等，根据这些答案，市场营销管理部门可对许多供选择的行动作出判断，从而形成最佳校正行动。总之，市场营销赢利能力分析显示了不同渠道、产品、地区或其他市场营销实体的相对赢利能力。

四、效率控制

如果赢利能力分析揭示了公司在某些产品、地区或市场方面赢利甚微，就应该以更有效的途径对这些经营不善的市场营销实体中的销售队伍、广告、销售促进和分销等活动进行管理。

一些公司建立了市场营销控制员的职位来帮助市场营销人员提高市场营销效率。市场营销控制员不在控制员的办公室工作，而是在具体的市场营销部门。一些公司（如通用食品、杜邦和强生等）进行了一次先进的市场营销收支和结果的财务分析。特别地，它们通过检查赢利计划的遵守情况来帮助品牌经理进行预算；测定促销效率；分析中间产品成本；评价顾客和地区的赢利能力，并培训市场营销人员分析市场营销决策中暗含的财务意义。

1. 销售队伍销售绩效考评

销售经理需要在本地区监控下列主要销售效率指标：每个销售人员每天的平均销售访问次数；每次会晤所需的平均访问时间；每次销售访问的平均人数；每次销售访问的招待成本；每100次销售访问的订货百分比；每期的新顾客数；每期失去的顾客数；销售人员费用占总销售额的百分比。

这些指标提供了以下信息：销售代表每天访问次数是否太少了？每次访问是否花费了太长的时间？招待成本是否太高？每100次访问是否获得了足够的订货？他们是否吸引了足够的新顾客和留住了老顾客？

2. 广告效率

广告效率主要体现在以下统计数字：媒体所触及的每千名目标顾客所需的广告成本；注意、收看、联想和阅读每种印刷品的大部分的受众百分比；消费者对广告内容和效果的意见与建议；对售前售后的产品态度的测定；受广告刺激的咨询次数；每次咨询成本。

管理部门可采取许多措施来提高广告效率，如产品定位、确定广告目标、预先检测信息、使用计算机指导来选择广告媒体、购买更好的媒体、进行广告的事后检测等。

3. 销售促进效率

销售促进即刺激买主兴趣和试用产品的方法。为提高销售促进效率,管理部门应记录每项销售促进的成本及销售效果。管理部门应注意下列统计数字:按优惠方法售出的销售额百分比;每一单位销售额的陈列成本;赠券回收的百分比;促销演示引起的咨询次数。

4. 分销效率

管理部门需要寻找经济的分销渠道。营销部门经常面临的一个问题是:当公司遇到强劲的销售增长时,分销渠道的效率可能会下降。公司必须经常对其整体市场营销目标和效果进行严格的审查。在市场营销领域中,可能常常出现目标、政策、策略、计划的迅速过时,每个公司应定期对其进入市场的策略方法作出重新评价。可用两种方法进行此项工作,即市场营销效果等级评价和市场营销审计。

5. 市场营销效果综合评价

市场营销效果并不一定能从目前的销售和利润绩效上反映出来,好的市场营销效果可能是由于该事业部具有"天时""地利"的条件,而不是因为有效的市场营销管理,改善该事业部的市场营销工作可能导致绩效由良好变得极好。而另一个事业部尽管具有极好的市场营销计划,但由于"天时""地利"等原因却效果较差,如果更换现任的市场营销经理,可能会把事情弄得更为糟糕。

市场营销效果可以从市场营销导向的五个主要属性反映出来:顾客宗旨、整体市场营销组织、充分的市场营销信息、策略导向和市场营销效率。每种属性都是以可以量化的指标来衡量的。

主要的市场营销功能是否有高水平的市场营销一体化和市场营销控制?可能的情况有:没有,销售和其他市场营销功能在最高层次上没有一体化,并且存在一定的冲突;有一些,主要的市场营销功能有正式的一体化和市场营销控制,但是协调与合作不是很令人满意;是的,主要的市场营销功能被有效地统一成一个整体。

五、战略控制

公司必须经常对其整体营销效益作出缜密的评价,每个公司应该定期对其进入市场的总体方式进行重新评价。这里主要有三种工具可以利用,即市场营销审计、营销杰出企业评价和社会责任评价。

(一) 市场营销审计

市场营销审计(marketing audit)是对企业市场营销环境、目标、战略、组织和活动的一种综合、系统、独立和定期的检查评价。通过市场营销审计,可以发现企业市场营销中存在的机会和问题,并提出改进企业市场营销活动的计划。

市场营销审计的内容主要由六个方面组成:市场营销环境审计、营销战略计划审计、营销组织审计、营销系统审计、营销效率审计和营销职能审计。

1. 市场营销环境审计

市场营销必须审时度势,对市场营销环境进行分析,包括对人口、经济、自然、技术、政治、文化等宏观环境和市场、顾客、竞争对手、经销商、储运机构、公众舆论等目标环境的分析，从而制定企业的市场营销战略。这种分析是否正确，需要经过市场营销审计的检验。由于市场营销环境的不断变化，原来制定的市场营销战略也必须相应地改变，这也需要经过市场营销审计来进行修订。

2. 营销战略计划审计

企业是否能按照顾客导向确定自己的任务、目标并设计企业形象；是否能选择与企业任务、目标相一致的竞争地位；是否能制定与产品生命周期、竞争者战略相适应的市场营销战略；是否能进行科学的市场细分并选择最佳的目标市场；是否能恰当地分配市场营销资源并确定适合的市场营销组合；企业在市场定位、品牌形象等方面的战略及策略是否有效。所有这些都需要经过市场营销战略计划审计的检验。

3. 营销组织审计

市场营销组织审计包括组织正式结构审计、功能效率审计两个方面。市场营销组织审计主要是考察市场营销经理的责、权、利的划分，市场营销活动的组织与安排等内容。功能效率审计主要是考察市场部门与销售部门的沟通情况，产品管理制度、企业内部培训情况及企业各个部门与市场营销部门之间协调关系等内容。

4. 营销系统审计

市场营销系统审计包括市场营销信息系统、市场营销规划系统、市场营销控制系统及新产品开发系统审计等方面。市场营销信息系统审计是考察企业掌握顾客、潜在顾客、批发商和经销商、竞争对手、供应商和各类公众信息情况、公司的决策制定者们进行市场调研利用调研信息的情况等。市场营销规划系统审计是考察企业市场营销规划系统构思精密、使用有效性能，预测销售目标和销售定额的可靠性等。市场营销控制系统审计主要是考察市场营销控制程序保证年度计划目标的实现的情况，定期分析产品、市场、地区、分销渠道的赢利能力，以及定期检查市场营销成本和生产能力。新产品开发系统审计主要是掌握收集、形成和筛选新产品构思的工作，开发一个新的产品构思前进行理论研究与业务分析情况及推出新产品前进行充分的产品和市场测试等。

5. 营销效率审计

市场营销生产力审计主要是通过对赢利能力分析与成本效益分析，考察企业不同产品、市场、地区及分销渠道的赢利能力，企业进入、扩展、收缩或退出某些细分业务的情况及某些市场营销活动费用支出情况与缩减成本的措施等。

6. 营销职能审计

市场营销功能审计包括对产品、价格、分销渠道、广告、促销组织、公共关系活动及销售人员队伍建设情况的综合审计。掌握各个主要市场营销功能的状况，把握企业营销工作的基本方向。

（二）营销杰出企业评价

公司可以利用营销杰出企业评价这一工具，对最佳实践的成绩优秀企业的业绩进行评价。表10-4列出了差的、好的和杰出的企业在营销实践中的区别。该表反映出公司应该在哪些方面努力，从而向市场上的杰出公司看齐。

表 10-4　评价营销杰出企业

差的	好的	杰出的
产品驱动	市场驱动	顾客驱动
大众市场导向	细分市场导向	顾客导向
产品提供物	附加产品提供物	解决顾客问题提供物
产品质量平均	高于平均质量	出人意料的好
服务质量平均	高于平均质量	出人意料的好
最终产品导向	核心产品导向	核心能力导向
功能导向	过程导向	由外向内导向
对竞争者有反应	以竞争者为基准	跳蛙式前进超越竞争者
供应者开发	供应者偏好	供应者战略伙伴关系
经销商开发	经销商支援	经销商战略伙伴关系
价格驱动	质量驱动	顾客价值驱动
平均速度	高于平均速度	出乎意料的快速
等级制度	网络	团队合作
垂直一体化	平行组织	战略联盟
股东驱动	利益攸关者驱动	社会驱动

(三) 社会责任评价

公司最后一种战略控制工具是社会责任评价,该工具主要用来检验公司是否真正实行社会责任营销。随着社会的发展,现在世界上最令人羡慕的公司,其目标都是在实现自身营销目标的基础上,最大限度地为社会服务。

> **名人名言**
> 关键是社会责任要变成企业行为的有机部分,而不是外加的慈善行为。
> ——戴维·洛克菲勒(美国)
> 公司经营好比人的一生,小时候起码不要危害社会,长大了就要负起贡献社会的责任。……不管什么企业,都是为了对社会大众有所贡献而存在的。做生意不仅要提供丰富的物质,而且对提高精神方面的层次也负有不可逃避的责任。这样才能实现社会的最高理想。……促进社会繁荣,才是企业赚钱的真正意义。
> ——松下幸之助

企业的社会责任营销水平可以通过三个方面来提高:其一,社会尽可能地应用法律来规范违法的、反社会的或反竞争的行为;其二,企业必须采用或发布书面的道德准则,建立企业道德行为习惯,要求员工有完全的责任心来遵守道德和法律指南;其三,个别的营销者必须在与其顾客和各类利益攸关者进行特定交易中实践社会自觉。

本章小结

营销经历了5个阶段的演进,第一个阶段,公司只有简单的销售部门;第二个阶段,公司增设了简单的营销功能,如广告、调研等;第三个阶段,公司分设营销、销售副总,公司大大加强了策划功能;第四个阶段,公司设立营销副总,专门负责公司的营销策划、销售管理以及营销后勤工作,第五个阶段,公司所有员工都以顾客为导向。

现代营销组织可以有多种组织形式,有些公司按职能来设置,有些按地区来设置,有些按产品或品牌来设置,还有的公司按照客户、事业部来设置,现代社会还出现了虚拟营销组织。

营销组织的设计分为六个步骤:分析营销组织环境,确定组织内部活动,建立组织职位,设计组织结构,配备组织人员以及检查和评价营销组织。

一个好的营销战略计划,如果执行不力是不会有好的成效的。执行不力有战略计划方面、执行者方面、两者协调方面以及公司内部组织方面等各项原因。营销计划执行程序分为细化方案、任务分配、设计制度和开发人力资源。公司可以从营销计划本身、目标、领导者、业务流程、协作、态度、技能、绩效考核、执行文化等十个方面来提高营销执行力。

因为营销计划执行的过程中将发生许多意外情况,营销部门必须连续不断地监督和控制各项营销活动。公司进行营销控制的方法主要有年度计划控制,盈利率控制,效率控制和战略控制。

思考题

1. 市场营销部门有哪几种组织模式?
2. 简述营销组织的设计过程。
3. 怎样理解营销部门和其他部门之间的关系?如何实现整个公司的顾客导向?
4. 营销执行不力的原因有哪些?如何提高企业的营销执行力?
5. 市场营销控制的具体步骤有哪些?
6. 市场营销控制有哪几种基本方式?

图书在版编目(CIP)数据

市场调查与分析/周正柱主编. —上海：复旦大学出版社，2022.11
(复旦卓越. 应用型经管核心课系列)
ISBN 978-7-309-16616-3

Ⅰ.①市… Ⅱ.①周… Ⅲ.①市场调查-教材②市场分析-教材 Ⅳ.①F713.52

中国版本图书馆 CIP 数据核字(2022)第 212275 号

市场调查与分析
SHICHANG DIAOCHA YU FENXI
周正柱　主编
责任编辑/郭　峰

复旦大学出版社有限公司出版发行
上海市国权路 579 号　邮编：200433
网址：fupnet@ fudanpress.com　http://www.fudanpress.com
门市零售：86-21-65102580　团体订购：86-21-65104505
出版部电话：86-21-65642845
杭州长命印刷有限公司

开本 787×1092　1/16　印张 12.75　字数 302 千
2022 年 11 月第 1 版
2022 年 11 月第 1 版第 1 次印刷

ISBN 978-7-309-16616-3/F·2950
定价：49.00 元

如有印装质量问题，请向复旦大学出版社有限公司出版部调换。
版权所有　侵权必究